aruco

ソウル

Seoul

こんどの旅行も
みんなと同じ、お決まりコース？

「みんな行くみたいだから」「なんだか人気ありそうだから」
とりあえずおさえとこ。そんな旅もアリだけど……
でも、ホントにそれだけで、いいのかな？

やっと取れたお休みだもん。
どうせなら、みんなとはちょっと違う
とっておきの旅にしたくない？

arucoは、そんなあなたの
「プチぼうけん」ごころを応援します！

★女子スタッフがヒミツにしておきたかったマル秘スポットや穴場のお店を
　思いきって、もりもり紹介しちゃいます！

★見ておかなきゃやっぱり後悔するテッパン観光名所 etc.は
　みんなより一枚ウワテの楽しみ方を教えちゃいます！

★「ソウルでこんなコトしてきたんだよ♪」
　帰国後、トモダチに自慢できる体験がいっぱいです

そう、ソウルでは、
もっともっと、
新たな驚きや感動が
私たちを待っている！

さあ、"私だけのソウル"を見つけに
プチぼうけんに出かけよう！

arucoには
あなたのプチぼうけんをサポートする
ミニ情報をいっぱいちりばめてあります

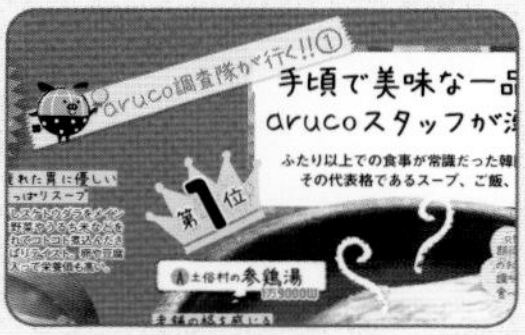

女子スタッフが現地で実体験＆徹底調査☆　本音トークを「aruco調査隊が行く!!!」「裏aruco」でお伝えしています。

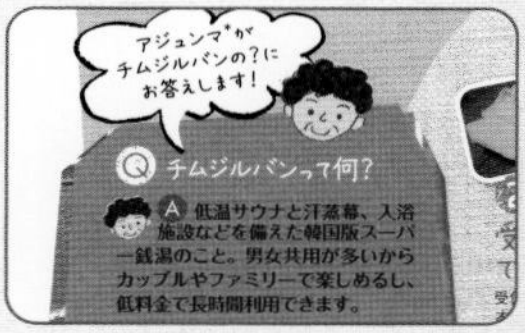

知っておくと理解が深まる情報、アドバイスetc.をわかりやすくカンタンにまとめてあります。

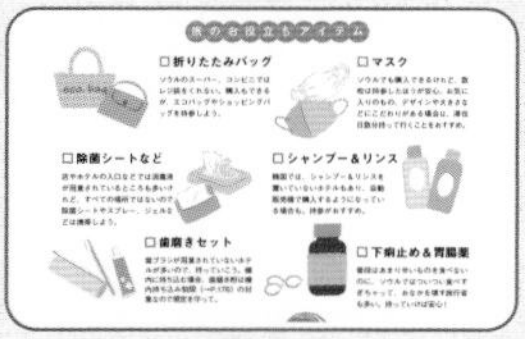

女子ならではの旅アイテムやトラブル回避のための情報も、しっかりカバー☆

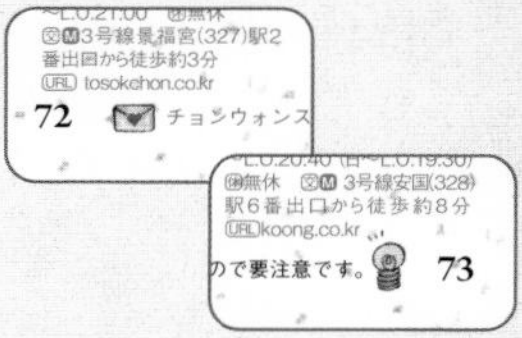

右ページのはみだしには編集部から、左ページのはみだしには旅好き女子のみなさんからのクチコミネタを掲載しています。

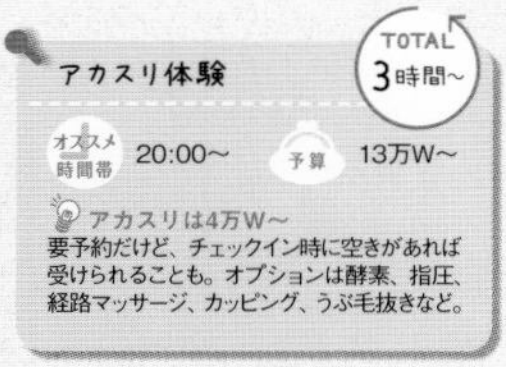

プチぼうけんプランでは、予算や所要時間の目安、アドバイスなどをわかりやすくまとめています。

物件データのマーク

⌂……住所
☎……電話番号
[FAX]…ファクス
[Free]…無料ダイヤル
🕘……営業時間、開館時間
[休]……休館日、定休日
[料]……予算、入場料、料金
[Card]…クレジットカード
A：アメリカン・エキスプレス、D：ダイナースクラブ、J：ジェーシービー、M：Mastercard、V：Visa
[日]…日本語OK
[英]…英語OK
[日]…日本語メニューあり
[英]…英語メニューあり
[予]……予約が必要
[室]……部屋数
[交]……交通アクセス
[M]……地下鉄
[Wi-Fi]…Wi-Fi
[URL]…URL　📷…instagram
✉…メールアドレス
[他]……その他の店舗
[問合]…日本での問い合わせ

別冊MAPのおもなマーク

●……見どころ
Ⓡ……レストラン
Ⓒ……カフェ
Ⓢ……ショップ
[B]……ビューティスポット
[H]……宿泊施設

本書は正確な情報の掲載に努めていますが、ご旅行の際は必ず現地で最新情報をご確認ください。また掲載情報による損失などの責任を弊社は負いかねますので、あらかじめご了承ください。

■発行後の情報の更新と訂正について

発行後に変更された掲載情報は、『地球の歩き方』ホームページの「更新・訂正情報」で可能なかぎり案内しています（ホテル、レストラン料金の変更などは除く）。ご旅行の前にお役立てください。
[URL]www.arukikata.co.jp/travel-support/

ソウルでプチぼうけん！
ねえねえ、どこ行く？ なにする？

おいしいものを食べて、お買い物して、観光して
もちろん、お約束のソウルも楽しいけれど
それだけじゃ満たされない！
そんな好奇心いっぱいのあなたは
もっとわがままに、もっと欲ばりに
ソウルをディープに遊んでもいいんじゃない？

SEOUL
ANGMUSAE

ソウル〜
ようこそ！

アンニョンハセヨ！
こんにちは！
안녕하세요

なにもかもが初体験 ♥ こんなにおもしろすぎるソウルを
知らなかったなんて　もっと極めなくっちゃ!

ココロ躍る街歩き♪ 入る前からワクワク
させてくれるショップ、好きっ! P.38 →

夢だった"推し活"渡韓!
滞在中すべての時間使うよ P.26 →

チョウミエヨ?
初めて?
처음이에요?

カフェ好きソウルっこが
選ぶのは延南洞 or 聖水洞? P.42 →

大好きなスターが目の前に♡
近すぎて、も〜ドキドキが止まらない! P.32 →

作っている間じゅう
ニヤニヤしどおし P.34 →

え〜っと、ここって
アパレルショップで合ってる? P.36 →

アッ〜
痩せちゃう〜

楽しみながら
キレイになれちゃう♪ P.54 →

ライアンの新ルームメイト
なんかハマってきた…… P.58 →

5

エネルギッシュでソウルフル！
こんなにも五感を刺激するグルメ、ほかにある？

ノムマシッソヨ
激ウマ♥
너무 맛있어요

辛っ！うまっ！斬新！
こういうの食べたかったんだ〜☆
P.17,67

ソウルの焼肉おいしすぎ！
毎日食べても絶対飽きない！

P.78
→

まるでお菓子の国のスイーツみたい
でも、初めて食べたのになんか懐かしい
P.68
→

まったりオシャレに楽しむ
おひとりさまごはん急増中
P.72

韓国エンタメって楽しみ方無限大∞
もりもりの体感型にますますハマっていく〜

BLACKPINK リサとお揃い
買って事務所も張り込み♡
P.162

ソウルのコンサートに初参戦☆
盛り上がりがハンパな〜い!!
P.160

あのドラマの胸キュン
シーンは、そう、この場所♡
P.159

ジュルゴウォ
happy♪
즐거워

ソウルっこたちの美容意識の高さは刺激的！
しばらくサボってた自分磨き始めなきゃ☆

ア〜キブンジョア〜
あ〜気持ちいい〜
아~ 기분좋아~

ヴィーガンティントかわいすぎ！
私もスルギメイクにトライしてみよ〜 P.106 →

心も体も癒やされる
韓方の力を借りてみよう P.114 →

手技でゴリゴリ☆でも痛くない
小顔メソッドがすごい P.110

安くてかわいいからってちょっと買いすぎ？
ついでにスーツケースも❤ な〜んてね

色合いも手触りも好み♡
手放せなくなりそう P.128

東大門のシンデレラは
深夜24時からお買い物♪ P.122 →

SNSで流れてきた韓国ガールのコーデ
このセレクトショップにありそう P.116 →

韓国ステッカーかわい〜
トレカデコ用に大量購入しよ！ P.120

えっ、オール1万W!?
駅地下って超穴場！ P.126 →

イボバドデヨ？
試着していい？
입어봐도 되요?

Contents

ソウルは
ニュースが
いっぱいだね〜

10 ざっくり知りたい！ ソウル基本情報
12 3分でわかる！ ソウルかんたんエリアナビ
14 キム・セジョン〜愛され女優におすすめを直撃！ SPECIAL INTERVIEW
16 祝・韓国旅行再開！ aruco TOPICS
22 ソウル2泊3日 aruco 的究極プラン

25 リアルな韓国 刺激的なソウルでプチぼうけん！

26 ①待ちに待ったソウルでの推し活！ ココロがギュッとなるBTSの聖地巡礼
30 ②NCTが大好きなシズニに密着 初めての推し活1dayリポート
32 ③大好きなK-POPアイドルがすぐそこに！ 週6で会えちゃう♡歌番組観覧へ！
34 ④BTS・JIMINとお揃い♡ シルバーバングル＆ハングルアクセ作りにチャレンジ！
36 ⑤フォトジェニックでアーティスティック ソウルっこの奇想天外な世界へようこそ
38 ⑥下町っぽい韓屋が並ぶ魅惑の迷路 益善洞をぐるぐる♪
42 ⑦ソウルの2大カフェタウン 延南洞＆聖水洞でお気に入り探し
46 ⑧こだわりのフレグランスブランド急増中！ 韓国の香水をオーダーメイド
48 ⑨国内外のグルメアワードが選定！ 1食目に食べたい高コスパグルメ
50 ⑩韓服に着替えてお得に王宮散策 ソウル旅いち盛れるセルカにTry♪
52 ⑪美容大国の技で自分をアップデート！ K-POPアイドルメイクに挑戦
54 ⑫韓国固有のアカスリ・汗蒸幕・座浴まで！ 女性専用チムジルバンで美人度UP
58 ⑬カカオ＆LINE FRIENDSの 進化系ストアで新キャラに遭遇！
60 ⑭Nソウルタワーvs.ソウルスカイ ディープに楽しむ7ルール
62 ⑮ライトアップが超ロマンティック 人気デートスポット♡におジャマします
64 ⑯ソコもココも韓国ドラマにたびたび登場！ 梨花洞壁画村でカメラ女子さんぽ♪

Let's go!

67 やっぱり本場でないと！ おいしすぎるソウルで韓国グルメを腹十分まで♪

68 最旬ビジュアルスイーツ
70 おいしい韓国グルメが食べ放題
72 スタッフ溺愛「湯・飯・麺」ランキング♡
78 食べずに帰れない豚焼肉3連発！
82 「韓牛」は精肉店直営でたっぷりお安く！
84 変幻自在な鶏メニューに夢中！
86 激辛生タコ炒め vs. カニの醤油漬け！
88 効果絶大☆韓国美人鍋

90 見た目もキュートなマッコリ＆韓国焼酎
92 屋台パクつきグルメ選手権 in 明洞
94 誘惑が止まらない♡タイプ別ピンス
96 コンビニのヒット商品スナック菓子＆キム
98 連れて帰ってスーパーの韓国グルメ♪
99 奥深〜い韓定食の世界へようこそ！
100 デパ地下プチリッチなお持ち帰りグルメ

オイシイ情報が
たくさん
つまってる！

103 キレイ＆ハッピーが絶対に待ってる　ソウルビューティナビ

104 最旬☆韓国ビューティ News
106 韓国コスメフラッグシップストア
108 オリーブヤングのリアル店舗が熱い！
110 韓国発「骨筋」で劇的美ボディ☆
112 ハイブランドコスメスパ

115 だから「迷わず買う！」がツウの鉄則　ソウルショッピング

116 K-Fashion ハンティングクルーズ
120 天才クリエイター続出の韓国雑貨
122 韓国ファッションの聖地東大門！
126 駅直結のショッピングパラダイス
128 布団イブルと普段使いのすてき食器

131 魅力がギュッと凝縮され全部濃厚☆どこから歩いても歓喜の街案内

132 弘大をパワフルに遊び尽くそう！
134 明洞がフルスピードで再生中！
136 漢南洞〜梨泰院〜経理団で
　　プチワールドツアー
138 掘り出し物がザックザク！ 南大門市場
140 旧屋敷町三清洞で韓屋スポット巡り
142 仁寺洞でキュートな雑貨探し
144 スターもお気に入り狎鴎亭洞〜清潭洞
146 ソウル屈指のおしゃれストリート
　　カロスキル
148 4王宮＆廟巡りでタイムスリップ
152 ソウルからたった1時間！水原を先取り

155 推しは推せるときに！　ヲタクゴコロ全開で楽しむエンタメガイド

156 大好きな韓国ドラマの世界へ没入！
160 大興奮のコンサート＆ミュージカル
162 韓国4大芸能事務所 HOPPING
164 推しの行きつけで大好物をシェア！
167 家族経営のカフェに潜入リサーチ！

168 aruco 的ソウルステイ案内♪

173 ソウルの基本情報を
ココでしっかり予習

174 おすすめ旅グッズ
175 知って楽しい！ 韓国・ソウルの雑学
176 韓国入出国かんたんナビ
178 空港からソウル市内への交通
180 ソウル市内の移動手段
184 ソウル旅の便利帳
186 旅の安全情報
187 困ったときのイエローページ
188 インデックス

aruco column
66 ずっといても飽きない韓国の本屋さん
114 韓医院で体の内側からキレイになる！
154 ソウルっこに評判の占いカフェ

裏aruco 取材スタッフの独断TALK
102 「オイシすぎ☆私のとっておきグルメはコレ！」
130 「予算別☆私のリアル買いアイテムはコレ！」
172 「目的別☆私のお気に入りステイはコレ！」

巻末　"取りはずせる" 別冊MAP

便利だね！

ざっくり知りたい！ ソウル基本情報

これだけは おさえて おきたいね

お金のコト

通貨・レート **1000**W（ウォン）= 約**113**円 （2024年5月時点）

韓国の通貨単位はW（ウォン）

両替 レートは両替所によって異なる

円からウォンへの両替は、空港や街なかの銀行、両替所でできる。レート、手数料は両替所ごとに違うので必ず確認を。また、日本ではウォンを円に両替できる銀行が少ないので、必要があればソウルで両替を。現地ATMではキャッシングも可能。

チップ 基本的に不要

ただし、ホテルなどでスタッフに荷物を運んでもらったり、時間外にお世話になった場合など、日本と同じく心付けを渡すとスマート。目安は1000W紙幣〜。

物価 日本より少しだけ安い

（例：🍶(500㎖)=600W、
🚕=初乗り4800W〜、🚉=1500 W〜）

お金についての詳細はP.184をチェック！

ベストシーズン 春（4〜5月）と 秋（9〜10月）

日本同様に四季があり、梅雨もある。春は温暖な日が多く、4月に入るとお花見が楽しめる。秋はさわやかに晴れる日が続いて過ごしやすく、紅葉も美しい。ソウルは新潟市とほぼ同緯度で日本と同じように過ごすことができる。

真冬（12〜2月）は氷点下になる日も！日本より寒いので注意！

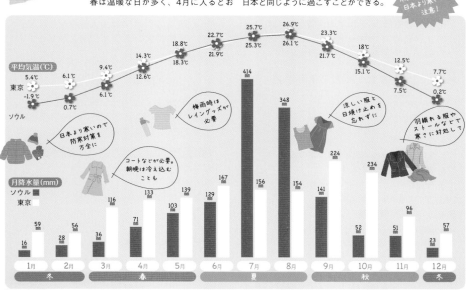

出典：気象庁

日本からの **飛行時間**	約**1**時間30分〜**3**時間	成田⇒仁川＝約2時間30分、羽田⇒金浦＝約2時間20分、関西⇒仁川＝約2時間5分、関西⇒金浦＝約2時間5分、福岡⇒仁川＝約1時間30分、札幌⇒仁川＝約3時間

時差 なし

ビザ 90日以内の観光は必要なし
詳細はP.176〜

言語 韓国語
文字はハングル

パスポートの **残存有効期間** 入国時6ヵ月以上

おすすめは
旅行期間 2泊3日以上

交通手段 地下鉄&タクシーが便利
ほとんどの主要スポットを地下鉄が網羅
詳細はP.180〜

マスク着用について
段階的に屋外、屋内のマスク着用義務を解除した韓国政府は2023年3月20日、公共交通機関での着用義務も解除。これによりマスク着用は個人の判断となった（※入院病棟のある病院では義務を継続）。コロナに関する最新情報は下記公式サイトで確認を。韓国保健福祉部コロナウイルス感染症-19（COVID-19）
URL ncov.kdca.go.kr（韓国語）

2024年の祝祭日
旧正月と秋夕はほとんどのお店、博物館などが休みとなるので要注意

1月1日 新正（シンジョン）
1月9〜11.12日 旧正月（ソルラル）※
3月1日 三一節（サミルジョル）
4月10日 第22代国会議員選挙
5月5日 子供の日（オリニナル）
5月15日 釈迦誕生日（ソッカタンシンイル）
6月6日 顕忠日（ヒョンチュンイル）
8月15日 光復節（クァンボッチョル）
9月16〜18日 秋夕（チュソク）
10月3日 開天節（ケチョンジョル）
10月9日 ハングルの日（ハングルナル）
12月25日 聖誕節（ソンタンジョル）

夏の最も暑い頃、スタミナ料理を食べる伏日（ボンナル）という日が3回あるのだ

●24日は振替休日。
旧正月、子供の日、秋夕が土・日曜、祝日と重なった場合、その次にくる最初の平日が振替休日になります。
旧正月、釈迦誕生日、秋夕は旧暦なので毎年日付が変わります。

韓国トイレ事情
最近はずいぶん流すことができるようになったが、韓国のトイレは、便器にトイレットペーパーを流さず、置いてあるゴミ箱に捨てる場合もあるので注意したい。
→そのほかのマナーはP.185をチェック！

韓国語のあいさつ
●こんにちは
안녕하세요
アンニョンハセヨ

●ありがとうございます
감사합니다
カムサハムニダ

●さようなら（自分がその場を離れるとき）
안녕히 계세요
アンニョンヒゲセヨ
→もっと詳しい会話は別冊P.33〜をチェック！

ソウルの詳しいトラベルインフォメーションはP.173〜をチェック！

両替で一般的にレートがよいのは、ソウルの街の両替所→街の銀行→空港の両替所・ホテル→日本での両替の順。

ソウル
★
大韓民国

3分でわかる！
ソウルかんたんエリアナビ

東西に流れる漢江を挟んで
江北と江南のふたつに分かれているソウルの街。
古くから栄えた江北と近年めざましく発達した江南。
どちらにも魅力あるエリアがたくさん！
それぞれの特徴をつかんで、楽しい旅を！
★=江北　★=江南

レトロなのに新しいおしゃれタウン
5 三清洞 サムチョンドン

韓屋が多く残る優雅な街
並みに、おしゃれなカフ
ェやギャラリーが点在。
過去と現在が調和した人
気エリア。 最寄駅 地下
鉄3号線安国（328）駅

詳しくは → P.140

世界ブランドのメガショップが続々上陸
1 明洞 ミョンドン

NIKEの大型店（P.16）が
話題。駅近にショップ、
ホテルが多い。 最寄駅
地下鉄4号線明洞（424）
駅と2号線乙支路入口
（202）駅

詳しくは → P.134

エネルギッシュに歩きたい巨大市場
2 南大門 ナンデムン

ソウル最大＆最古の市
場。露店、路面店、卸
売りビルがひしめき合
う。値引き交渉もOK！
最寄駅 地下鉄4号線会
賢（425）駅

詳しくは → P.138

朝まで買い物もグルメも楽しめる！
3 東大門 トンデムン

24時間眠らないファッシ
ョンの街。 最寄駅 地下
鉄1・4号線東大門
（128・421）駅と2・4・5号
線東大門歴史文化公園
（205・422・536）駅

詳しくは → P.122

伝統的なしっとりソウルを味わうならここ
4 仁寺洞〜益善洞 インサドン〜イクソンドン

伝統工芸品の店が並ぶ
仁寺洞。注目の益善洞は
その東側。 最寄駅 地下
鉄3号線安国（328）駅、
1・3・5号線鍾路3街
（130・329・534）駅

詳しくは → P.38,142

芸大生が集まる個性派エリア
6 弘大〜延南洞 ホンデ〜ヨンナムドン

お手頃グルメ×ショッピ
ングが楽しい弘大とおし
ゃれカフェが点在する延
南洞。 最寄駅 京義・中
央・地下鉄2号線弘大
入口（K314・239）駅

詳しくは → P.42,132

ARMY・CARAT・MOAなどが必訪の聖地
7 龍山 ヨンサン

HYBE（P.162）本社が
あるファン注目のエリ
ア。 最寄駅 京義・中央・
地下鉄1号線龍山
（K110・135）駅、4号
線新龍山（429）駅

N

明洞から
弘大まで、
地下鉄で
約30分！

景福宮
5 三清洞
仁寺洞 4
〜益善洞
明洞 1
東大門
3
大学路
8
弘大〜延南洞
6
ソウル駅
南大門 2
Nソウルタワー
龍山
7
梨泰院〜漢南洞
10
汝矣島 15
漢江

12

8 大学路 テハンノ
小劇場が並ぶ演劇&芸術の街

駅前のマロニエ公園には野外劇場もある演劇の街。路上アートや壁画で有名な梨花洞(P.64)もここに。最寄駅 地下鉄4号線恵化(420)駅

9 聖水洞〜ソウルの森 ソンスドン〜ソウルスッ
廃墟をリノベしたカフェ&ショップに注目

SMエンタテインメント本社(P.163)など気になるスポットも。最寄駅 地下鉄2号線聖水(211)駅、水仁・盆唐線ソウルの森(K211)駅
詳しくは → P.44

明洞から狎鴎亭まで、地下鉄で約30分!

ソウルはね···
もとは京畿道に属していたけど、1946年に独立し特別市に。そのためソウルの周囲はぐるりとドーナツ状に京畿道なのだ!

9 聖水洞〜ソウルの森

12 狎鴎亭洞〜清潭洞
新沙洞カロスキル

コエックスモール
13 三成洞

蚕室洞 **14**
ロッテワールド

地下鉄の初乗りは1350w、タクシーは3800w(一般)だよ

10 梨泰院〜漢南洞 イテウォン〜ハンナムドン
国際色豊かで芸能人が暮らす高級住宅地も

各国の大使館があり、世界のグルメなど異国情緒たっぷりなエリア。最寄駅 地下鉄6号線梨泰院(630)駅、漢江鎮(631)駅
詳しくは → P.136

11 新沙洞カロスキル シンサドン カロスキル
街路樹がキレイなおしゃれタウン

イチョウ並木のメイン通りのほか、裏通りにも洗練されたショップが並ぶ。グルメスポットも充実。最寄駅 地下鉄3号線新沙(337)駅
詳しくは → P.146

12 狎鴎亭洞〜清潭洞 アックジョンドン〜チョンダムドン
韓流スターも通うハイソなエリア

ソウルで最もハイソな雰囲気のエリア。清潭洞には高級ブランドショップが並ぶ。最寄駅 地下鉄水仁・盆唐線狎鴎亭ロデオ(K212)駅
詳しくは → P.144

推しに遭遇!?

13 三成洞 サムソンドン
コエックスを中心に高級ホテルが立ち並ぶ

ショッピングモール、ホテル、シネコン、水族館を有する巨大複合施設コエックスがある。最寄駅 地下鉄2号線三成(219)駅
詳しくは → P.127

14 蚕室洞 チャムシルドン
ソウル最大のアミューズメントパークはココに♪

ロッテワールドを中心にホテル、百貨店があり、周辺にはライブ会場として有名な体育館も!最寄駅 地下鉄2・8号線蚕室(216・814)駅

15 汝矣島 ヨイド
黄金に輝く63ビルがランドマーク!

国会議事堂や大手企業のオフィス、TV局などが多く、韓国の政治経済の中心地ともいえるエリア。最寄駅 地下鉄5・9号線汝矣島(526・915)駅

13

愛され女優に
おすすめを
直撃！

ドラマの世界的大ヒットで
ラブコメ新女王に。
ガールズグループ時代から
抜群の歌唱力を誇り、ソロ曲や
OSTでソングライティングもこなす。
キュートな笑顔と飾らない
キャラクターで男女を問わず
ファンを急拡大中。
そんな全方向完全愛され女子
キム・セジョンに
arucoからクエスチョン！

「ソウルの森
おすすめです」

Kim Sejeong

Q これまで演じた役で自身に近いのは？

A.『今日のウェブトゥーン』のオン・マウムです。私は自分の夢に真剣で熱い気持ちをもっています。マウムもそういうキャラクターで、とても私に似ています。なので、マウムが私とは違う考えや決断をしたときはもどかしかったし、理解するのが難しかったです。

Q 今後演じてみたいストーリーや役柄は？

A. 新しく挑戦できるならどんな役でも！

がっつりメロドラマもやってみたいし、悪役の演技もいつかやってみたいです。時代劇はまだ出たことがないので、ぜひ挑戦してみたいですね。

Q トライしたい音楽ジャンルや活動は？

A. バンドサウンドの曲を書くことが多いです。夢に関する歌詞をたくさん書いてきたので、これからも聴いてくれる人の癒やしになれる、希望に満ちた歌をたくさん作っていきます。

Q 最近ハマっていることは？

A. 文字を書くことです。今日何があったとか、最近こんなことを感じたとかを書き留め、きれいにまとめる習慣を育てています。きれいにまとめると自分に残る記憶もきれいなものになっているんです。はがきを集めるのも趣味になりました。買ったときに感じた気持ちや理由を心にとどめ、その気持ちに合った瞬間がきたら、そのはがきを送ったり、文字を書き留めたりします。

「Nick Nicoleや8secondsは
基本アイテムがかわいいので
よく着ます」

キム・セジョン

女優・歌手。2016年、I.O.Iメンバーとしてデビュー。同時に9人組ガールズグループgugudanとしても活動をスタート。2017年、ドラマ『恋するレモネード』で主役に抜擢。2019年『君の歌を聴かせて』、2020〜2021年『悪霊狩猟団：カウンターズ』、2022年『社内お見合い』『今日のウェブトゥーン』に出演。シンガーソングライターとしても活躍。
@official_kimsejeong @clean_0828

2023年、セジョンの旅を応援してくださいね

Q メイクのポイントと独自の美容法は？

A. 個性が表現できるナチュラルメイクが好きです。ベース、眉、チーク、アイシャドウで終わりですね。ベースは薄付きのクッションファンデ、リップは色付きのリップバームです。Julie's choiceのビタミンとコラーゲンを飲んでいます。最初は広告モデルをしていて飲み始めましたが、本当に肌が健康的に明るくなるのを感じて毎朝のルーティンにしています。

Q プライベートのファッションスタイルは？

A. 私は洋服をものすごくスタイリッシュに着るタイプではなく、基本に忠実になろうと努力するタイプなんです。韓国ブランドのNick Nicoleや8seconds（P.119）は基本アイテムがかわいいのでよく着ます。ビンテージも好きで、ノーブランドの服もよく着ますよ。

Q 最近のお気に入りのグルメは？

A. 事務所の近くのチャンサランⒶという韓定食屋がお気に入りです。揚げ昆布にのせて食べるパサップルコギ（汁なしプルコギ）、ゴマたっぷりのトゥルケスジェビ（エゴマすいとん）をみなさんも一度食べたら毎日思い出しますよ（笑）。
最近カヌレとフィナンシェにハマりました。ショップ兼カフェのフライデイムーブメントⒷのカヌレがおすすめです。
スナックではブラックセウカン（トリュフ味えびせん）がお気に入りです。強烈なようで強烈でない味がビールのおつまみに最高です！

Q 日本人観光客におすすめのスポットは？

A. ソウルの森（P.29）がおすすめです。都会にいることを忘れさせてくれる場所です。昼は緑がきれいだし、夜はライトアップが楽しめます。

Q 日本のファンにメッセージをお願いします

A. 楽しい旅になる新年がやってきました。今年はどんな旅が繰り広げられるのか、その旅で何を得て学ぶのか楽しみですね。私もみなさんの旅を応援しています！ 私、セジョンの旅も応援してくださいね。

Ⓐチャンサラン 장사랑

Map 別冊P.20-B1 狎鴎亭洞

🏠강남구 언주로165길 7-4 ☎02-546-9994
🕘11:00〜16:00、17:00〜L.O.20:30 [休]無休
[料]1万2000W〜 [Card]A.J.M.V. [交][M]3号線狎鴎亭（336）駅3番出口から徒歩約5分

Ⓑフライデイムーブメント Friday Movement

Map 別冊P.17-C1 トゥッソム

🏠성동구 왕십리로14길 7 ☎02-6012-4862
🕘11:00〜20:00 [休]無休 [Card]A.J.M.V. [英]
[交][M]2号線トゥッソム（210）駅1番出口から徒歩約3分 [Wi-Fi]○ [URL]fridaymovement.co.kr

今ソウルで真っ先に行くべきスポットやニューオープンなど最新情報を一気にお届け！

1 世界でここだけ！ハングルロゴでナイキをカスタマイズ

今明洞のナイキにはオープンと同時に行列が。その行列の先にあるのがNIKE BY YOU。Tシャツやキャップをワッペンなどでカスタマイズしてくれるサービスで、ワッペンにハングルロゴが登場したことで国内外で大バズリ！ 現在は明洞、弘大、江南など大型店舗でのみのサービス。

ハングルはスウッシュとナンバープレートなどのデザインに施されている。ワッペン1個4000W

A B C
NIKE
나이키
라지 사이즈의 디자인 옵션은 테 를 확인해
世界第2位の規模

どこに付けようかな〜

TENNIS
나이키
SEOUL

1.キャップ本体1万9000W
2.Tシャツ本体2万9000W。トレーナーやパーカーもOK
3.トート本体3万5000W。プリントとの併用も可能。プリントシート3000W〜

ナイキ・ソウル NIKE SEOUL

Map 別冊P.11-C2 明洞

🏠중구 명동길 14 ☎02-3783-4401
🕘10:30〜22:00 [休]無休 [Card]A.J.M.V. [交][M]2号線乙支路入口（202）駅6番出口から徒歩約4分

2 サンリオ韓国がかわいすぎる♡ファンは絶対行きたい聖地をハシゴ

韓国では150社以上がサンリオとライセンス事業を展開しているので、韓国独自のオリジナル商品が続々。専門ショップも徐々に増え、カフェも同時にオープン。なかでも日本のファン垂涎の聖地が弘大に2店揃っているので、ハシゴ必至。@sanrio_kr

Cinnamoroll SWEET CAFE
フォトスポットがいっぱい

1. ワッフル1万8000W、ドリンク8500W〜 2. 手前がショップで奥がカフェ。カフェは予約推奨

シナモロールスイートカフェ Cinnamoroll Sweet Cafe

シナモロールの世界観にどっぷり浸れるカフェ&ショップ。

Map 別冊P.19-C1 弘大

🏠마포구 양화로 188 AK&2F 🕘11:00〜L.O.21:00 [休]無休 [Card]A.J.M.V. [英] [交][M]京義·中央·2号線弘大入口（K314·239）駅4番出口から徒歩約1分 @sweetcafe_cinnamoroll

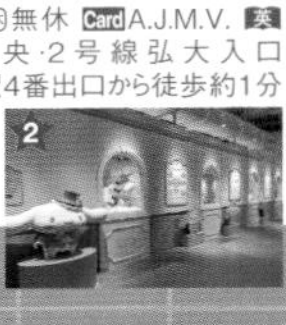

3. ここでしか買えないダイアリー各2万1000W
4. ハート形のキーリングは各1万2000W
5.ポムポムプリンの部屋

マイメロとクロミがお出迎え

かわいいがギュウギュウ
You are so Adorable

サンリオラバーズクラブ Sanrio Lovers Club

庭付き一軒家がキャラのおうちに！ 1階がショップで2階がカフェのポップアップストア。

Map 別冊P.18-B2 弘大

🏠마포구 와우산로19길 18 ☎02-332-6110
🕘12:00〜21:00 [休]無休 [Card]A.J.M.V. [英]
[交][M]京義·中央·2号線弘大入口（K314·239）駅9番出口から徒歩約5分 [Wi-Fi]◯ @sanrio_lovers_club ＊カフェは予約制。営業期間は事前に確認を

1. うま味をキープするため急速冷凍させたサムギョプサル160g1万3000Wやチャドルバギ160g1万3000Wがおいしいと味もお墨付き！
2. 江南駅近くの便利な立地

シンデレラフィットのテジモリ鉄板焼肉！

江南レンギョプ
カンナム
강남랭겹
★★★

ユニークな形の鉄板が話題の焼肉店。鉄板は店が独自に開発したもので、耳の間にオデン鍋、耳にスパム、鼻から余分な脂が排出されるという計算し尽くされた形に脱帽。

Map 別冊P.20-B3 江南

🏠 강남구 강남대로96길 13 ☎02-555-3399 ⏰11:00〜L.O.24:30 休無休 料2万W〜 Card A.J.M.V. M新盆唐・2号線江南（D07・222）駅11番出口から徒歩約2分 WiFi○
URL gangnamlangyeop.com

✧✦
3
韓国ブロガー注目の
超人気レストラン
はここ！

韓国の"はやりもの"探しにネットは不可欠。味もプレゼンテーションも抜群で、ブログ登場率の高い人気レストラン3軒をご紹介！

1. オープン直後なら行列を回避できるかも　2.陸海のコラボ！　3.ナッチ（タコ）×コプチャン×セウ（エビ）のナッコプセジョンゴル2人分3万5000W〜。実際はコプチャンではなく韓牛テチャン使用というのも謎

ピョンファ延南
ヨンナム
평화연남
◆◇◆◇◆◇◆

延南洞でソウルっこをトリコにしている料理の名前はナッコプセ。実はこれ、ナッチ（タコ）×コプチャン×セウ（エビ）の欲ばり鍋のこと。ニンニクコチュジャンが絡んで美味！

Map 別冊P.6-A1 延南洞

🏠 마포구 동교로 254-1 ☎02-322-8292 ⏰11:30〜15:00、16:30〜22:00（土・日11:30〜22:00）休無休 料2万W〜 Card A.J.M.V. M京義・中央・2号線弘大入口（K314・239）駅3番出口から徒歩約6分 WiFi○

謎メニュー「ナッコプセ」

ソウル女子がハマるおしゃれホルモン

聖水ノル
ソンス
성수노루
★

聖水洞で最もホットなディナースポット。女性客が圧倒的多数の店内で味わえるのはブランド牛・韓牛を使ったホルモン焼肉。おいしいのに低カロリー＆コラーゲンたっぷり♡

Map 別冊P.17-C1 聖水洞

🏠 성동구 성수이로 71 ⏰16:30〜L.O.22:30（土15:30〜日15:30〜L.O.21:30）休無休 料2万W〜 Card A.J.M.V. M2号線聖水（211）駅3番出口から徒歩約4分 WiFi○
@noru-ship

1. 韓牛のコプチャン（小腸）、テチャン（大腸）、マクチャン（赤センマイ）、ヨムトン（ハツ）盛り合わせ3万3000W　2.シメのポックンバ+3000Wも　3.店のスタッフが古い建物をリノベした

17

上から水が滴る池やスモークの水路など凝った造り

抹茶塩田ペイストリー5300Wなどもある

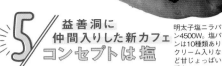

5 益善洞に仲間入りした新カフェ コンセプトは塩

明太子塩ニラパン4500W。塩パンは10種類ありクリーム入りなど甘じょっぱい系も

カフェの店先には塩田。店内のディスプレイにも岩塩。塩尽くしカフェのシグネチャーメニューは塩パン。絶妙な塩加減のパンは驚くほどふわふわで、オープン直後から行列が絶えない。

小夏鹽田（ソハヨムジョン） 소하염전

Map 別冊P.13-D2 益善洞

🏠종로구 수표로28길 21-5 🕘9:00～L.O.19:30 [休]無休 [Card]A.J.M.V. [交][M]1·3·5号線鍾路3街（130·329·534）駅4番出口から徒歩約2分 [Wi-Fi]○ @sohasaltpond

1. 塩田の奥には風車も 2. 小夏塩パン1個3500W。やわらかいのではさみで切り分けて食べる

4 静寂スポットに認定！弘大の韓屋カフェ

2021年のオープンと同時に、弘大には珍しい韓屋カフェとして話題に。中庭を囲むように立つ伝統造りの店内は落ち着いた雰囲気。にぎやかな街歩きに疲れたときは癒やされにいこう。

申李道家（シンイドガ） 신이도가

Map 別冊P.18-B2 弘大

🏠마포구 잔다리로 20-12 ☎02-6949-1881 🕘11:00～22:00 [休]無休 [Card]A.J.M.V. [交][M]京義·中央·2号線弘大入口（K314·239）駅9番出口から徒歩約7分 [Wi-Fi]○ @sinleedoga

1. クルミを干し柿で包んだコッカムサム4300W、きなこトースト2500W、とうもろこしラテ6800W、イチゴラテ7800W 2. 伝統建築と近代的な建物が融合

モグラのモリ

6 韓国大手銀行が明洞のど真ん中に新韓フレンズとともにカフェ開設

8種のフレンズが店内のあちこちに置かれたフォトジェニックなカフェ。ここは新韓銀行直営で、聴覚障害者の雇用を兼ねた意義ある場所。明洞での休息にぜひ！

ソルはぐでたまとコラボも！
SOL

カフェスイッソル Café Swith SOL

Map 別冊P.11-C2 明洞

🏠중구 명동길 43 🕘8:00～L.O.20:30 [休]無休 [Card]A.J.M.V. [交][M]4号線明洞（424）駅6番出口から徒歩約5分 [Wi-Fi]○

1. クリームソーダスムージー6000W 2. 2022年10月オープン 3. キャラとプリクラも 4. コンセント設置の席もある店内

1. 緑茶フードやノンアルコールもある 2. 左から緑茶とオレンジのカクテル、チケットトゥギャラリー1万8000W、火山岩茶とウイスキーのロッキーポートレート2万W、トロピカルフルーツベースのブルームインハンナム1万9000W

PACEの拡張にともない2022年9月にオープン

7 お茶のカクテルが楽しめるクールなアート空間

コスメメーカー、アモーレパシフィックの緑茶ブランドが国際的アートギャラリー、PACEとコラボ。芸術と茶文化を融合させたおしゃれすぎるティーハウスで大人時間を満喫。

オソルロッティーハウス Osulloc Tea House

Map 別冊P.17-D2 漢南洞

🏠용산구 이태원로 267 PACEギャラリー内 ☎02-793-4581 🕘10:00～L.O.21:30 [休]無休 [Card]A.J.M.V. [英] [交][M]6号線漢江鎮（631）駅1番出口から徒歩約2分 [Wi-Fi]○

aespaの手形

STAR★AVENUE

待ってるよ〜

8/ インクやボールペンが自作できる！ モナミ旗艦店がオープン

韓国の国民ボールペンmonami153で知られる老舗筆記具メーカー・モナミが聖水に進出。インクの調合やボールペンのカスタム体験ができるので、ユニークなおみやげ探しにも最適。

モナミ monami
Map 別冊P.17-C1 聖水洞

🏠 성동구 아차산로 104 ☎02-466-5373 ⏰10:00〜21:00 ㊡無休 **Card**A.J.M.V. 🚇Ⓜ2号線聖水(211)駅4番出口から徒歩約1分 **URL**www.monami.com

たった500₩！

1. オリジナルのmonami153が作れる 2. センスのいい筆記具が揃う

インクから作る場合は1000₩

3. 14色から好きなインクの色を選んで 4. たっぷり吸収させたら 5. できあがり！所要約3分

9/ Stray Kidsとaespaがプラス！ スターアベニューの新展示スタート

ロッテ免税店の広告モデルにSUPER JUNIOR、ジュノ(2PM)、TWICE、Stray Kids、aespaが起用され、2022年秋から新しいコンテンツを展開。推しの手形をお見逃しなく！

スターアベニュー STAR AVENUE
Map 別冊P.10-B1 明洞

🏠 중구 남대문로 81 ⏰9:00〜18:30 ㊡無休 🚇Ⓜ2号線乙支路入口(202)駅7・8番出口から徒歩約1分 **URL**jp.lottedfs.com

Stray Kidsの手形

10/ ヲタクのパラダイス&オアシスがさらにパワーアップ！

CD&公式グッズショップのウィズドラマが、2022年に名称変更しリニューアル。サイン会やラキドロイベントなどがさらに充実し、オフラインショップはヲタクの交流の場にも。

ウィズミュー WITH MUU
Map 別冊P.19-C1 弘大

1. 奥にカフェがありトレカなどの交換会も 2. 取材日はイェナのイベントを開催 3. ペンライトがズラリ。アイドルの直筆サインのあるCDなども展示 4. 公式グッズの山 5. オリジナルグッズが作れる自販機など

🏠 마포구 양화로 188 AK&2F ☎02-332-0429 ⏰11:00〜22:00 ㊡無休 **Card**A.J.M.V. 🚇Ⓜ京義・中央・2号線弘大入口(K314·239)駅4番出口から徒歩約1分 **URL**withmuu.com ●明洞、龍山

19

11 誰でもMVの主人公になれる HiKR GROUNDオープン

MZ世代をターゲットにした韓国観光広報館。注目はK-POPのMVのようなセットや100パターンのバーチャル背景を投影できるコーナー。なりきりスターで動画撮影してみる？

ハイカグラウンド
HiKR GROUND

[Map 別冊P.12-B3] 清渓川

🏠중구 청계천로 40 韓国観光公社ソウルセンター内 ☎02-729-9594 🕘10:00～21:00（2～4F～19:00）[休]2～4Fは月 [料]無料 [交][M]1号線鐘閣（131）駅5番出口から徒歩約3分 [URL]hikr.visitkorea.or.kr

1,2. 施設2階にある地下鉄の車内やランドリーセットはMVの再現にぴったり　3. 3階には韓国のエンタメや観光地をテーマにしたミュージアムもある　4. 1階大型メディアウォールではNetflix作品や観光地の映像などが流れている

写真提供/韓国観光公社写真ギャラリー イ・ボムス

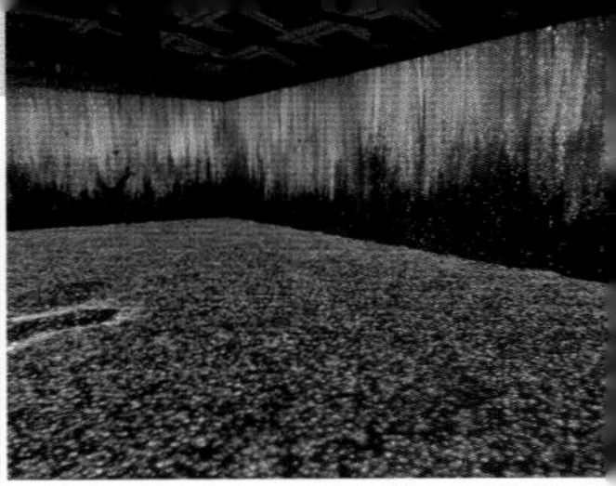

ヒーリングと瞑想がテーマの光化園

12 SHINeeミンホも登場 メディアアート「光化時代」

景福宮の正門前の各スポットに最新技術を駆使した無料体験型アート「光化時代」が誕生。デジタル庭園「光化園」、AIヒューマンと対話ができる「光化人」、CG映像アトラクション「光化電車」、大型L字スクリーンの「光化壁画」、スマホアプリ連動のAR「光化樹」とコンテンツは5つ。

光化時代（クァンファシデ）
광화시대

[URL]gwanghwasidae.kr

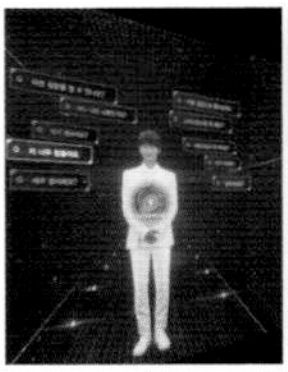

AIヒューマンのSHINeeミンホ、世宗大王と対話。日本語も選択可能

[光化園／光化人]

ソウルメトロ美術館（ミスルグァン）
서울메트로미술관

[Map 別冊P.14-B3] 景福宮

🕘10:00～21:00 [休]無休 [交][M]3号線景福宮（327）駅構内

[光化電車]

世宗文化会館（セジョンムナフェグァン）
세종문화회관

[Map 別冊P.12-A2] 光化門

🕘10:00～18:00 [休]月 [交][M]5号線光化門（533）駅8番出口徒歩約2分

[光化樹]

光化門広場
→P.63

[光化壁画]

大韓民国歴史博物館（テハンミングッヨッサバンムルグァン）
대한민국역사박물관

[Map 別冊P.12-B1] 光化門

🕘6:00～22:00 [休]無休 [交][M]5号線光化門（533）駅2番出口徒歩約3分

記者会見風の写真が撮れる！

13 豪華リゾート パラダイスシティでおいしい聖地巡り♪

裏表紙でも紹介したパラダイスシティ。リゾートが完璧なのは言うまでもないけれど、ここならではの楽しみ方をアップデート。日本で冠番組をもつほど人気の&TEAM。『Scent of you』のMVはここで撮影。これまでもNCT DREAMやITZY、また韓国ドラマなどの撮影に多く使用され、エンタメファンにとってはリゾート自体が聖地に。ロケ地を巡りながら堪能できるグルメスポットも充実しているので、泊まってじっくり楽しんでみては。

世界各国の料理はもちろん、スイーツやカクテルも！

1. グルメスポットにあるアート。イ・ビョンホンやハ・ジウォンなどの音声ガイド付きで鑑賞できる　2. &TEAMやIVEはクラブ「クロマ」前で撮影　3.『脱出おひとり島』にも登場　4. NCT DREAMのMVは「ワンダーボックス」で

パラダイスシティ
PARADISE CITY

[Map 別冊P.4-A2] 仁川広域市

🏠인천광역시 중구 영종해안남로 321번길 186 ☎1833-8855（代表）[交]仁川空港から無料シャトルバスで約3分、仁川リニアパラダイスシティ（M04）駅 2番出口から徒歩約5分 [URL]www.p-city.com

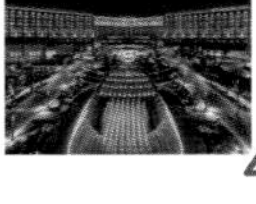

MVで観たティーカップ！

14 ニュースなどでおなじみ 旧大統領府青瓦台が見学可能に

韓国政治の中心を担う大統領府の移転により、2022年5月から一般市民へ開放。外国人も見学でき写真撮影もOKなので、新たな観光名所としてリストアップ。

青瓦台（チョンワデ） 청와대

[Map 別冊P.14-B1] 三清洞

🏠종로구 청와대로 ☎ 🕘3～11月9:00～18:00（最終入場17:30）、12～2月9:00～17:30（最終入場17:00）[休]火 [料]無料 [予]ウェブ予約（外国人は9:00、13:30に正門総合案内所で当日入場申請可）[交][M]3号線景福宮（327）駅4番出口から徒歩約18分 [URL]opencheongwadae.kr

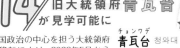

1. 青い瓦屋根が特徴の本館　2. 本館2階の広い執務室　3. プレスセンターだった春秋館

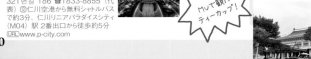

15 今最も高感度なエリア 聖水洞～ソウルの森はおさえておくべき！

3階のカフェ
天井家屋
フルーツティー
6000W

2

廃墟をリノベしたカフェ通りが誕生し、おしゃれな街へと変遷する聖水洞。その勢いが隣接するソウルの森周辺へと拡大し、人気スポットが続々進出。ソウル通なら絶対にハズせない注目エリア！

3

1

1. 聖水のランドマーク的存在、聖水連邦
2.大手芸能事務所や美術館もソウルの森周辺に
3.ソウルの森を望むラフレフルーツ（P.94）。アップルマンゴーシュー4500W、スムージー各9900W
4.有名雑貨店のオブジェクトも聖水店（P.120）をオープン

4

聖水連邦（ソンスヨンバン） 성수연방

Map 別冊P.17-D1 聖水洞

庶民的な街なかに突如現れるディオール聖水（期間限定）**Map 別冊P.17-C1**

⌂성동구 성수이로14길 14 ☎010-8979-8122 🕘10:00～22:00（店舗により多少異なる）[休]無休 [交][M]2号線聖水（211）駅3番出口から徒歩約4分 [URL]sites.google.com/view/ssyb

16 韓屋サーティワンで餅ワッフルアイス！

三清洞店は造りからメニューまで特別尽くし。脚付きの皿や餅ワッフルなど伝統と韓式にこだわったここだけの楽しみがいっぱい。

バスキンロビンス Baskin Robbins

Map 別冊P.15-C2 三清洞

⌂종로구 율곡로3길 74-1 ☎02-733-7226 🕘10:00～21:30（金・土～22:00）[休]無休 [Card]A.J.M.V. [英]
[交][M]3号線安国（328）駅1番出口から徒歩約5分
[URL]baskinrobbins.co.kr

コーンサンデー5200W、餅ワッフルアイス6100W

17 両替・プリペイド・交通カード1枚3役のWOWPASS

クレジットカードを持っていない人には便利なカード。現金両替よりレートがいいWOWPASSを解説。

❶無人両替機に日本円を投入しウォンでWOWPASSにチャージし発行。発行されたカードをカードリーダーに挿入して有効化。交通用T-moneyは別途交通カードチャージ機でチャージ。
❷スマホにアプリをインストールしてカードを登録。残高や決済内容はアプリで管理。
❸クレジットカード同様に支払いで使え、T-moneyとして地下鉄やバスに乗車できる。
❹残高は無人両替機でウォンで出金できる。

※カード作成時に入会費5000Wがかかる。
※無人両替機の利用にはパスポートが必要。
※カードは1枚でもプリペイドとT-moneyの残高は別々なので注意。

[URL]wowpass.io

ソウルの主要駅構内やホテルなど70ヵ所に設置されている

18 渡韓記念に撮って帰ろう♡ "エモくて盛れる"プリクラ

韓国のセルフ写真館は4コマのインセンネカット（人生4カット）が主流。日本のような加工はないけれど、レトロな雰囲気が大人気。

かぶり物やユニークめがねで盛るのが韓国風。繁華街にあり4カット2枚4000W～

19 ソウル最大規模！ザ・現代ソウルがスゴイ

6階まで吹き抜け。地下のフードコートも韓国最大級

現代百貨店16番目の店舗としてオープンしたここは、すべての売り場が百貨店を超えるサービス・品揃えで話題に。吹き抜けの館内だけでも見応え十分なので、足を運んで。

自然と共存する未来型デパート

ザ・現代（ヒョンデ）ソウル The Hyundai Seoul

Map 別冊P.6-A2 汝矣島

⌂영등포구 여의대로 108 ☎02-767-2233 🕘10:30～20:00（土・日～20:30、レストラン～22:00）[休]無休 [交][M]5号線汝矣ナル（527）駅1番出口から徒歩約7分 [URL]www.thehyundaiseoul.com

ソウル2泊3日 aruco的 究極プラン

待ちに待った渡韓！3日間でグルメもショッピングもビューティもエンタメも満喫したい。
そんな欲ばり女子の旅を1分1秒もムダにしない究極プランを提案！

Day1 初日からプチぼうけん満載でGO！

韓国らしさを感じるスポットからスタート。
特別な体験やアイテムで気分が上がる！

12:00 「土俗村」で参鶏湯ランチ P.72

韓方満点の本場の味

徒歩約3分

13:00 「韓服」レンタルで変身 P.50

徒歩約3分

13:30 韓服で「王宮」散策 P.148

時代劇の登場人物になれた♪

地下鉄約30分

15:00 韓服を返却して「延南洞」でカフェ巡り P.42,68

徒歩

フローラルブーケの香り好き♡

17:00 「121ルマルドゥペイ」で香水オーダーメイド P.46

徒歩

17:30 「弘大」でファッション＆雑貨ショッピング P.117,120,132

NERDY

徒歩

19:00 「マッコリサロン」で居酒屋グルメディナー P.90

かわいいマッコリとチヂミ

地下鉄約20分

21:00 「東大門」で深夜のショッピング P.122

Day 2 手作り体験にエンタメ聖地巡りも

ソウルならではのおみやげを手作りしたら、
最旬カフェとエンタメ両方が楽しめるタウンへ。

9:30 「武橋洞プゴクッチプ」で P.72
タラスープ朝食

> 美肌にも
> 効くスープ
> 最高！

徒歩
約5分

10:30 「レタリング
ジュエリーラボ」
でアクセ作り

P.35

> パーツを
> つないで……

地下鉄
約15分

13:00 「ソムンナン
聖水
カムジャタン」
で豚肉とジャガイモ
鍋ランチ P.88

徒歩

14:00 「聖水洞」でロケ地＆カフェ＆ショップ巡り

P.21,44,116,157,159

> 撮って
> インスタに
> アップしよ

徒歩

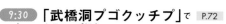

15:00 「アモーレ
聖水」でコスメ
をオーダーメイド

P.107

徒歩

16:30 「SMエンタテインメント」で
プチ推し活 P.163

> 大迫力の
> 映像に圧倒
> される〜

地下鉄
約20分

18:00 「カカオフレンス＆LINE FRIENDS」
でショッピング P.58

> BT惑星の
> 王子様です

徒歩
約5分

20:00

> 鼻から
> 脂！！！

「江南
レンギョブ」
で焼肉ディナー
P.17

地下鉄
約5分

22:00 「スパレイ」でデトックス

P.54

Day 3 帰国前にメイクテクをアプデしよう

メイク体験後はコスメを購入。韓屋タウンで
ランチしたら、ラストにおみやげゲット！

9:00 「河東館」で
コムタン朝食
P.73

目覚めに
ぴったりの
朝食ね

徒歩
約3分

10:00 「ビューティ
プレイ」で
アイドルメイク
体験 P.52

トレンドの
眉にしますね

徒歩
約1分

11:00 「オリーブヤング」でコスメを買う P.108

体験と
同じアイテム
買おうっと

セールで
お得ですよ〜

地下鉄
約10分

12:00 「益善洞」でランチ&街歩き
P.18,38

徒歩

13:00 渡韓記念の「人生4カット」を撮影 P.21

地下鉄
約10分

14:00 「ソルビン」でビンス P.94

甘くて
おいし♡

徒歩

14:30 「ロッテヤングプラザ」でショッピング
P.135

徒歩

15:30 「コンビニ&
スーパー&
デパ地下」で
おみやげゲット！ P.96,98,
100

これ
おすすめ！

渡韓ごっこは
もう終了！

リアルな韓国
刺激的なソウルで
プチぼうけん！

日本で韓国っぽいモノに囲まれていても、ホンモノにはかなわない。
だっておいしい韓国料理もおしゃれなカフェも、キラキラメイクだって
全部「っぽ」の世界。リアルな韓国、その中心はもっともっと刺激的。
ソウルでの16のぼうけん、まずは推しゴトから始めましょう。

待ちに待ったソウルでの推し活！
ココロがギュッとなるBTSの聖地巡礼

世界を魅了するK-POPグループBTSが暮らすソウルには、当然彼らを感じられるスポットがいっぱい。
コロナ禍、新たに加わった場所も多いので、今ARMY（BTSファンの名称）が絶対行くべき聖地を徹底調査！

ずっといたくなる♡BTSと
ARMYをつなぐここは楽園？

JINのお兄さんの店から練習生時代に
通った食堂、お揃いが買えるショップに
パフォーマンスを世界配信した国宝ま
で、BTSを五感で楽しむ聖地へ出発！

HYBE INSIGHT
オリジナルグッ
ズもいろいろ

BTS聖地巡り

	TOTAL 1.5日〜
オススメ時間帯	終日
予算	2万W〜

漢江の北と南を分けて制覇
効率よく巡るには江北と江南
を分けて回り、カフェ・ヒュガ
〜油井食堂〜カフェ・ケンプト
ンは近いので徒歩、またはタ
クシー移動が便利。ソウルの
森は歩きやすい靴で。

再開が
待ち遠しい！

取材時は「BEHIND THE STAGE：
PERMISSION TO DANCE」のフォト
エキシビションを開催

移転再開に向け準備中！

メンバーやスタッフにしか
見せない素顔のリハーサル
写真。わちゃわちゃ感と疲
労や苦悩の表情が混在

ステージで輝くBTSが詰まったライブ写真

真剣な表情
にドキドキ♡

バックステージの貴重な写真。
ステージ直前の緊張感や意気
込みが伝わる

HYBE INSIGHT ハイブインサイト

BTSが所属する芸能事務所HYBE（P.162）が運営するミュー
ジアム。事務所地下の展示は2023年1月に終了したけれど、
移転再開予定。どんな感動に出会えるか楽しみ♡

最新情報は公式Twitterとウェブで随時確認！
Twitter @HYBEINSIGHTtwt [URL]hybeinsight.com

臨場感たっぷりの
バックステージ動画

BTSが座った席は奥の真ん中

サインはレジの後ろに

「Run BTS!」の2次会現場！

イチャドル江南本店
カンナムポンジョム
이차돌 강남본점

2022年8月投稿のスペシャルエピソードで、最後に7人が揃って会食したチャドルバギ（牛あばらの霜降り肉）の専門店。

Map 別冊P.21-C3 宣陵

BTSセットはチャドルバギ7900W〜と味噌チゲ5900W〜、チャチョルミョン3900W〜、すし飯2900W〜

🏠강남구 선릉로86길 24 ☎02-562-8808
🕐11:30〜23:00 Card A.J.M.V. 🈺無休
Ⓜ水仁・盆唐・2号線宣陵（K215・220）
駅1番出口から徒歩約3分
URL www.2chadol.com

JIMINの三日月ネックレスが！

ハンナ543.
HANNA 543.

BTSがプライベートでも愛用しているジュエリーブランド。価格が手頃なので、気軽にお揃いが楽しめる！

Map 別冊P.17-D2 漢南洞

🏠용산구 대사관로5길 17 ☎010-278 7-8950 🕐11:30〜20:30 🈺無休
Card A.J.M.V. Ⓜ6号線漢江鎮（631）
駅3番出口から徒歩約10分
URL www.hanna543.com

シルバーのネックレス。三日月は8万5000W。JIMINは50cmのチェーンをチョイス

せいろ蒸し2人前から、4万2000W〜

JIN&お兄さん経営の和食店

押忍‼ セイロ蒸し
오쓰세이로무시

韓牛や豚ロースなどと野菜をせいろ蒸しで食べるボリューム満点でヘルシーなメニューがメイン。お兄さんに会えるかも。

※蚕室店は閉店しました。汝矣島店は営業しています。汝矣島店の基本情報は以下のとおり。
🏠영등포구 국제금융로2길 36 B1F ☎02-783-2232
🕐11:30〜15:00、17:30〜22:00 🈺無休 Ⓜ地下鉄5・9号線汝矣島（526・915）
駅3番出口から徒歩約2分

HYBE周辺のカフェにも寄り道

HYBE（P.162）周辺に点在するカフェも必ずチェック。BTSをはじめ、所属アーティストのイベントを頻繁に開催しているので、見逃しなく。

カプホをget!

取材時はJUNG KOOKの誕生日イベントを開催

練習生時代から国宝で踊るまで！
妄想しながら足跡巡り♪

見覚えのあるリビングの壁にはARMYがメッセージを書いた付箋がいっぱい

キッチンは厨房に！

宿舎をリノベしたカフェがオープン

カフェ・ヒュガ
Cafe Hyuga

2017年の「BTS Festa HOME PARTY」の再現動画撮影などにも使われた宿舎が、カフェとして復活。3階建ての建物自体が宿舎だったため、当時のエントランスやリビングの壁、エアコンの一部などが現存し、見て回るだけでもワクワク。名物のブラック防弾塩パン2000Wも絶品。

Map 別冊P.20-B2 鶴洞

🏠강남구 논현로119길 16 103동 ☎02-3444-2022 🕘10:00～21:30 [休]無休 [Card]A.J.M.V. [交][M]7号線鶴洞（731）駅4番出口から徒歩約7分 ◎hyuga1531

外壁の赤れんがも当時を彷彿

J-HOPEとJIMINの部屋の面影発見

ブラック防弾塩パンにはあんバター入りもあり美味

JINとSUGAの部屋のエアコン

練習生時代のBTS

1日3回通った日も！

天井にまでポスターが貼られた店内

グループやメンバーの記念日にはイベントを開催

油井食堂
ユジョンシッタン 유정식당

練習生時代に地下のレッスンスタジオへ通っていたため、ほぼ毎日ここで食事していたBTS。今では世界各国から集まるARMYで連日大にぎわい。

Map 別冊P.24-B3 鶴洞

🏠강남구 도산대로28길 14 ☎02-511-4592 🕘10:00～L.O.21:30（土・日～L.O.19:30）[休]無休 [Card]J.M.V. [交][M]7号線鶴洞（731）駅7番出口から徒歩約7分 ◎yoojungsikdang

BTSの大好物は黒豚石焼きビビンバ1万W

BTSの遊び場と化した巨大カフェ

カフェ・ケンプトン
Cafe Camptong

2020年12月投稿の「Run BTS！」をここで撮影。4階建ての1・2階を使用し、随所に足跡が残っている。

JUNG KOOKがここで花のポーズをして撮影

Map 別冊P.22-A2 狎鴎亭洞

🏠강남구 압구정로42길 27 ☎02-3445-0369 🕘11:30～19:00 [休]月 [Card]A.J.M.V. [交][M]水仁・盆唐線狎鴎亭ロデオ（K212）駅5番出口から徒歩約8分 ◎cafecamptong

7人の椅子！

ピンクのカーテンやダーツも現存

韓屋で米雑誌の表紙撮影

コリアハウス 한국의 집

韓国伝統文化体験が楽しめる
施設として有名。BTSが『ビル
ボード』誌の撮影をしたのは、
おもに後門前にある緑吟亭。

Map 別冊P.9-C2 忠武路

🏠 中区 退渓路36길10 ☎02-2266-9101〜
9103 ⏰11:30〜15:30、17:00〜22:00（レスト
ランはそれぞれし0:14:30、20:30）休月 見学
無料 🚇3・4号線忠武路（331-423）駅3番
出口から徒歩約1分 🔗koreahouse.or.kr

左／7人がグラビアを飾ったのはまさにこの場所

私たちが
一緒なら
砂漠も
海になる

우리 함께라면 사막도 바다가 돼

방탄소년단 (BTS)

부디 내게 가끔
기대어 쉬어가기를
SUGA (팬송?)

どうかときに
は僕に寄り掛
かって休むよ
うに (SUGA)

僕たちはお互いの夜景
お互いの月 (RM)

우린 서로의 야경
서로의 달
RM

僕の一日一日に
は君がいて 君の
一日一日には
僕がいる (JIN)

내 하루하루에 니가 있고
네 하루하루에 내가 있어
방탄소년단 진

누군가에게 힘
누군가에게 빛
제이홉

誰かには力
誰かには光
(J-HOPE)

더는 아프지 않게
네가 웃을 수 있게
지민 (방탄소년단) - 약속

더는 아프지 않게
네가 웃을 수 있게

これ以上苦し
まないように
君が笑えるよ
うに (JIMIN)

ARMYは何があって
も幸せでなければい
けないよ わかった？
(JUNG KOOK)

아미는 무슨 일이 있어도 행복해야해 알겠지?
정국

아미는 무슨 일이 있어도 행복해야 할겠지?

달빛 조각 하나하나 모아 조명을 만들 테니
어제와 같은 모습으로 내 앞에 와주세요
방탄소년단 뷔 김태형

月光のかけらを一つひ
とつ集めて明かりを作る
から 昨日と同じ姿で僕
の前に来てください (V)

ベンチやテーブル、椅子に設
置。BTS以外のアーティスト
の名言もある。現在も増加中

泣ける名言だらけ

ソウルの森 서울숲

約35万坪の広大な公園で、寄付によ
り設置されたベンチなどのプレート
には、BTSの歌詞やスローガン、名言
などが多数。2番ゲートから入ると
JIMINのベンチがすぐに！

Map 別冊P.17-C1 ソウルの森

🏠 성동구 뚝섬로 273 ☎02-460-
2905 無料 🚇水仁・盆唐線ソウ
ルの森（K211）駅3番出口から
徒歩約5分 🔗parks.seoul.go.kr

公園内に
SUGAの土管
も発見！

立ち位置に
ポイントが！

上／「歴史の道」
から全世界の
卒業生へ祝辞を
配信 左／「Dear
Class of 2020」
のパフォーマン
スはここで

国宝や宝物と共演！

国立中央博物館 クンニッチュンアンバンムルグァン 국립중앙박물관

所蔵約30万点を誇る韓国を代表する博物館。
ソウル観光PR動画「2021 YOUR SEOUL
GOES ON」の撮影やYouTube主催のオンラ
イン仮想卒業式「Dear Class of 2020」を
ここから世界へ配信し話題に。

Map 別冊P.6-B2 龍山

🏠 용산구 서빙고로 137 ☎02-2077-9085
⏰10:00〜18:00（水・土21:00）休無休 無
料 🚇京義・中央・4号線二村（K111・430）駅2
番出口から徒歩約2分 🔗museum.go.kr

SUGAは「敬天寺
十層石塔」と共演

「2021 YOUR
SEOUL GOES
ON」でRMがい
た展示室

景福宮と南大門でも
パフォーマンス！

李氏朝鮮の王宮・景福宮（P.148）の正殿・勤政
殿と慶会楼で米トーク番組「ザ・トゥナイト・ショー」
に出演。「Global Citizen Live」では国宝の南大
門（別冊P.28）前から世界6大陸へ配信。

左／勤政殿前では韓服でパフォーマンス
右／南大門では楼閣、階段もフィーチャー

BTS

続いて
推し活
第2弾

NCTが大好きなシズニに密着
初めての推し活1dayリポート

コロナ禍でK-POPグループNCTにハマり、韓国への入国緩和に合わせさっそく渡韓した東京在住のカレンちゃんとミズキちゃん。推し活は今回が初めてということで、滞在中のある1日をリアルリポート!

SMTOWNへ
ようこそ

Czennie's Room
귀엽다・・・♡

テヨンと
ドヨンだわ!

Karen/Mizuki
東京で美容学校に通うシズニ。渡韓は7回目にして推し活は初体験。カレンちゃんはジョンウとドヨン、ミズキちゃんはテヨン推し♡

駅名の表示
が愛おしい

推しが暮らすソウルにいるだけで
テンション崩壊!

韓国の俳優やK-POPアーティストはほぼソウルがホームグラウンド。街をウロウロしているだけでもドキドキワクワク。ここで紹介するシズニの1dayは一例。それぞれ自分の推しを求めて推し活プランをカスタマイズして。

TOTAL
1日

リピート必至の推し活旅

オススメ
時間帯　終日　　予算　2万W〜

ちょこちょこしたイベントがたくさん
人生4カットのフレーム以外にオリジナルトレカやネームシールの自販機、またカップホルダーの配布など、あちこちでイベントを開催しているので事前調べは必須。何度も足を運びたくなる聖地もあるので、2日あると安心。

13:00

駅の表示だけで感涙

ソウルの森駅へ移動。駅名に「에스엠타운」(SMTOWN)の文字があるだけでテンションアップ! センイル広告も多数。

駅構内に
ジェミン!

HAPPY
JAEMIN

10:00

推しと人生4カット!

24 HOUR
DINNER

민상버킷 × NCT DREAM

11:00

ヲタク御用達ショップに寄り道

WITH MUU → P.19

まずは弘大へ。人生4カット(4カット割の写真)で「NCT DREAM」のフレームイベントをやっていたので撮影。カムバ(P.33)などに合わせてさまざまなアイドルが登場するので、NCTファン以外も要チェック。

公式グッズやヲタクの必須アイテムが揃うWITH MUUでは、奥のカフェでラキドロの交換も。

K210
왕십리
Wangsimni 往十里

K211
서울숲 (에스엠타운)
Seoul Forest
首尔林 ソウルスプ

K213
압구정로데오
Apgujeongrodeo

13:30
推しの行きつけでランチ

彼らの事務所、SMエンタテインメントに到着。地下にあるボマーケットは、NCTドヨンとジョンウが食事していた聖地！

▶ **ボマーケット** Bomarket

Map 別冊P.17-C1 ソウルの森

🏠 성동구 왕십리로 83-21 ☎02-6233-7621 🕙10:00〜20:00 🈺無休 Card A.J.M.V. 🚇水仁・盆唐線ソウルの森(K211) 駅直結 Ⓞbomarket

ジョンウと同じポーズで撮影。メニューがかわいくて、ふたりも食べたと思うと胸がいっぱい

14:30
念願のKWANGYA@SEOUL

SMエンタテインメントが運営するショップで公式グッズを大人買い。何度でも通いたくなる夢の空間。

買いすぎた〜

KWANGYA@SEOUL → P.163

写真は移転前♪

15:30
いよいよ所属事務所へ

オフィスに入れるわけではないので、レセプション前のディスプレイと巨大スクリーンをバックに撮影。カフェからも観賞でき、推しが来るかも！に少し期待。

SMエンタテインメント → P.163

PUMAにもいたよ！

歌番組やコンサートに合わせ渡韓も！

カムバやコンサートなどのタイミングでの推し活もおすすめ。韓国は急遽発表することが多いので、情報チェックは入念に。

歌番組 → P.32

17:00
안녕！
三成洞〜コエックスへも

旧SMTOWNやNCTが練習生時代からよく目撃されていたコエックスモール(P.127)を探検。ビョルマダン図書館ではドヨンが表紙の雑誌を発見！

ビョルマダン図書館 → P.37

コンサート → P.160

Bellygom〜

19:00
推しイチ押しの中国料理でシメ

のはずが、満員で入店できず。NCTテヨンとユウタが食事していた徳厚先生は、予約が望ましい中国ビストロ。別日にリベンジということで、1日が終了！

トクフソンセン
徳厚先生 덕후선생

Map 別冊P.22-B2 狎鷗亭洞

🏠 강남구 선릉로 822 5F ☎02-514-3663 🕙11:30〜14:30(土・日〜15:30)、17:00〜22:00 🈺無休 Card A.J.M.V. 🚇水仁・盆唐線狎鷗亭ロデオ(K212) 駅4番出口から徒歩約2分 URLwww.generousduckoo.com

大好きなK-POPアイドルがすぐそこに！
週6で会えちゃう♡歌番組観覧へ！

韓国には歌番組が多く、そのほとんどが生放送で観覧可能。
旅行者でも観覧できる方法が多々用意されているので、
推しに会いに公開スタジオ＆ホールへ突撃！

ITZY

Stray Kids

『M COUNTDOWN』を観にいこう！

日本でも人気の『M COUNTDOWN』を
はじめ、歌番組のほとんどは一般視聴者
やファンクラブ会員、外国人向けツアー
参加者などに観覧枠を用意。ツアーは現
在不定期なので、旅行者はファンクラブ会
員になって事前申請により観覧枠をゲット
することをおすすめ。サノク（事前収録）
は生放送より観覧できる確率が高いので、
まずはこの枠を狙って。

『M COUNTDOWN』は
毎週20組近いアイドル
が旬のステージを披露
するK-POPチャートショー。観覧は生放送、
サノクともにオールス
タンディングスタイル。
CS放送Mnet（mnetjp.
com）動画配信サービ
スMnetSmart+（smart.
mnetjp.com）で視聴
可能。毎週木曜18:00
から日韓同時生放送。
再放送・VOD配信あ
り。

SEVENTEEN

ENHYPEN

LE SSERAFIM

aespa

サノクとは生放送に先立ち、事前に
パフォーマンスを収録すること。ひと
組ごとに行われることが多いため、
観覧枠もそのアイドルのファンのみ
で使用でき、観覧人数がぐっとアッ
プ。本番＆リハーサルと何度も推し
を拝むことができ、限定トレカなど
の特典も。アイドルにより申請方法・
参加条件が異なるので確認を。

うれしすぎる サノク♪とは？

TOMORROW X TOGETHER

歌番組観覧

TOTAL 4時間〜

| オススメ時間帯 | 放送・収録時間 | 予算 | 観覧無料 |

サノクは早朝・深夜の体力勝負も
生放送・サノクともに放送・収録開始時間
の2〜3時間前に集合。サノクは早朝や深
夜に開始することも多く、特にカムバック
ステージは長時間にわたる場合があるの
で、移動手段や体力を含め準備は万端に。

★参加条件一例★
ファンクラブ会員
最新CD持参
音源購入証明
公式ペンラ持参 など

bye bye!

朝から楽屋入口正面には脚立持参のファンがたくさん。
アイドルは愛嬌を振りまいて退勤

観覧以外でも会える！

アイドルの出勤・退勤も歌番組の楽しみのひとつ。ミュージックバンクは楽屋入口正面で待機することができるので、放送日は早朝からファンでいっぱい。ミュージックバンクに限らず、空き時間にファンのもとへ出てきてくれたり、ドリンクやスナックを振る舞ってくれるアイドルもいるので、万が一観覧できなくても行く価値あり！

公開ホール前では生放送を観覧するファンが待機

女矣島にある KBS

ジニョク
ごちそうさま〜

『Crack』でカムバしたイ・ジニョクは、楽屋から出てきてミニファンミとドリンクをファンへプレゼント。推しをこんな間近で！

楽屋入口の横にあるカフェでは各種イベントを開催

Kep1er

今日の 1位は……

観覧可能なおもな歌番組

火曜 ▶18:00 SBS MTV
『THE SHOW』
Map 別冊 P.6-A1 デジタルメディアシティ
📍마포구 상암산로 82 SBSプリズムタワー
🚇京義・中央・6号線デジタルメディアシティ（K316・618）駅9番出口から徒歩約10分
🔗programs.sbs.co.kr/sbsm/theshow/

水曜 ▶18:00 MBCプラス
『ショーチャンピオン』
Map 別冊 P.4-B2 京畿道高陽市
📍경기도 고양시 일산동구 호수로 596 獅項洞MBCドリームセンター 🚇M3号線鼎鉢山（311）駅1番出口から徒歩約10分
🔗www.mbcplus.com

木曜 ▶18:00 Mnet
『M COUNTDOWN』
Map 別冊 P.6-A1 デジタルメディアシティ
📍마포구 상암산로 66 CJ E&Mセンター
🚇京義・中央・6号線デジタルメディアシティ（K316・618）駅9番出口から徒歩約10分
🔗mcountdown.genie.co.kr

金曜 ▶17:15 KBS
『ミュージックバンク』
Map 別冊 P.6-A2 汝矣島
📍영등포구 여의공원로13 KBSホール新館
🚇M9号線国会議事堂（914）駅4番出口から徒歩約5分
🔗program.kbs.co.kr/2tv/enter/musicbank/

土曜 ▶15:15 MBC
『ショー！K-POPの中心』
Map 別冊 P.6-A1 デジタルメディアシティ
📍마포구 성암로 267上岩洞MBC公開ホール
🚇M6号線デジタルメディアシティ（K316・618）駅9番出口から徒歩約10分
🔗program.imbc.com/musiccore/

日曜 ▶15:40 SBS インギガヨ
『人気歌謡』
Map 別冊 P.4-B2 加陽
📍강서구 양천로 442登村洞SBS公開ホール
🚇M9号線加陽（907）駅10番出口から徒歩約10分
🔗programs.sbs.co.kr/enter/gayo/

JIMINとお揃い♡シルバーバングル＆ハングルアクセ作りにチャレンジ！

推しと同じアイテムや、推しの名前や関連ワードをデザインした
オリジナルグッズが作れる超人気レッスンへ。グッズといってもシルバー製の
本格派で、ハングルなどで韓国らしさと自分だけの個性を存分に発揮できる。

JIMIN使用のエプロン

JIMIN使用のテーブル椅子と道具

もしやココは!? JIMINがいた工房で妄想しながらレッスン

BTS VLOGでJIMINがシルバーのバングルを手作りした工房で、同じ先生から同じように教えてもらえる夢のようなレッスン。もちろんARMYでなくても、シルバーアクセ自体がおしゃれでアットホームなレッスンが楽しめるので、気軽に参加してみて。

1
JIMINがてこずっていた
シルバー板のカット作業

手首の形に整える

3

4
保護メガネをかけて
内側を磨く

表面を磨いて光沢を出す

5

JIMINが最初に座った場所で記念撮影

6

JIMINもこのハンマーがお気に入り

땅땅땅땅
땅땅땅땅

2
ハンマーで
たたいて表面
をデザイン

同デザインの
リングやイヤ
カフも作れる

JIMINの特別な数字13

内側に好きな数字や文字
を入れられる

ちょっとシャイです

イ・ソンチョル先生

取材日の生徒は全員ARMY！

JIMINお墨付きの優しい先生

Silver Kit House
シルバーキットハウス

イ先生は日本語が少しわかるので、韓国語がわからなくてもレッスンには支障なし。バングル以外にリングやイヤリングも制作可能。希望すればJIMINが実際に使用したエプロンや道具、椅子に座って体験ができる。

Map 別冊 P.8-B3 龍山

🏠 용산구 신흥로36길 6 ☎010-6376-3413
🕐12:00、15:00、18:00（火・水のみ）所要2時間
半〜3時間 休月・日 料レッスン7万W（材料費別）
JIMINのバングル材料費4万W〜 Card A.J.M.V. 予
電話、InstagramのDM、✉silver.kit.house
@gmail.comで要予約 Ⓜ4号線淑大入口（427）
駅2番出口から徒歩約15分 🅾silver_kit_house

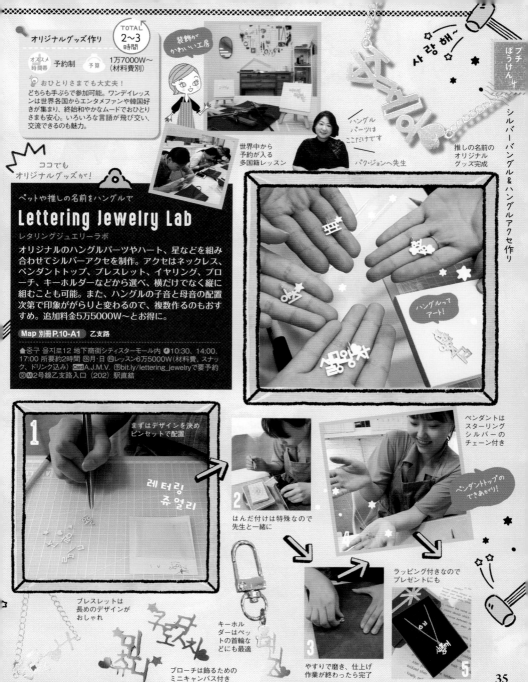

オリジナルグッズ作り

| オススメ時間帯 | 予約制 | 予算 1万7000W〜（材料費別） |

TOTAL 2〜3時間

装飾がかわいい工房

🖊 おひとりさまでも大丈夫！
どちらも手ぶらで参加可能。ワンデイレッスンは世界各国からエンタメファンや韓国好きが集まり、終始和やかなムードでおひとりさまも安心。いろいろな言語が飛び交い、交流できるのも魅力。

世界中から予約が入る多国籍レッスン

ハングルパーツはここだけです

パク・ジョンヘ先生

推しの名前のオリジナルグッズ完成

ココでもオリジナルグッズが！

ペットや推しの名前をハングルで

Lettering Jewelry Lab
レタリングジュエリーラボ

オリジナルのハングルパーツやハート、星などを組み合わせてシルバーアクセを制作。アクセはネックレス、ペンダントトップ、ブレスレット、イヤリング、ブローチ、キーホルダーなどから選べ、横だけでなく縦に組むことも可能。また、ハングルの子音と母音の配置次第で印象ががらりと変わるので、複数作るのもおすすめ。追加料金5万5000W〜とお得に。

Map 別冊P.10-A1 乙支路

🏠 중구 을지로12 地下商街シティスターモール内 ⏰10:30、14:00、17:00 所要時間2時間 休月・日 💰レッスン6万5000W（材料費、スナック、ドリンク込み）Card A.J.M.V. 🔗bit.ly/lettering_jewelryで要予約 🚇M2号線乙支路入口（202）駅直結

ハングルってアート！

1 まずはデザインを決めピンセットで配置

레터링 쥬얼리

ブレスレットは長めのデザインがおしゃれ

2 はんだ付けは特殊なので先生と一緒に

ペンダントはスターリングシルバーのチェーン付き

ペンダントトップのできあがり！

キーホルダーはペットの首輪などにも最適

ブローチは飾るためのミニキャンバス付き

ラッピング付きなのでプレゼントにも

3 やすりで磨き、仕上げ作業が終わったら完了

5

プチぼうけん 5

フォトジェニックでアーティスティック ソウルっこの奇想天外な世界へようこそ

街なかのモール内にいきなり絶景が現れたり、買い物したくてもなかなか商品にたどり着けない……。
そんな遊び心あふれるスポットへご案内。「そこはどこ？」的な写真、まずはどこで撮る？

SPOT 1

アーダー聖水スペース
ADER Seongsu Space

ADER

言わずと知れたファッションブランドADER errorの聖水店。店内に一歩入ると宇宙のような、さらに深いコンセプトのもと不思議な部屋がいくつも。豪雨の音が響く試着室の先が商品のショールーム。

カフェにベッドが！

奥のライトシェードがウィッグに！

最上のチルね〜

売り場はどこ？

宇宙飛行士とツーショット

DATA → P.116

SPOT 2

タン・プラネット Tongue Planet

アーダー聖水スペースの2階にある同経営のカフェ。ベッドでお茶はOKだけど、寝るのは厳禁！

DATA → P.44

入口もフォトスポット

驚きと感動と、謎が交じった 魅惑の8スポット

最初に紹介するのは韓国きってのクリエイティブ集団ADER errorの新スポット。期待を絶対に裏切らない超不思議空間から潜入！

水が流れるクラフトシップ

宇宙船の寝室のような試着室

フォトジェニックなソウル巡り

TOTAL 1日

オススメ時間帯 11:00〜　予算 無料〜

💡 テクがなくても上手に撮れる！
被写体自体がインパクト大なので、特別なテクニックやワザは必要なし。コントラストと色温度を低めに設定、加工すれば韓国で今はやりのグレーっぽい写真に。

レトロポップなヲタク部屋

上／古くて新しいアメリカン雑貨の宝庫
下／日本では入手困難なテディを発見

SPOT 3

ネオンムーン
The Neonmoon

オリジナルキャラのスリーピーテディと人気ブランドとのコラボが話題の雑貨店。絵になるスナックバーも併設。

Map 別冊P.17-C1 聖水洞

🏠 성동구 광나루로 4길 4-1　🕐13:00〜21:00　休月・火　Card A.J.M.V.　🚇M2号線聖水（211）駅1番出口から徒歩約12分　@neonmoon_official

星降る図書館

Starfield

> コエックスモールのB1〜1階。季節ごとの装飾も見物

SPOT 4

ピョルマダン図書館 별마당도서관

高さ13mにも及ぶ書棚は、まさに絶景。約5万冊を保有し自由に閲覧可能。日本語で「星の庭」を意味する名前どおり、夜の撮影がおすすめ。

スターフィールド コエックスモール → P.127

SPOT 5

Pretty in Pink

左/アリスやプリンセスの部屋みたい 下/羊が回るカルーセル

ロイヤルメルティングクラブ
Royal Melting Club

ピンク尽くしのカップケーキ店。まさかのG-DRAGONもこの羊ちゃんと撮影！LE SSERAFIMも店内で番組収録。

DATA → P.69

SPOT 6

G-DRAGONのお気に入り

クルマが〜〜

ピーチズ・ダイン Peaches. D8NE

車テーマの米カジュアルブランドPeaches.とノッティド（P.68）などの韓国発グルメがタッグを組んだ複合施設。

左/NCTなどのイベントも開催 右/埋まった車がインパクト大

Map 別冊P.17-C1 聖水洞

⌂ 성동구 연무장3길 9 ☎ 010-4192-7719 ⏰ 11:00〜21:00 休 無休 Card A.J.M.V. 🚇 M 2号線聖水（211）駅4番出口から徒歩約6分 @ peaches_d8ne

---

SPOT 7

ソウル・エンムセ
Seoul Angmusae

カラフルな外壁で撮影したら店内へも。シグネチャーのシナモンロールもフォトジェニック。

レゴのような外壁！

横のエンムセ（オウム）とも撮影

SEOUL ANGMUSAE

DATA → P.44

SPOT 8

#弘大#ピーチが並ぶ世界

床に白砂を敷いた店内

アーバンビーチ Urban Beach

ビルの3階に突如出現する白砂ビーチ。海はないけれど、リゾートのカフェ気分はたっぷり。

砂を生かしたインテリアもおしゃれ

DATA → P.43

下町っぽい韓屋が並ぶ魅惑の迷路
益善洞をぐるぐる♪
イクソンドン

仁寺洞の隣に位置し、石畳の路地に昔ながらの韓屋が100軒あまり密集するレトロなエリア。この韓屋を利用して近年、若手企業家などにより個性豊かな店が次々と登場。連日にぎわうソウルのホットスポットに!

益善洞路地裏さんぽ

TOTAL
2時間半～

オススメ　午後～
時間帯　ディナータイム

路地を曲がるたびにワクワク
昼頃オープンの店も多く、本格的ににぎわうのは午後から。コンパクトな街なので、カフェで休憩を挟みながらのんびり散策を。鍾路3街駅周辺には屋台街もある。

こだわりの一軒も多い

風情漂う路地裏散策

築100年以上の韓屋を
すてきスポットにリノベーション

同じ韓屋村でも北村が高級住宅街だったのに対し、庶民の街だった益善洞は親しみやすい雰囲気。韓国の伝統文化を感じながら、おしゃれなソウルを満喫して。

リノベPOINT!
立派な門と中庭をそのまま生かし、ゆとりある空間に。往時の部屋を上手に利用している。

アイスも
オーダー
しちゃう?

1.3.手前が中庭で奥には座敷席も　2.バターローフブレッド4500Wとインジョルミティラミス7500Wはマストメニュー

A　ゆったり過ごせる大人カフェ

ソウルコーヒー
Seoul Coffee

広い韓屋を利用したカフェ。瓦屋根と高床の伝統建築を残したインテリアが趣ある雰囲気。コーヒーやパンのほか、アイスボールなど見た目もユニークなオリジナルメニューが揃う。

Map 別冊P.13-D2　益善洞

🏠鍾路区 水標路28길 33-3 ☎02-6085-4890
🕐11:00～L.O.21:30 無休 Card A.J.M.V. 英
🚃 ◎M1・3・5号線鍾路3街 (130・329・534)
駅4番出口から徒歩約5分 Wi-Fi
URL www.seoulcoffee.co.kr

HANBOK

リノベPOINT!
中庭を囲む韓屋の造りを生かして改装。特徴的な屋根のデザインや木の枠組みが優美。

上品なワンピースもおすすめ！

C 線路がカフェへと誘ってくれる

ナグォンニョッ
楽園駅
나원역

駅をイメージしたカフェには、線路や到着駅、発車時間などが書かれたパタパタ案内板がありレトロで斬新。ケーキが回るカウンターなど楽しい演出も！

プチぼうけん6

下町っぽい韓屋が並ぶ魅惑の迷路 益善洞をぐるぐる♪

Map 別冊 P.13-D2 益善洞

🏠종로구 수표로28길 33-5 ☎02-763-1112 ⏰11:30～22:30 休無休 Card A.J.M.V. Ⓜ1・3・5号線鍾路3街（130・329・534）駅4番出口から徒歩約3分 Ⓘ@nakwonst

1. 独特の形をした焼き菓子ククグロフはレモンラズベリーなど各8000W
2. ハイビスカス茶とモクレン茶各6300W
3. 線路の先がカフェの入口

STATION

リノベPOINT!
韓屋を昔の駅に見立てて改装し、れんがと錆色っぽい木などでビンテージ感をアップ。

B 普段使いできるモダン韓服

テテロットサロン
때때옷살롱

キュートな現代風チマチョゴリの専門店。上衣（チョゴリ）とスカート（チマ）をバリエ豊かに揃え、組み合わせ次第で好みのコーデが手に入る。

1.伝統的な建物の中に、レトロかわいいチマチョゴリがずらり。価格は上下各9万9000Wが目安2.帽子2万3000Wと合わせても 3,4.マネキンやスタッフの着こなしを参考に

Map 別冊 P.13-D2 益善洞

🏠종로구 수표로28길 21-12 ☎02-704-1369 ⏰12:00～19:00 休無休 Card A.D.J.M.V. 📷不可 Ⓜ1・3・5号線鍾路3街（130・329・534）駅4番出口から徒歩約5分 URL www.teterot.com

IKSEON-DONG MAP

(329)
(534) 鍾路3街駅
⑤ ④ ⑧

D 新しい香りに出合える！

アッシパンアッカン
아씨방앗간

ナチュラル系の香りをメインに香水、ソイキャンドル、ディフューザー、ルームスプレーなどを取り揃えた専門店。試香用のレースもかわいい。

Map 別冊 P.13-D2 益善洞

🏠종로구 돈화문로11다길 47 ☎02-766-1359 ⏰12:00～19:30 休無休 Card A.J.M.V. Ⓜ1・3・5号線鍾路3街（130・329・534）駅4番出口から徒歩約3分 Ⓘ@assi_bangagan

1. ディフューザーはさまざまなタイプがあり香りも豊富 2. 入る前からふんわりいい香り 3. ソイキャンドル5オンス1万7000W。香りは8種

リノベPOINT!
韓屋の瓦屋根×ミントカラーの外壁が印象的。店内は欧風インテリアでまた違った趣。

FRAGRANCE

スイーツから餃子にバーまで グルメな韓屋が密集！

細い路地を気ままに歩いていると、気になる店があっちにもこっちにも！　特に飲食店は緑あふれるスイーツカフェから行列のできる専門店までバリエ豊かで、新たなグルメスポットとしても話題に。

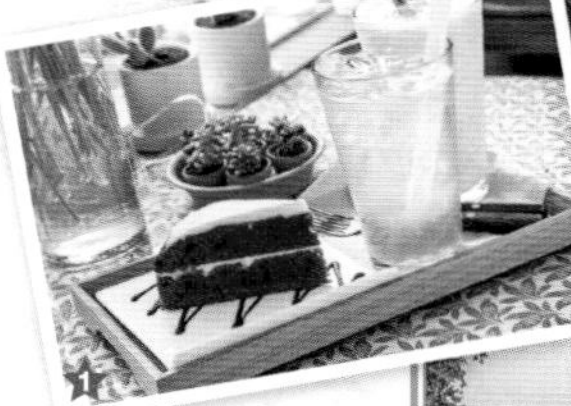

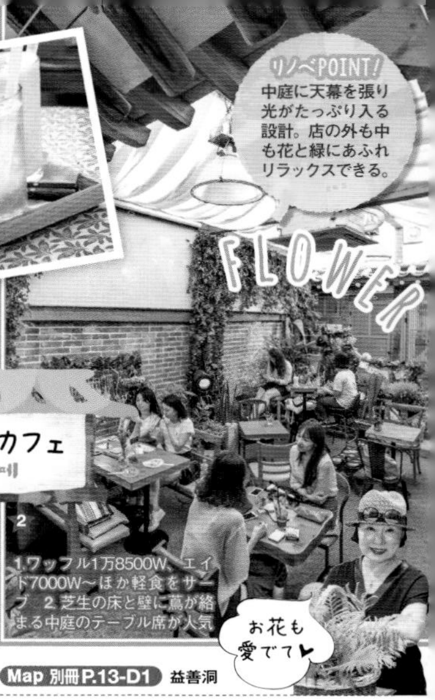
FLOWER

1.ワッフル1万8500W、エイド7000W～ほか軽食をサーブ　2.芝生の床と壁に蔦が絡まる中庭のテーブル席が人気

リノベPOINT！ 中庭に天幕を張り光がたっぷり入る設計。店の外も中も花と緑にあふれリラックスできる。

お花も愛でて♥

F 花に囲まれてカフェタイム♪

マダンフラワーカフェ
마당플라워카페

ドラマ『トッケビ』(P.159) などのロケ地としても知られる有名カフェ。庭をイメージした店内で花の香りに包まれてひと息つける。店内のフラワーショップでは生花やドライフラワーを販売。

Map 別冊P.13-D1　益善洞

🏠종로구 수표로28길 33-12 ☎02-743-0723/0724 🕘9:00～22:30 [休]無休 [Card]A.J.M.V. 《日▶ [交][M]1·3·5号線鍾路3街（130·329·534）駅4番出口から徒歩約6分 [Wi-Fi]○ 📷madangflowercafe

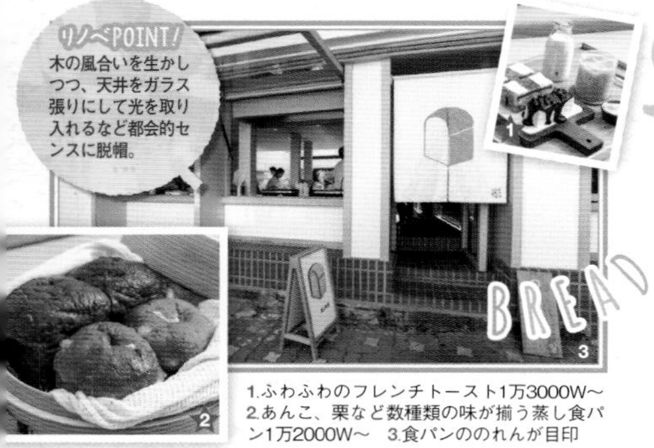
BREAD

リノベPOINT！ 木の風合いを生かしつつ、天井をガラス張りにして光を取り入れるなど都会的センスに脱帽。

1.ふわふわのフレンチトースト1万3000W～　2.あんこ、栗など数種類の味が揃う蒸し食パン1万2000W～　3.食パンののれんが目印

E ソウルの食パンブームを牽引

ミルトースト
밀토스트

注文後にセイロで蒸してサーブする食パンやフレンチトーストが評判。バリスタが1杯ずつていねいにハンドドリップするコーヒーも秀逸。

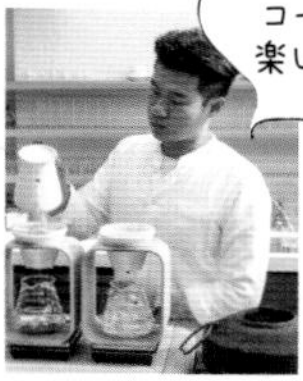

芳醇なコーヒーを楽しんで♪

Map 別冊P.13-D2　益善洞

🏠종로구 수표로28길 30-3 ☎02-766-0627 🕘9:00～21:00 [休]無休 [Card]A.D.J.M.V. [英] [交][M]1·3·5号線鍾路3街（130·329·534）駅6番出口から徒歩約3分 [Wi-Fi]○

進化しても変わらない伝統茶の名店も！

おしゃれな店が増えるなか、昔ながらのたたずまいを残す名店もある益善洞。ここは定番の柚子茶から珍しい韓方茶まで、香り高いお茶が揃う韓国伝統茶の専門店。しっとり落ち着く店内では、伝統菓子やピンスも楽しめる。

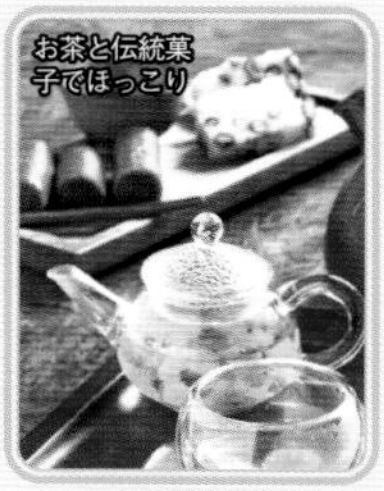

お茶と伝統菓子でほっこり

[J] トゥラン 뜰안

Map 別冊P.13-D2　益善洞

🏠종로구 수표로28길 17-35 ☎02-745-7420 🕘12:00～L.O.21:00 [休]月 [Card]A.J.M.V. 《英▶ [交][M]1·3·5号線鍾路3街（130·329·534）駅4番出口から徒歩約4分 [Wi-Fi]○ [URL]tteuran.modoo.at

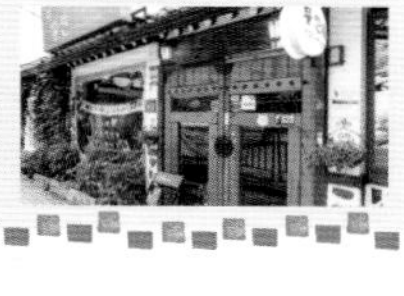

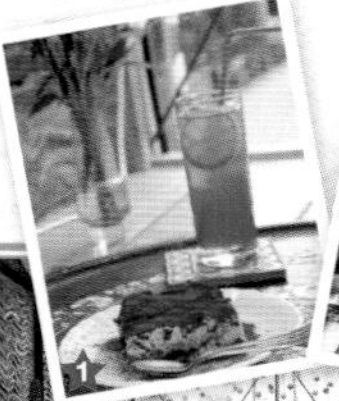

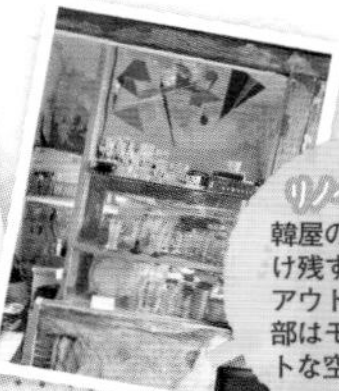

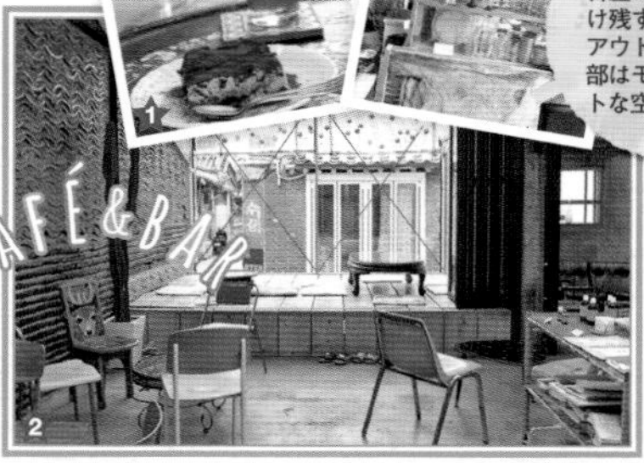
CAFÉ&BAR

リノベPOINT！ 韓屋の外枠や梁だけ残す大胆なレイアウトが魅力。内部はモダンでアートな空間を実現。

1. ドリンクの種類が豊富でスイーツや軽食も揃う　2. 窓際の小上がりの座敷席もオープンエア！

G 緑に癒やされるカフェ＆バー

植物（シンムル）
식물

韓国のバリスタとイギリスの写真家による共同経営で、昼はカフェ、夜はバーとして営業している。店名のとおり随所に植物がセンスよくあしらわれ、大きく開かれた窓が開放的。

Map 別冊P.13-D1　益善洞

🏠종로구 돈화문로11다길 46-1 ☎02-742-7582 🕘12:00～L.O.22:30（金・土～L.O.23:30）[休]無休 [Card]A.J.M.V. 《英▶ [英] [交][M]1·3·5号線鍾路3街（130·329·534）駅4番出口から徒歩約5分 📷sikmul

H おやつにマンドゥも◎

チャンファダン
황화당

できたてアツアツで運ばれてくるマンドゥ（餃子）を求めて、行列ができる専門店。キムチやカルビ、エビなど種類豊富なマンドゥのほか、冷やし麺やキムチチャーハンも好評。

Map 別冊P.13-D2 益善洞

🏠 종로구 수표로28길 23 ☎070-8888-0908 🕐11:30～ L.O.13:30、15:00～L.O.20:30 🈺無休 Card A.D.J.M.V. 🚇M1・3・5号線鍾路3街（130・329・534）駅4番出口から徒歩約3分 Wi-Fi
📷 @changhwa_official 🔗新沙洞ほか

う～ん
待ち遠し～！

DUMPLING

リノベPOINT!
シャンデリアなど西洋風のインテリアを取り入れながらも、奥には座敷席もある韓洋折衷。

1. 豚肉、キムチ、エビなど焼きマンドゥ8種の盛り合わせ1万1000W
2. ガラス越しにマンドゥを作る姿が見られる

レトロモダンなファッションで歩こう！

益善洞では1900年代初期のセレブファッションで歩くのが大人気。ワンピースからバッグ、帽子、アクセサリー、パラソルまで一式借りられるから試してみて。撮影用の部屋も完備。

K 益善ウィサンシル
익선의상실

Map 別冊P.13-D2 益善洞

🏠 종로구 돈화문로11길 38 3F ☎02-747-4310 🕐9:00～19:00（レンタル～18:00）🈺月・火 🏷レンタル3時間3万W、6時間4万W、1日4万5000Wほか（デポジット5000Wが必要）Card M.V. 📷🔗 🚇M1・3・5号線鍾路3街（130・329・534）駅4番出口からすぐ 🔗www.ikseonboutique.com

1. 看板にミシンのロゴ　2. 韓屋に映える往年のお嬢様コーデ　3. スタイルいろいろ。迷ったら2回まで試着OK　4. バッグなど小物にもこだわりたい

プチぼうけんも

I 細部にもこだわる都会のオアシス

清水堂
チョンスダン
청수당

非日常空間が広がる和モダンなカフェ。注文が入ってから焼くスフレカステラや石臼でひいたストーンドリップコーヒーなどメニューも逸品揃い。

Map 別冊P.13-D1 益善洞

🏠 종로구 돈화문로11나길 31-9 ☎02-747-8215 🕐11:30～L.O.21:30 🈺無休 Card A.J.M.V. 🚇M1・3・5号線鍾路3街（130・329・534）駅4番出口から徒歩約4分 📷 @cheongsudang_

リノベPOINT!
韓屋の壁を全面ガラスで庭園が眺められるようにアレンジ。竹林、ランタンなどとの共存も斬新。

1. 宇治の抹茶を使用した抹茶フロマージュケーキ1万3000Wや抹茶クリームミルク7800Wなど
2. エキゾチックなアプローチには水が流れる音も　3. テーブル席のほかに座敷もある

ステキ～

EXOTIC

4. イチゴのコンポートとクリームがのったイチゴスフレカステラ1万8000W～。スフレカステラにはヨモギもある　5. ふわっふわのスフレカステラ1万6000W～　6. フルーツがみずみずしい済州島産天惠香エード（右）とプラムエード各7500W　7. ストーンドリップコーヒー5800W～

ソウルの2大カフェタウン
延南洞 & 聖水洞でお気に入り探し
ヨンナムドン　ソンスドン

コンセプトもメニューも凝った高感度カフェが街なかにあふれるソウル。
なかでも延南洞と聖水洞にホットなカフェが集中しているというウワサ。
ソウルのカフェ好きが通い詰めるふたつの街を探索してみよう！

TOTAL 約4時間

延南洞探索

| オススメ時間帯 | 13:00〜 | 予算 | 1万W〜 |

弘大とあわせて夜まで遊べる
午後オープンのカフェが多い。駅北側の
1kmくらいまでカフェが点在している。夕
方以降は路上パフォーマンスでにぎわう
弘大に移動してディナー＆夜遊びもおす
すめ。ただし、駅を挟んでかなり距離があ
るので、歩きやすい靴で行こう。

インテリアの参考にしたい♡
延南洞カフェ巡り

ソウルと郊外をつなぐ鉄道が地下化し、線路
跡地にイチョウ並木の公園、京義線スッキル
が完成。それにともない、閑静な住宅街だっ
た延南洞にカフェが急増。オーナーのセンス
が光るインテリアに"かわいい"が止まらない！

4. 焼き菓子が並
ぶ　5. タルギ（イ
チゴ）スコーン
5200W、レッドベ
ルベットケーキ
8500W

A
延南洞カフェタウンのアイコン

Café Layered
カフェレイヤード

カフェ好きが高じてファッション
業界から転身した女性インフル
エンサーRyoさんのカフェ。ヨー
ロッパの邸宅のような一軒家で、
おしゃれなインテリアとカフェメ
ニューに憧れる人が続出。

Map 別冊P.6-A1　延南洞

🏠마포구 성미산로 161-4
🕐11:00〜22:00 無休
Card A.J.M.V. ＊
Ⓜ京義・中央・2号線弘大
入口（K314·239）駅3
番出口から徒歩約12分
Wi-Fi @cafe_layered
安国、汝菍島

1,2. ロンドンやパリのヴィン
テージ風。Ryoさんは系列も含
め複数のカフェを運営してい
る　3. 週末は行列ができるほ
どの人気店

カップも
イラスト!?

B
絵の中にダイブする不思議感覚

Greem Cafe
クリムカフェ

クリムとは韓国語で絵という
意味。壁や床、テーブル、椅
子、カップにいたるまで二次
元加工されたカフェ。絵画の
主人公気分を楽しもう。

Map 別冊P.6-A1　延南洞

🏠마포구 성미산로 161-10
☎010-2612-8103 🕐12:00〜
21:00 月・火 Card M.V.
Ⓜ京義・中央・2号線弘大入口
（K314·239）駅3番出口から
徒歩約13分 Wi-Fi @greem_
cafe

1. 自宅のインテリアに取り入れてみる!?
2. チョコチョコラテ5500Wとカフェラテ5200W

こんな部屋に住みたい！と思わせるインテリア

C B
A
E
延南洞

プチぼうけん♪

延南洞 & 聖水洞カフェ

京義線ベキル

トンギョロ

弘大入口駅

② ③
① ④ ⑥
⑧
⑨ ⑤ ⑦
弘大

さりげない小物使いのお手本

C Meritree
メリツリー

SNSで話題の韓国のおしゃれな部屋を再現したカフェ。シンプルなホワイトトーンに差し色をプラス。チューリップ、洋書、キャンドル、ミラーなど、まねしたいポイントがいっぱい。

Map 別冊P.6-A1 延南洞

🏠마포구 성미산로29안길 17 2F ☎02-6406-3152 ⏰13:00〜21:00 休月 Card A.J.M.V. 映▶ 実京義・中央・2号線弘大入口（K314・239）駅3番出口から徒歩約15分 WiFi○ ▶ @cafe_meritree

1. アイスからクマが顔を出すメリブラウニー7000W
2. ピスタチオビクトリア7500Wとアメリカーノ5000W
3. 冬限定の雪だるまラテ。抹茶とチョコ各7000W

TOWN GUIDE ▷▷

延南洞／ヨンナムドン
연남동

ACCESS

Ⓜ京義・中央・2号線弘大入口（K314・239）駅3番出口

歩き方

3番出口目の前の京義線スッキルを約250m北西へ。交差する道（동교로／トンギョロ）を北へ進む。カフェは동교로の左右にある細い路地に点在。

1. 雑貨や文具も販売している
2. アップルクランブル7500W、タルギ（イチゴ）ラテ7000W、トリプルクランチエスプレッソ6500W
3. ビッグクッキー4500W
4. シグネチャーのレモンケーキ3500W

リゾートにワープするカフェ

D Urban Beach
アーバンビーチ

店内に白砂を敷き詰めた大胆なインテリアがユニーク。砂はまねできなくても、サンゴや流木、レコードなどビーチカルチャーを思わせるテクニックは見習いたい。

Map 別冊P.6-A1 延南洞

🏠마포구 동교로 245 3F ☎010-3337-1374 ⏰12:00〜22:00（水・木〜21:00）休無休 Card A.J.M.V. 映▶ Ⓜ京義・中央・2号線弘大入口（K314・239）駅3番出口から徒歩約6分 WiFi○ ▶ @urbanbeach_yeonman 実弘大

チョコマドレーヌとチーズマドレーヌ各3900W、チョコラタ6500W、パッションフルーツエード7000W

ビルの中とは思えない雰囲気

北欧の子供部屋をイメージ

E Cafe Skön
カフェスコン

白を基調に木目とポップカラーを上手に配したインテリアがおしゃれ。スイーツもおいしくて居心地がいいから長居してしまいそう。店名のスコンはスウェーデン語で快適という意味。

Map 別冊P.6-A1 延南洞

🏠마포구 성미산로 172 2F ☎02-323-7076 ⏰10:00〜22:00 休無休 Card A.M.V. 映▶ Ⓜ京義・中央・2号線弘大入口（K314・239）駅3番出口から徒歩約10分 WiFi○ ▶ @cafe_skon

テラス席もある

エッジの効いた再生タウン 聖水洞カフェ巡り

かつて工場や倉庫街として栄えた聖水洞に時の流れを経て廃墟となった建物が増加。それを気鋭のアーティストたちがカフェやギャラリーにリノベーション。想像の斜め上をいく、今ソウルでいちばんイケてる街に大変身！

聖水洞探索

TOTAL 約5時間

オススメ時間帯 11:00～　予算 1万5000W～

グルメもショッピングも充実

観光地化され、カフェのオープン時間は比較的早い。ショップやセルフ写真館などもあり、カフェだけじゃない楽しみも。駅周辺はレトロな下町風情も残り、昔ながらの韓国料理店も軒を連ねる。ソウルの森を訪れるなら早い時間がおすすめ。

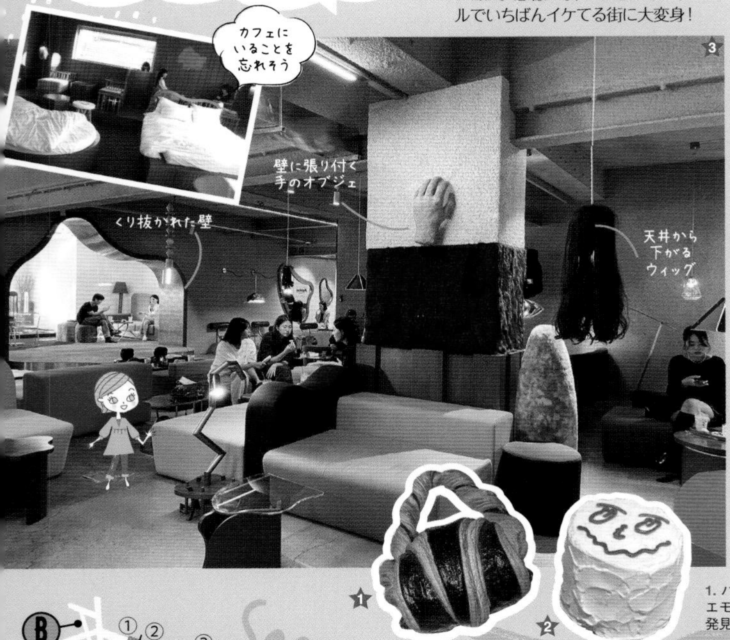
カフェにいることを忘れそう
壁に張り付く手のオブジェ
くり抜かれた壁
天井から下がるウィッグ
3
1
2

アーダーエラーの新プロジェクト

A Tongue Planet
タン・プラネット

人気アパレルブランドが手がける超個性派カフェ。広いフロアに無造作に置かれたカラフルなシート、くり抜かれたような壁、ラウンジスペース、ベッドが置かれた部屋も！奇抜なスイーツにも注目。

Map 別冊P.17-D1 聖水洞

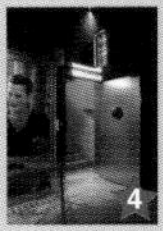
4

住 성동구 성수이로 82 2F ☎ 02-498-1113 🕘10:00～21:00 [休]無休 [Card]A.J.M.V. [英] [英] [交]Ⓜ2号線聖水（211）駅3番出口から徒歩約4分 [Wi-Fi]○ ◎ tongue_cafe 新沙洞、蚕室

1. ハンドバッグのクロワッサン9000W　2. 抹茶のエモジケーキ1万2000W　3. 探せば探すほど新たな発見がありそうな店内　4. 異世界への入口

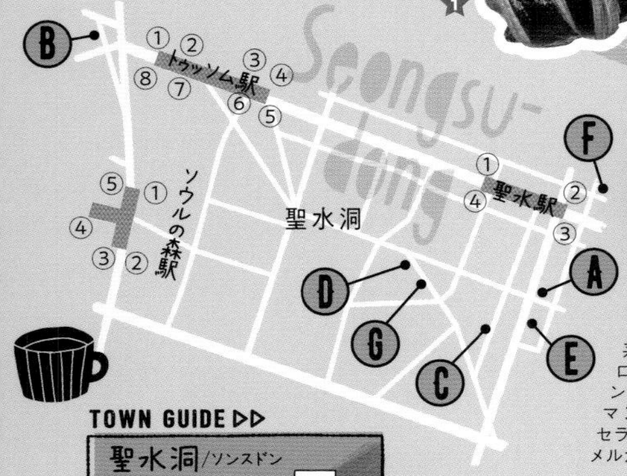
B
①
②
トゥッソム駅
③
④
⑧
⑦
⑥
⑤
Seongsu-dong
F
①
聖水駅
②
④
③
⑤
①
④
ソウルの森駅
③
②
聖水洞
A
D
G
E
C

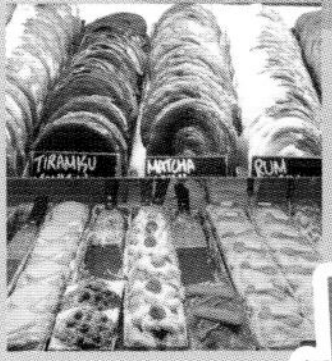
TIRAMISU
MATCHA
RUM

スイーツからおかず系まであるシナモンロール5000W～、サンドもあるクイニーアマン4500W～、エンムセラテ、ヴィーガンカラメルカフェラテ各6500W

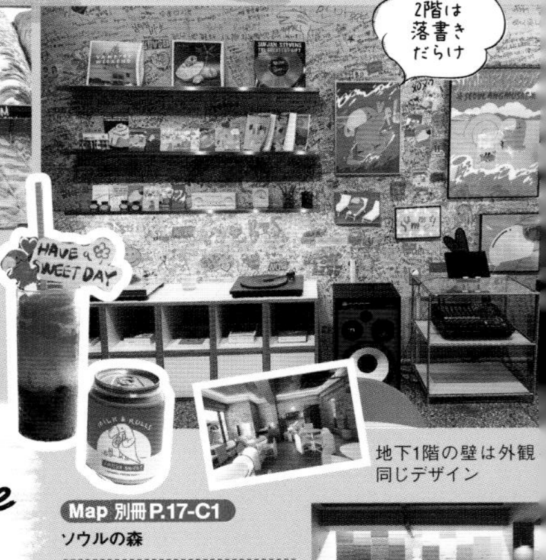
2階は落書きだらけ
HAVE a SWEET DAY

地下1階の壁は外観同じデザイン

TOWN GUIDE ▷▷

聖水洞／ソンスドン
성수동

ACCESS
Ⓜ2号線聖水（211）駅
Ⓜ2号線トゥッソム（210）駅
Ⓜ水仁・盆唐線ソウルの森（K211）駅

歩き方
3駅に囲まれた約1km四方の広範囲にカフェが点在。今も工場として稼働している建物もあり、夜は暗い場所もあるので注意。

落書きだらけの自由空間

B Seoul Angmusae
ソウル・エンムセ

カラフルな外観のベーカリーカフェ。店内のコンクリート打ちっ放しの壁には落書きがびっしり。メニューはシナモンロールとクイニーアマンに特化。オリジナル雑貨も販売。

Map 別冊P.17-C1
ソウルの森

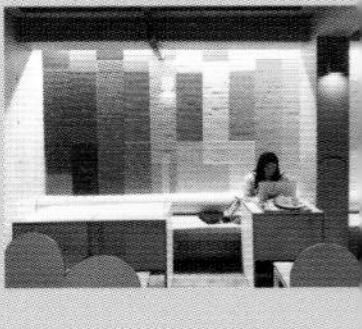

住 성동구 서울숲9길 3 ☎070-8846-2025 🕘8:00～23:00 [休]無休 [Card]A.J.M.V. [英] [英] [交]Ⓜ2号線トゥッソム（210）駅8番出口から徒歩約3分 [Wi-Fi]○ ◎seoul_angmusae

1. 2階建ての工場跡には屋上もある　2. レモネード8000W、タンジェリンエード9000W　3. お気に入りの席を探して

1. アートが配された店内　2. コーヒー5000W〜、ケーキ8000W〜

C

童話のような廃墟カフェ

할아버지공장
ハラボジ工場(コンジャン)

店名のハラボジとはおじいさんという意味で、古い工場を改造。中庭のツリーハウスや年季の入った建物に想像力がかき立てられる。

Map 別冊P.17-C1　聖水洞

🏠 성동구 성수이로7가길 9 ☎070-7642-1113 ⏰11:00〜22:00 休無休 CardA.J.M.V. 英 地下鉄2号線聖水(211)駅3番出口から徒歩約7分 WiFi ○
URLgffactory.co.kr

プチぼうけん！

延南洞＆聖水洞カフェ

D

トッケビの壁画も要チェック

용근달
オングンダル

廃工場街が壁画通りとして再生され、さらに常設のカフェがオープン。広い建物のあちらこちらにテーブルと椅子が設けられている。

Map 別冊P.17-C1　聖水洞

🏠 성동구 성수이로7길 41-1 ☎02-499-5012 ⏰11:00〜22:00 休無休 CardA.J.M.V. 英 地下鉄2号線聖水(211)駅4番出口から徒歩約5分 WiFi ○ @onguendal

1. 工場の壁を一部残してガラス張りに　2. 中庭の池も涼しげ　3. パンスイーツ4500W〜、ケーキ7000W〜。種類豊富でおいしいと評判

E

聖水洞がブレイクするきっかけに

대림창고
大林倉庫(デリムチャンゴ)

精米所を改装したギャラリーカフェ。古い扉の先にスタイリッシュな空間が現れ、そのギャップがドラマチック。

Map 別冊P.17-D1　聖水洞

🏠 성동구 성수이로 78 ☎02-499-9669 ⏰11:00〜22:00 休無休 CardA.J.M.V. 英 地下鉄2号線聖水(211)駅3番出口から徒歩約4分 @daelimchanggo_gallery

---

1. 天井のオブジェが印象的　2. 焼きたてパンが人気。あんバタ4500W　3. 新旧建物が融合

F

廃墟カフェの代名詞的存在

Cafe Onion
カフェオニオン

映画のセットに迷い込んだような錯覚さえ覚えるスポット。工場時代の雰囲気を色濃く残していることに感動。

Map 別冊P.17-D1　聖水洞

🏠 성동구 아차산로9길 8 ☎070-4353-3238 ⏰8:00〜L.O.21:30 (土・日・祝10:00〜) 休無休 CardM.V. 英 地下鉄2号線聖水(211)駅2番出口から徒歩約2分 @cafe.onion 三清洞ほか

1. あんバターやパンドール各5500Wが人気　2. 入口も雰囲気たっぷり　3. 空間デザインアーティストがリノベーション

G

廃工場にモダンをプラス

Mellower
メロワー

れんが造りの工場跡と白壁の新しい建物がドッキング。コンクリートの壁に囲まれた店内にはスタイリッシュな椅子が並ぶ。

Map 別冊P.17-C1　聖水洞

🏠 성동구 성수이로7길 39 ☎02-499-1112 ⏰8:00〜22:00 (土・日・祝10:00〜) 休無休 CardM.V. 英 地下鉄2号線聖水(211)駅4番出口から徒歩約5分 WiFi ○ 宣陵
URLmellower.kr

こだわりのフレグランスブランド急増中！
韓国の香水をオーダーメイド

香水は韓国の最旬トレンドのひとつ。韓国発ブランドが増え、コスメにも香りアイテムが充実。香りは脳に直接働きかける作用があり、好きな香水をまとうことで癒やし効果にも。使うたびに旅の思い出もよみがえる！

外国人購入者はトートがもらえる

好きな香りに包まれるって幸せ

ラベルのカラーは約20種類ある。キャップもゴールドかシルバーを選べる

渡韓記念に自分へプレゼント♡
世界にひとつだけの香りに出会う

韓国で話題になっている香水はオンラインで購入できるものも多いけれど、納得のいく香りはやっぱり直接選ぶのがいちばん。せっかくなら、ほかの人とかぶらない香りをゲットしたい。そんな人にはオーダーメイドがおすすめ！

香水をオーダーメイド	TOTAL 30〜60分
オススメ時間帯 午後	予算 3万8000W〜6万4600W

自分の理想をイメージする
香水選びは香りをまとう本人が、なりたい自分をイメージするのがポイント。例えば、華やか、さわやか、キュート、クール、セクシーなどのキーワードを調香師に伝えるとアイデアが絞りやすい。

選んだ香りを調合したらエタノールをプラスして撹拌機で香りをなじませる

選んだふたつの香りのうち、どちらをより強調させるかも選択できる

機械で革のラベルに自動で刻印。プレゼントにもぴったり

今日の思い出を瓶に詰めます

代表で調香師のキム・セフンさん。舞台映像デザイナーとして活躍していた経験も

ラベルと文字で特別感UP♪

香りの組み合わせは無限大

121 Le Mal du Pays
121ルマルドゥペイ

170以上の香りのなかから2種類選んでオリジナルの香水が作れる。革製のラベルには韓国語または英語で名前やメッセージも刻印してくれる。値段は50㎖ボトル4万600W、100㎖ボトル6万4600W。

Map 別冊P.18-B3 弘大

🏠 마포구 와우산로13길 40 ☎02-6368-0121
🕐 13:00〜20:30 ⊗月曜 Card A.J.M.V. ⊕英
Ⓜ6号線上水（623）駅1番出口から徒歩約2分
📷 @121lemaldupays

スタッフがその場で調香してくれる体験なしのコースは3万4000W。香水は6種類から選べる

工房で調香体験にトライ

L'eau Magique
ローマジック

トップノート、ミドルノート、ラストノートから各1種類ずつ、自分の好きな香りを3つ選ぶ。調香師が配分量を決めてくれるので、自分でボトルに詰める調香師体験ができる。体験は50mℓボトル3万8000W。

Map 別冊P.17-C1　ソウルの森
- ♠ 성동구 서울숲2길 17-2　☎02-6465-5587　🕐12:00〜21:00 休月・火　Card A.J.M.V.　📷映▶Instagramの DMまたは電話で要予約 Ⓜ水仁・盆唐線ソウルの森（K211）駅5番出口から徒歩約6分　📷@leaumagique　🏠延南洞、望遠洞

香水作りのキーワード
香水=향수（ヒャンス）
香り=향기（ヒャンギ）
トップノート=5〜10分で感じる香り
ミドルノート=30分〜2時間で感じる香り
ベースノート=2時間以降に感じる香り。ラストノート、ボトムノートとも呼ばれる

入れすぎないよう慎重に慎重に……

香水作りにハマリそう

ユニークな鼻ネオンが目印！

ENJOY THE SMELL

レザーケース1万8000Wも購入可　電子計量器を使って指定分量の香りの精油をスポイトで移していく

香リモノ好きはせっけんも自作！

水彩画のようなせっけんの手作り体験ができる。ベースを溶かし型に流し込み、好みの香りやカラーを加えて固まったら切るだけ。グリセリンたっぷりで保湿効果も抜群。

シグニフィキャント Significant
Map 別冊P.6-A2　合井
- ♠ 마포구 토정로4길 25　☎010-5703-1309　🕐11:00、13:00、15:00、17:00、19:00 所要2〜2時間半 休無休 💴レッスン5万W（材料費込み）Card A.J.M.V.　📷Instagramの DMより要予約 Ⓜ2・6号線合井（238・622）駅7番出口から徒歩約10分　📷@significant_soap_school

工房には写真撮影用のスポットも

ルームフレグランスにもおすすめです

チャン・ヒョジョン先生が的確にアドバイスしてくれるので安心

断面を考えデザインは入念に

想像以上のでき！

切り方で5〜8個のせっけんに

3

ビーチをイメージした透明感のあるせっけん

2

型に流し込み固まったら外す

写真や絵で希望のデザインを伝えるのもOK

国内外のグルメアワードが選定！
1食目に食べたい高コスパグルメ

CHECK!

おいしいグルメはソウル旅の醍醐味。間違いのないお店選びの参考にしたいのが韓国独自の飲食店評価サイト「ブルーリボンサーベイ」と海外有名評価の「ビブグルマン」。国内外が注目する顔ぶれはこちら。

最旬コスパグルメに舌鼓　TOTAL 約1時間

| オススメ時間帯 | 12:00〜 | 予算 | 4万5000W以下 |

どれから
食べよ〜

💡 **グルメアワードをチェック**
「ブルーリボンサーベイ」は市民参加型の飲食店評価サイト。一般の意見のみで選定され、優秀店は1〜3つのリボンで評価される。「ビブグルマン」はフランスの格付けガイドのコスパ部門。4万5000W以下で食事ができることが条件。ソウルの2023年度版は57店が選定された。

味・コスパ・ビジュアル◎
おしゃれな韓国ごはん

女子旅グルメでは味や価格はもちろん、洗練された見た目のよさも重要ポイント！最近は多国籍風にアレンジしたおしゃれ韓国ごはんやカフェ形式の店も台頭中。グルメアワード選定店のなかからarucoスタッフ目線でセレクトした5軒をご紹介！

韓国家庭料理
aruco's select →
ビストロ風ランチ

1. シイタケやキクラゲが入ったアワビ釜飯2人分4万6000W
2. 牡蠣のチヂミ2万3000W
3, 4. モダンな店内　5. シェフのイ・メイさん

日本に
留学して
いました

ブルーリボンに輝いたモダン食堂
●톻영 オトンヨン

韓国南部トンヨン産の高級シーフードを手頃に提供。ベースは女性シェフが子供たちのために作った家庭料理。ストウブ鍋で炊くアワビ釜飯がいち押し。

Map 別冊P.22-B2 清潭洞

🏠 강남구 선릉로158길 10
📞 02-544-2377 ⏰ 11:30〜15:00、17:00〜L.O.21:30
🗓 日 💰 2万3000W〜
Card A.J.M.V. 🗣 英▶ 英
🚇 M 水仁・盆唐線 狎鴎亭 ロデオ（K212）駅6番出口から徒歩約2分
WiFi ○ 二村洞

6年連続ビブグルマン選定の人気店

Gebang Sikdang
ケバンシッタン

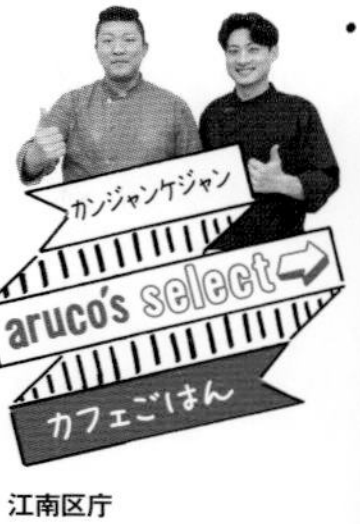
カンジャンケジャン
aruco's select
カフェごはん

名産地から届く最高級ワタリガニを使用。秘伝のソースでうま味を最大限に引き出し、ワントレイでサーブ。おしゃれな雰囲気でひとりごはんでも気軽に入れる。

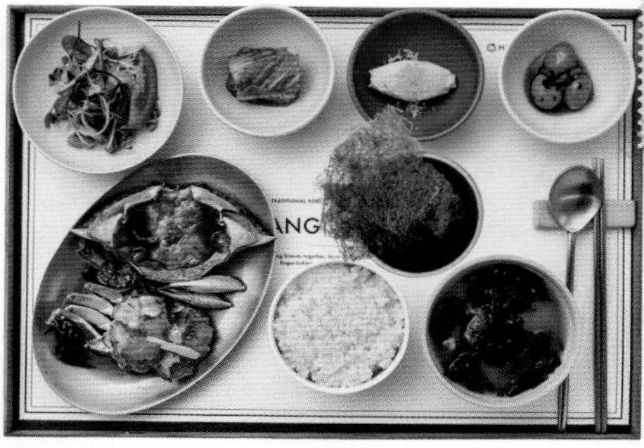
カンジャンケジャン（時価、2022年12月は3万9000W）

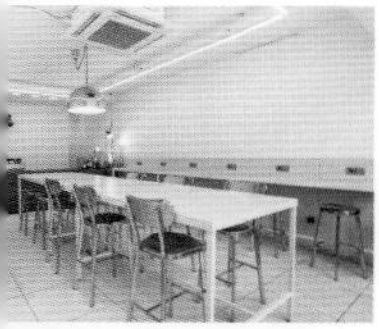

Map 別冊P.21-C2 江南区庁

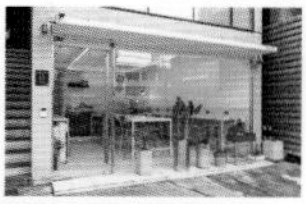

🏠강남구 선릉로131길 17 ☎010-8479-1107 🕘11:30～15:00、17:30～21:00 [休]日 [料]1万3000W ～ [Card]A.J.M.V. [日] [日] [交][M]水仁·盆唐·7号線江南区庁（730）駅3番出口から徒歩約3分 [Wi-Fi]○ @gebangsikdang.official

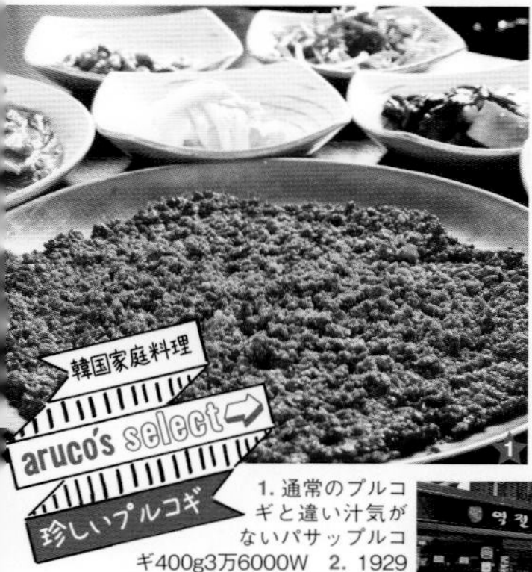
韓国家庭料理
aruco's select
珍しいプルコギ

国内外で評価された貴重メニュー

역전회관
ヨッチョンフェグァン
駅前会館

食の都·全羅南道の郷土料理が味わえる老舗食堂。看板メニューは、熟成させた牛肉の希少部位を焼き上げたプルコギ。香ばしく深みのある味わいにやみつき。

Map 別冊P.6-A2 孔徳

🏠마포구 토정로37길 47 ☎02-703-0019 🕘11:30～15:00、17:00～21:30（土·日11:30～21:00）[休]無休 [料]1万4000W～ [Card]A.J.M.V. [英] [交][M]京義·中央·5·6号線（K312·529·626）駅1番出口孔徳から徒歩約7分 [Wi-Fi]○ [URL] yukjeon.com

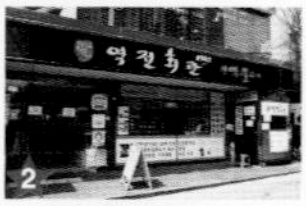
역전회관

1. 通常のプルコギと違い汁気がないパサッ プルコギ400g3万6000W 2. 1929年に全羅南道で創業し、1962年にソウル龍山駅前に最初の店を開業

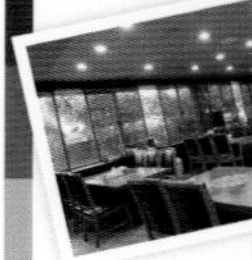

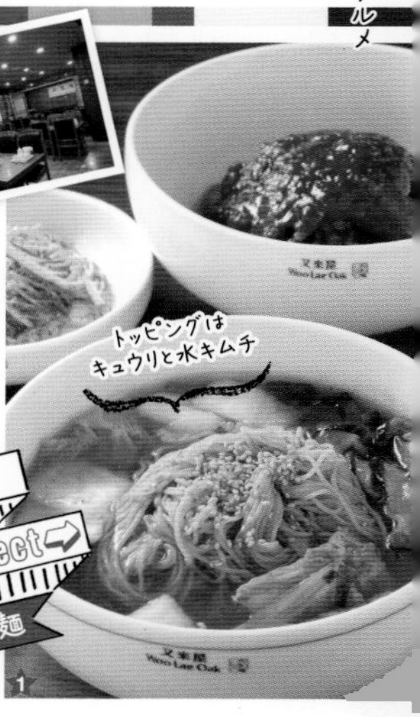
トッピングはキュウリと水キムチ
冷麺
aruco's select
絶妙比率の麺

1. 平壌冷麺（手前）とピリ辛のビビン冷麺各1万6000W 2. 北朝鮮出身のオーナーが1946年に創業

ブルーリボンふたつを獲得したスープ

외고집설렁탕
ウェゴチッソルロンタン

牛骨を長時間煮込んで作るソルロンタンの専門店。スープに入っている牛肉は最高等級1++の韓牛。まるでしゃぶしゃぶのようなとろけるやわらか食感に感動。

Map 別冊P.21-D2 三成洞

🏠강남구 삼성로 555 ☎02-567-5225 🕘11:00～L.O.20:30 [休]日 [料]1万3000W ～ [Card]A.J.M.V. [英] [交][M]9号線三成中央（928）駅6番出口から徒歩約3分 [URL]oegojip.modoo.at

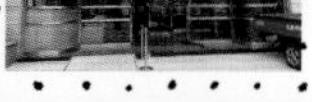
외고집설렁탕

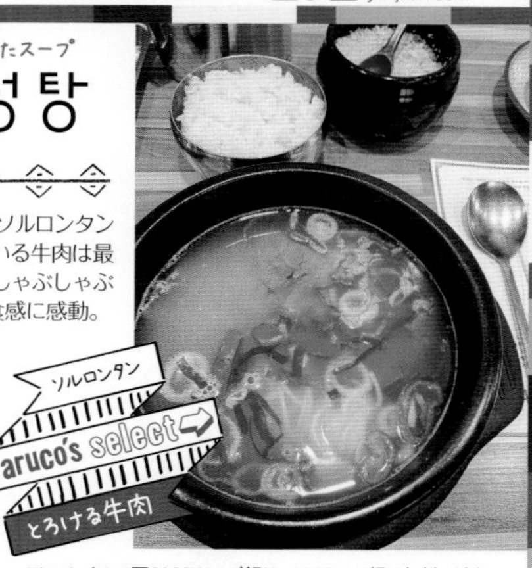
ソルロンタン
aruco's select
とろける牛肉

ソルロンタン1万3000W。ご飯は+1000Wで麺は無料で追加OK

ビブグルマン6年連続&ブルーリボンふたつ

우래옥 又来屋
ウレオッ

そば粉7対サツマイモの澱粉3で調合した舌ざわりのいいやわらかめの麺が特徴。韓牛をじっくり煮込んで作るスープは雑味がなくすっきりとした味わいで最後の一滴まで飲み干せる。

Map 別冊P.16-A3 乙支路

🏠중구 창경궁로 62-29 ☎02-2265-0151 🕘11:20～L.O.20:30 [休]月 [料]1万6000W ～ [Card]A.J.M.V. [日] [日] [交][M]2·5号線乙支路4街（204·535）駅4番出口から徒歩約2分 [Wi-Fi]○

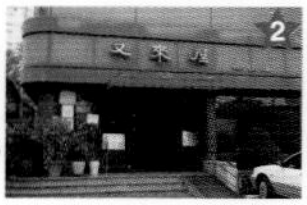
又来屋

プチ
ぼうけん
10

韓服に着替えてお得に王宮散策
ソウル旅いち盛れるセルカにTry♪

旧正月や秋夕（チュソク）（お盆）など特別な日に着るカラフル＆キュートな韓国の伝統衣装・韓服。
歴史地区には旅行者でも気軽に体験できるレンタルショップがあり、デザインも豊富。
着用して王宮へ行けば、韓ドラ時代劇のヒロイン気分で"盛れる"写真がたくさん撮れる！

シックなカラーのプリンセススタイル

ヘアセットもバッチリ！
おしゃれ韓服で変身〜✦

ショップでは多彩に揃うカラーやスタイルのなかから好みの韓服が選べ、ヘアアクセやバッグも充実。スタッフが着付けからヘアセットまでしてくれるので安心。

刺繍がすてき♡

オッコルム（リボン）
웃고름

チョゴリを留めるための装飾ひもで片리ボン結びにする。結んだ先のリボンを長くするのには無病息災の意味が込められている

チョゴリ（上衣）
저고리

時代ごとの流行で丈の長さが変化。夏に着る単衣のチョクサム、高位の女官が着用する金刺繍をあしらったタンなどのバリエがある

チマ（スカート）
치마

胸からくるぶしまでの長さがある巻きスカート。ソッチマというアンダースカートを着用することで、ふんわり緩やかな曲線を演出している

タンウィ
당의

丈が長い女性用上衣のこと。朝鮮時代の礼服で宮中でも位の高い女性が着用した

お姫様に早変わり！

韓服 ハンボッ
한복

韓国の伝統衣装。チョゴリ（上衣）とチマ（女性用下衣）、パジ（男性用下衣）で構成される。日本で呼ばれている「チマチョゴリ」は韓国では通じない。

韓服でデート♡

韓服レンタル

TOTAL
2時間〜

| オススメ時間帯 | 10:00〜 15:00 | 予算 | 1万W〜 |

コーデに迷ったらSNSをチェック！
歴史地区に徒歩で行けるレンタルショップを選ぼう。撮影や王宮のオープン時間を考えて、午前中もしくは午後早めから散策をスタートしたい。事前にSNSなどをチェックしてコーデのイメージを決めていこう。

ヘアセット

三つ編みスタイル

豊富なヘアアクセを使ってセットできる。低い位置でひとつに結んで三つ編みにする伝統的なテンギモリや華やかな花冠を付けるのがおすすめ

バッグと靴

コロンと丸みのあるガマロタイプの刺繍バッグが揃っている。韓服のデザインに合わせて選ぼう。靴は自分が履いてきたもののままでOK！

韓服で
フォトツアー

韓服着用で王宮などの入場料が無料に！王宮×韓服は撮りどころ満載だからぜひ訪れてみて。北村韓屋村（P.141）や仁寺洞（P.142）などの歴史地区でもエモい写真が撮れる。

📷 正殿前の広場で
王宮のメインである正殿をバックにポーズ。後ろに北岳山がそびえるさまは壮観で時代劇のワンシーンのよう！

韓服着用で入場無料

- 景福宮 →P.148
- 徳寿宮 →P.149
- 昌慶宮 →P.150
- 宗廟 →P.150
- 昌徳宮 →P.151
- 朝鮮王陵 →P.151

📷 カップルフォト
レンタルショップには男性用韓服も充実。王様風韓服など時代劇の登場人物みたいな彼と思い出の1枚を

3色で揃えて♪

📷 定番の後ろ姿も
後ろ姿もゴージャスな韓服。きれいなヘアセットを見せつつバックに王宮の池や東屋を入れ込むとおしゃれ

📷 四季折々の庭園で
王宮には美しい庭園があちこちに。季節の草花とのコントラストがきれいなカラーの韓服をチョイスするのも◎

📷 仁寺洞で
伝統と現代が融合する仁寺洞も韓服で訪れる人が多い。サムジキルの回廊は人気のフォトスポット

📷 北村韓屋村で
伝統家屋・韓屋が残るエリアにも韓服はよく映える。王宮とはまた趣の異なるいい写真が撮れそう

上品な着こなし

📷 美しいダンチョンと
ダンチョンとは韓国の伝統的な装飾色のこと。ゴールドを基調とした大人っぽい韓服との対比がきれい

arucoおすすめのレンタルショップ

3つのタイプから選べる韓服
インコリア IN KOREA

プリンセス、クイーン、テーマの3タイプから選べる。韓国時代劇ファンなら、ドラマで着用していた雰囲気をチェックしておくのもおすすめ。レンタル時にパスポートを提示する必要がある。

Map 別冊P.14-B3 景福宮

🏠 鍾路区 自孝問路2길 20 3F ☎02-734-8222 ⏰10:00〜19:00（貸出〜17:00）※王宮夜間開放期間〜22:00（貸出〜20:00）🈺火 Card A.J.M.V. 🚇M3号線景福宮（327）駅4番出口から徒歩約2分 URLinkoreahanbok.co.kr

景福宮からすぐ！

レンタル料金
- スタンダード 2時間1万w
- テーマ 2時間1万5000w
- ヘアセット、バッグ、基本アクセサリー、ロッカー無料

カップルフォトもおすすめ
オヌルハル韓服
오늘하루한복 オヌルハルハンボッ

女性用韓服はもちろん、男性用のベジャ（ベスト）、チョゴリ（上衣）、バジ（下衣）も充実。基本の韓服のほか、追加料金でプラスできるアクセサリーや帽子でなりきり気分もUP！

Map 別冊P.14-B3 景福宮

🏠 鍾路区 自孝問路2길 16 2F ☎010-2508-7836 ⏰10:00〜19:00（貸出〜17:00）🈺火 Card A.J.M.V. 🚇M3号線景福宮（327）駅4番出口から徒歩約2分 URLohnelharuhanbok.com

店舗は建物2階

レンタル料金
- スタンダード 2時間1万w
- テーマ 2時間1万5000w
- ヘアセット、バッグ、基本アクセサリー、ロッカー無料

美容大国の技で自分をアップデート！
K-POPアイドルメイクに挑戦

ガールズグループが続々デビューしているK-POP界。パフォーマンスに注目が集まると同時に、魅力いっぱいのメイクアップも話題の的。担当メイクさんがアップするSNSの情報をもとにまねしてみた人も多いはず。それ、韓国旅行でブラッシュアップしてみない？

> IVE ウォニョンの平行眉は……

> TWICE ナヨンのメイクにしたいんです

> アイメイクをしていきますね

無料でアイドルメイク！
お得すぎるビューティ体験館

ビューティプレイは韓国コスメとKビューティを無料で体験できる夢のようなスポット。アイドルメイクに興味のある人にぜひトライしてほしいのがメイク体験。推しメイクをプロが実演で教えてくれる。もちろんこちらも無料！

メイク体験

メイクアップアーティストによるタッチアップ。アイドルメイクを再現してくれる。

アイドルメイク体験

TOTAL 30分

オススメ時間帯	予算
午前中	無料

🌙 メイク後はスタジオで自撮り

個人の利用や体験は予約不要。メイクアップアーティストが空いていればいつでも応じてくれる。メイク後はライトやスマホスタンド完備のスタジオで写真や動画を撮ろう。

1,2 リュ・ボミさんは日本語堪能。韓国メイクのトレンドをいろいろ尋ねてみて　3 メイク後は同じアイテムを買いにオリーブヤング（P.108）へ

無料でもらえちゃう！

製品体験

EVENT

韓国の中小企業のコスメを紹介。直接手に取って試せるほか、サンプルの持ち帰りもOK！

紹介される製品は定期的に替わる

ビューティクラス

毎月ワンデイクラスを開催（要予約）。業界やプロを目指す人のためのセミナーも運営する。

4. ワンデイクラスではアイドルグリッターメイクの方法などを教えてくれる　5. メイク専門学校の学生セミナーなど日本からの団体プログラムも受け入れている

6,7 リングライトできれいに撮影。モニターで写りも確認できる　8. MVセットのような部屋も

スタジオ

ライブ配信もできるスタジオがあり、空いていれば誰でも無料で利用できる。

皮膚診断

水分、弾力、毛穴の状態、色素沈着などを測定し、肌タイプに合った製品を紹介してくれる。

コスメショッピングの前に訪れると参考になりそう

国がバックアップするコスメ広報館

Beauty Play ビューティプレイ

韓国の保健福祉部（日本の厚生労働省に相当）が支援し、（財）大韓化粧品産業研究院が運営するオープン型ビューティ館。韓国ビューティの広報活動を目的としているため、すべて無料で体験できるのがうれしい。プロを目指す人も多く訪れる。

Map 別冊P.11-D2 明洞

🏠 중구 명동길 73 3F
☎ 070-4070-9675
🕐 10:00〜19:00
（休）日
Ⓜ 2号線乙支路入口（202）駅6番出口から徒歩約8分
📶 WiFi
🔗 beautyplay.kr

BEAUTY PLAY 8
COLORFUL
ENJOYMENT
FUNNY
EXCITING
I WANT

アイドル御用達サロンへ!

思いが募ったら、本格的にアイドルメイクにチャレンジ!アイドルを担当するメイクアップアーティストを指名することもできる。人気サロンと予約方法をご紹介!

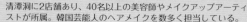

IZ*ONE活動期の宮脇咲良とキム・チェウォン(現LE SSERAFIM)、アン・ユジン(現IVE)を担当

> カン・ヘウォンのブラッシャーやアイメイクはナチュラルに、厚みのある唇はカラーで際立たせます。(G)I-DLEミンニは横幅の目元をさらに強調するアイラインにしています

Iz*ONEメイクの立役者
ALUU アルー

清潭洞に2店舗あり、40名以上の美容師やメイクアップアーティストが所属。韓国芸能人のヘアメイクを数多く担当している。

アルー本店
Map 別冊P.22-B3 清潭洞

🏠강남구 선릉로146길 15 ☎02-542-8123 🕙10:00〜18:00 休無休 ¥メイクアップ22万W+ヘミン院長指名料2万2000W Card A.J.M.V. 予電話またはInstagramのストーリーで予約状況確認後、カカオトークオープンチャットで要予約 M水仁・盆唐線狎鴎亭ロデオ(K212)駅4番出口から徒歩約10分 URL aluu.co.kr ⦿aluu_haemin

アルー清潭店
Map 別冊P.22-B3 清潭洞

🏠강남구 도산대로56길 12-1 ☎02-546-5122 🕙10:00〜18:00 休無休 ¥メイクアップ22万W+指名料 Card A.J.M.V. 予電話またはウェブで要予約 M水仁・盆唐線狎鴎亭ロデオ(K212)駅4番出口から徒歩約10分 URL aluu.co.kr ⦿aluu_2015

ヘミン院長 *Work*

(G)I-DLE、キム・ミンジュ(元Iz*ONE)、カン・ヘウォン(元Iz*ONE)、今月の少女、宇宙少女ほか

ガールクラッシュの魔術師
WOOSUN ウサン

BLACKPINKを担当するイ・ミョンソン院長は特に有名。かわいい色でも力強さのアイコンに見えるメイクはさすが!

Map 別冊P.23-C2 清潭洞

🏠강남구 압구정로79길 27 ☎02-540-1107 🕙10:00〜18:00 休無休 ¥メイクアップ16万5000W〜27万5000W Card A.J.M.V. 予電話またはInstagramのDMで要予約 M水仁・盆唐線狎鴎亭ロデオ(K212)駅2番出口から徒歩約6分 ⦿woosunofficial

Work
BLACKPINK、パク・ミョン、ENHYPENほか

予約のPOINT 電話、メール、またはInstagramのDM。担当メイクさんの個人アカウントプロフィール欄にカカオトークオープンチャットが掲載されている場合はそこから予約。日本語は通じないので韓国語か英語で。ただし、アイドルのカムバ中は多忙のため予約不可が多い。代わりにカムバ中のアイドル本人がサロンで隣の席に!ということはあるかも。

> YouTubeにメイクのコツをアップしています

有名メイクさんが多数在籍
BIT & BOOT ビット&ブート

BTS、EXO、SEVENTEEN、NCTとサロンが担当するアイドルはそうそうたる顔ぶれ。代表院長によるTWICEのメイクはいつも大きな話題に。

Map 別冊P.23-C1 清潭洞

🏠강남구 도산대로81길 49 ☎02-514-1239 🕙10:00〜18:00 休無休 ¥メイクアップ27万5000W〜、アイメイク、メンズメイク11万W〜 予電話またはカカオトークオープンチャットで要予約 M水仁・盆唐線狎鴎亭ロデオ(K212)駅2番出口から徒歩約6分 URL blog.naver.com/bitandboot ⦿bit.boot ⦿bit.boot_jungyo

TWICEの涙袋メイクの生みの親で、ナヨンのソロデビューも担当。コスメのプロデュースも手がける

ウォン・ジョンヨ 代表院長 *Work*
TWICE、LE SSERAFIMほか

キャッチーメイクを創造
SOONSOO スンス

SMやYGなど大手芸能事務所のアーティストを担当する有名サロン。斬新コンセプトなアーティストに合わせたメイクが話題。

Map 別冊P.22-B2 清潭洞

🏠강남구 도산대로61길 4 ☎02-518-6221 🕙10:00〜19:00 休無休 ¥メイクアップ22万W〜45万W Card A.J.M.V. 予電話またはメールで要予約 M水仁・盆唐線狎鴎亭ロデオ(K212)駅4番出口から徒歩約7分 URL soonsoobeauty.com ✉soonsoo2601@naver.com

Work
Red velvet、STAYC、Apink、viviz、ZICO、WINNERほか

華やかさを引き出すメイク
lulu ルル

TWICEの広告グラビアメイクを担当。NiziUのシーズングリーティング2023もルルの凄腕メイクさんによるもの。

Map 別冊P.22-B2 清潭洞

🏠강남구 선릉로152길 33 4 ☎02-515-5820 🕙10:00〜19:00 休無休 ¥メイクアップ22万W〜 Card A.J.M.V. 予電話またはカカオトークオープンチャットで要予約 M水仁・盆唐線狎鴎亭ロデオ(K212)駅4番出口から徒歩約6分 URL blog.naver.com/lulu5820 ⦿lulu2017_lala

Work
TWICE、ITZY、NiziU、TO1ほか

韓国固有のアカスリ・汗蒸幕・座浴まで！
女性専用チムジルバンで美人度UP

バラエティ豊かな入浴施設を備えた韓国版スーパー銭湯"チムジルバン"。特に女性専用のスパレイは、
江南セレブやモデルも通う簡単デトックスの定番スポット。ここでポカポカゴシゴシ一気に美肌をゲット！

汚れたワタシにさようなら〜
ホントの自分磨きに初挑戦！

初めてだったら韓国式アカスリをオプションでプラス。
ほかにもマッサージやパックで肌を整えるなど、チム
ジルバンでのおすすめコースをシミュレーション。

真夜中もにぎやかなリフレッシュスポット

スパレイ Spa Lei

大衆的なチムジルバンが多いなか、ほかと一線
を画すおしゃれなスパ。館内はヨーロピアンな
インテリアを施し落ち着いた印象。各種風呂、
サウナ、汗蒸幕などは基本料金内で楽しめ、ア
カスリ、マッサージなどのオプションも充実。

Map 別冊P.24-A3 新沙洞

♠서초구 강남대로107길 5 B1F ☎02-545-4002/4113 ♠24時間 ♠無休
♠入場料1万9000W（12時間）延長1時間1000W Card A.D.J.M.V. ♠日
♠ Ⓜ新盆唐・3号線新沙（D04・337）駅5番出口から徒歩約5分

アカスリ体験

| オススメ時間帯 | 20:00〜 | 予算 | 13万W〜 |

TOTAL 3時間〜

帰りは受付で
タクシーを
呼んでもらおう！

☞アカスリは4万W〜
要予約だけど、チェックイン時に空きがあれば
受けられることも。オプションは酵素、指圧、
経路マッサージ、カッピング、うぶ毛抜きなど。

アジュンマ*が
チムジルバンの？に
お答えします！

Q チムジルバンって何？

A 低温サウナと汗蒸幕、入浴
施設などを備えた韓国版スーパ
ー銭湯のこと。男女共用が多いから
カップルやファミリーで楽しめるし、
低料金で長時間利用できます。

Q 持参するものは？

A タオルと館内着は貸してく
れるから、替えの下着くらい。
シャンプーや化粧水などは置いて
いないところのほうが多いから、気に
なる人は持参したほうがベター。

ヒツジちゃん巻きも試してね♪

タオルの巻き方がとってもキュートなヤン
モリ（ヒツジの頭）。巻き方を実写で解説！

三つ折りにして　両端をクルクル　真ん中を
　　　　　　　　　　　　　　　　　開いて完成！

① まずは履いてきた靴をロッカーへ

到着したら入口で靴を脱ぎ、専用のロッカー
に入れて鍵をする。ロッカーの鍵は受付カウ
ンターに預けておけるので、なくす心配なし。

③ ロッカールームでスパウェアにお着替え

受け取った鍵の番
号と同じ番号のロ
ッカーを探し、自
分の荷物を入れ
る。館内での飲食
などは鍵の番号で
精算できるので、
現金を持ち歩く必
要がなくて安心。

② 受付カウンターでチェックイン

手ぶらで
ゆっくり
してください

受付カウンターで料金を払い、ローブとタ
オル2枚、荷物用ロッカーの鍵をもらう。こ
こでアカスリの時間も教えてくれる。

ここでは麻袋は敷くだけ

汗蒸幕といえば、麻袋をかぶる
女性の写真をよく見かけるけれど
ここではみんな床に麻袋を敷き
その上に座るのが普通

④ 汗蒸幕でたっぷり汗を流す

用意ができたら、ア
カスリの時間まで伝
統汗蒸幕などに挑戦。
100度にもなる窯の中
で、体中から汗を流
しつつ数分ガマン！

汗がじわじわ
たっぷり♪

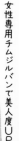

⑤ お風呂に入って スッキリ

海水湯やヨモギ、昆布などの週替わり、露天風呂など多彩なお風呂が揃っている。

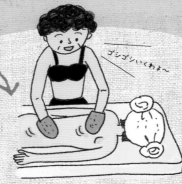

ゴシゴシいくわよ〜

⑥ いよいよ アカスリ スタート！

アジュンマに呼ばれたらアカスリコーナーへ移動し、熟練の慣れた手つきでゴシゴシ。古い角質がボロボロ取れる！

⑦ 次にオイルで 全身マッサージ

オイルを使い、リンパの流れに沿って優しくマッサージ。疲れや凝りの解消はもちろん、アカスリで刺激を与えた肌に潤いも。

しっとり
ツルツル

水分補給はしっかりと！
汗をたっぷりかいた体はカラカラ。まめに水分をとらないと脱水症状になっちゃう！飲み物は館内でも買えるからね

全身
ピッカピカ

⑧ ひんやりキュウリの フェイスパック

肌磨きの仕上げは、すりおろしたキュウリのフェイスパック。キュウリには、ほてりを抑えて肌を引き締める効果が。ひんやりして気持ちいい！

冷たくて
気持ちい〜

⑨ 最後は シャンプーで 頭すっきり

体、顔と続いたらもちろん頭皮もしっかりケア。リズミカルに頭皮をマッサージしながらシャンプーしてくれる。その力加減が絶妙。

マッサージ
加減が
いい感じ♪

⑩ シャワーで流したら フィニッシュ！

全身キレイになったら、最後はシャワーで洗い流して終了。肌はもちろんピカピカで、体全体が軽くなったような気分。お疲れさま〜。

持参コスメで
セルフビューティケア

ソウルっこたちは汗蒸幕の休憩タイムにもせっせと自分磨き。コスメショップで売っているシートマスクや角質取りを持参して使ってみるのもおすすめよ〜！

55

チムジルバンにはほかにも
気持ちい〜施設がいっぱい!

店によって施設は異なるけれど、炭や黄土、岩塩を使ったサウナから露天風呂、休憩室などを備えているのが一般的。なかには巨大プールやヨガレッスンのあるところも!

無料施設

黄土ボールで
ツボ押し〜

サウナ

低温&高温サウナに加え、なかには10度に設定されたクールなサウナも!

鉄分とマグネシウムを含んだ黄土サウナと壁一面炭の遠赤外線サウナで冷え性ともバイバーイ!

お風呂

どこも広々としたバスルームを備え、ジャクージや眺望を楽しめるところも。

シャンプーなどは備えていないところが多いので持参しよう

汗を流したあとにぴったり♪

スパレイではマッサージマシンの使用も。キオスクでは生の健康ドリンクなどを販売

休憩室

テレビを観たり小腹を満たしたり、ゴロゴロしながら自由自在にリラックス。

チムジルバン名物も忘れずにね!

チムジルバン定番の味はゆで卵とシッケ。シッケとはお米のジュースで、ほんのりとした甘さが特徴。どちらも施設内で購入できるので、ぜひ試してみて!

パウダールーム

ドライヤーはもちろん、スキンケア用品を完備しているところもあるので帰りも安心。

有料施設

下半身からポッカポカ

座浴

伝統的な民間療法で、穴のあいた椅子の下で韓方などを釜に入れて煮立て、その蒸気に当たる。婦人病などに効果あり。

レストラン

レストランはメニュー豊富で、ガッツリ系からライトなおやつまでおまかせ。館内着のままフラリと入れるのもラク。

アジュンマの技と力で肌スベスベ!

マッサージ

マッサージは有料で全身、上半身などによって所要時間や値段が違う。プロの手でしっかりもみほぐしてくれる。

そこ!
気持ちい〜

アカスリ

体の隅々までこするアカスリは、肌の老廃物を落とすだけではなくマッサージ効果も高く、新陳代謝がアップ!

ソウル初日が夜着ならチムジルバンステイがおトク

ベッドの置かれた有料睡眠室があるので、ソウル初日にチムジルバンを利用し、そのまま泊まることも可能。また無料の休憩室でも十分休めるよ

zzz...

ネイル

ネイルコーナーを設置しているチムジルバンも多い。サウナで汗を流したあとは、爪のおしゃれも楽しんでみては。

arucoイチオシ☆チムジルバン＆スパ

実はコロナ禍で減少してしまったチムジルバン。そこへ新たに加わった施設や専門を生かしたサロン、ますますパワーアップしたスパなど、韓国のチムジル文化はまだまだ進化中！

こちらは男子OKのところも！

江南最大規模でジムも完備
プリマスパ Prima Spa

プリマホテルのサウナが独立オープン。以前から定評があり、2階に男性用、4階に女性用サウナがあり、フィットネスジムやヨガ、マッサージ、睡眠室などの施設も充実。

Map 別冊P.23-D2 清潭洞

🏠 강남구 도산대로102길 10 ☎02-6006-9114 ⏰24時間（女性は6:00～22:00）🈺無休 💰2万2000W（6:00～22:00）、3万W（22:00～翌6:00）💳A.D.J.M.V. Ⓜ7号線清潭（729）駅12・13番出口から徒歩約10分

ヨモギなどの薬湯も！

1. 5階建て900坪！ 2. 睡眠室はプライベートルームも用意 3. ヒノキのスチームサウナ。ヒノキのドライもある 4. 広々としたお風呂。露天風呂もある 5. 地元セレブの利用率が高いフィットネスジム（ジム込みは3万5000W）

身をまかせてツルピカ☆

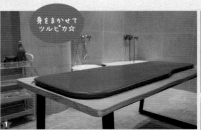

1. 完全個室なので緊張軽減 2. 個室が連なるサロン内 3. ローブとパウダールームもゴージャス 4. アカスリはマッサージで使用するジェル、オイル、バーム別にコースが分かれ、所要約85分。予約は📧heum2021@naver.comでも可能

プライベートなアカスリ専門サロン
洗身ショップスパ・ヘウム
센신샵 스파 헤움

高級感漂うプライベートサロンでは、アカスリ（洗身）にボディミルクを使用するので刺激がなく保湿効果も抜群。産後や乾燥肌に適したメニューなど、選択肢も多彩。

Map 別冊P.7-C3 ハンティ

🏠 강남구 언주로 311 로즈타워 B1F 102호실 ☎02-568-8090 ⏰8:00～23:00 🈺無休 💰アカスリ（保湿マッサージ込み）12万1000W～ 💳A.D.J.M.V. Ⓜ水仁・盆唐・7号線ハンティ（K216）駅7番出口から徒歩約10分 📷heum_spa

楽園にある贅沢なチムジルバン
シメール Cimer

統合型リゾート・パラダイスシティの巨大ヒーリングスパ。プールがメインのアクアスパゾーンとサウナがメインのチムジルスパゾーンで構成され、遊び要素もたっぷり。

Map 別冊P.4-A2 仁川広域市

🏠 인천광역시 중구 영종해안남로321번길 186 ☎1833-8855（代表）⏰11:00～19:30最終入場（施設により多少異なる）🈺無休 💰チムジルスパパケット3万W～、アクアスパパケット（チムジルスパ含む）5万W～ 💳A.D.J.M.V. Ⓜ仁川国際空港から専用シャトルバス（無料）で約3分 🔗www.p-city.com

遊びながらきれいに！

1. 体のバランスを整える竪炭サウナや肌の再生を促すアメジストルームなど 2. 屋内ウオータースライダーのアクアループ＆トルネードスライド 3. LEDパネルのアートが幻想的なバーチャルスパ 4. スタイリッシュでラグジュアリーなスパ 5. 洞窟の中にいるような癒やしの空間、ケイブスパ 6. フォトジェニックなウオータープラザ

RYAN

カカオ＆LINE FRIENDSの
進化系ストアで新キャラに遭遇！

ちょっと目を離した隙にカカオもLINEもフレンズが増殖！
オフラインストアはフォトゾーンがさらに充実し、カカオは最大75%
オフのファクトリーストアまでオープン。運命の推しに出会えるかも♡

3軒ハシゴで推し探し

TOTAL 3時間〜

オススメ時間帯 オープン直後

💡 カカオ江南店はクレカ必須

まずはカカオ弘大店でブランチがてら下見＆バラマキみやげ探し。地下鉄で江南へ移動しLINE、カカオ江南店（キャッシュレスなので要注意〈ストア情報参照〉）の順に物色。疲れたらノッティドでドーナツブレイクも！

KAKAO FRIENDS
カカオフレンズ

ライアンの推し♡飼い猫
チュンシクにメロメロ〜

看板キャラのライアンやアピーチたちに加え、ちょっと過激なNINIZと2020年に登場したチュンシクなど、カカオ人気はいまだ衰えず。ストアによって商品・ディスプレイが異なるので、カカオのハシゴも必至。

ファクトリーストア併設の弘大店
弘大フラッグシップストア／ファクトリーストア

Map 別冊P.19-C1 弘大

🏠 마포구 양화로162 1〜3F〔ファクトリーストアB1F〕☎02-6010-0104 ⏰10:30〜22:00 無休 Card A.J.M.V. 🚇京義・中央・2号線弘大入口（K314:239）駅8番出口から徒歩約1分 URL store.kakaofriends.com

3階に美学がテーマの洗練カフェ・コンミハクとのコラボカフェがあることでも有名。入口外の横にあるエスカレーターで地下へ降りると、毎日がセールのファクトリーストアが出現！

SALE

毎日おすすめ商品が変わるので入口で確認を。上階の商品が安くなる日もある

FACTORY STORE

4. ライアン＆チュンシクのスリッパ2万5000W
5. 人生4カット風ステッカー2000W　6. スマホケース1万2000W 7. ベンエが豊富

1,3. 弘大店は奥に広く3階までフォトゾーンがたくさん 2. チュンシクのクッションだけでもこんなに！

↖2F　PICK UP ZONE
픽업 존

↖2F　FRIENDLY DESK
안내 데스크

CAFÉ KNOTTED
카페 노티드

GONG MI HAK

CHOONSIK'S ROOM
춘식이의 방

PEACHFIV
피치파이브

和モダンなコンミハクではキャラに合わせたスイーツが。チュンシクパンも！

おじさんじゃないよ猫だよ〜

New!

CHOONSIK

ライアンに拾われルームメイトになったチュンシクは、サツマイモが大好物。茶色部分はズボンではなく地毛

BT21の新作はもちろん mininiとTRUZにも注目

BTSがデザインしたBT21に次いで、K-POPグループTREASUREが生み出したキャラTRUZも健在。2021年にはバブ感がかわいいmininiシリーズが誕生し、まだまだ目が離せないキャラの宝庫。

かわいくて
選べないわ～

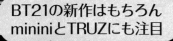

BT21

BT21

BT21に囲まれた最高の写真が撮れる！

ARMYとトゥメの聖地がパワーアップ
江南フラッグシップストア

巨大なブラウンとmininiが出迎えてくれる江南店は2022年にリニューアル。BT21のフォトゾーンやクレーンゲームなどもあり、遊びながらショッピングできるインテリア。

Map 別冊P.20-B3 江南

🏠서초구 강남대로 437 1～2F ☎02-536-3232 ⏰11:00～22:00 無休 Card A.J.M.V. Ⓜ新盆唐・2号線江南（D07・222）駅10番出口から徒歩約5分 URL creator.linefriends.com

巨大スクリーンが印象的な広々とした店内には新作がいち早く並ぶ

独特の世界観がユニークなTRUZのコーナー。TREASUREの動画も見られる

1. TATAのクッション3万9000W　2. COOKYのワイヤレスマイク5万9900W　3. CHIMMYのチャーム1万7000W

Knotted
ライアン×ノッティドグッズはここだけの限定販売。在庫があったら即購入！

TRUZ

非接触型ストアの江南店
江南フラッグシップストア

完全キャッシュレスで現金での買い物ができない進化系。3階にはドーナツ店ノッティド（P.68）とのコラボカフェも。

Map 別冊P.20-B3 江南

🏠서초구 강남대로 429 1～3F ☎02-6494-1100 ⏰10:30～22:00 無休 Card A.J.M.V. Ⓜ新盆唐・2号線江南（D07・222）駅10番出口から徒歩約4分

ピンクのほっぺがポイント！

BROWN

New!
ブニニ、コニニ、サリニ、チョニニ、レニニなどが揃い、BT21、TRUZのmininiもお目見え！

minini

ゆるかわ
BABY
シリーズ♡

キャッシュレスの流れ

1 入口でQRコードを読み取る
2 1階で物色、オンライン上のカートに入れる
3 買い物が終わったら2階のピックアップゾーンへ
4 クレジットカード決済後、商品受け取り
　※kakaopayは③の買い物後、決済してから2階へ

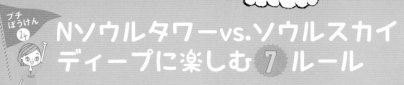

プチ
ぼうけん 14

Nソウルタワーvs.ソウルスカイ
ディープに楽しむ7ルール

2大天空
スポット

ソウルを見渡せるふたつの超高層スポットには、息をのむような絶景以外にもさまざまなお楽しみがギッシリ。そこで、最大限に満喫するための7つのルールを大公開。2大ランドマークを制覇しよう！

パワースポットに
そびえる聖地

見どころ遊びどころを
コンプリートしよう！

どちらのスポットにも展望台のほかダイニングやラウンジ、オリジナルグッズを扱うショップなどがあるので要チェック。周辺の施設もあわせて楽しむと満足度が大幅アップ！

タワー236.7m
＋南山243m
479.7m

Rule 1 アクセス中も絶景！

ケーブルカー乗り場までは階段もあるけれど、ガラス張りの傾斜型エレベーター「南山オルミ」が便利。無料で利用できる。

1. ケーブルカーからは南山の緑も眺められる
2. エレベーターの運行時間は9〜23時（月曜13時〜）

Rule 3 星形を探して！

ソウルっこの間で密かに人気なのが、隠れ星形夜景を見つけること。360度の夜景のなかから探すのはちょっと大変だけど、宝探し気分でトライ！ 地上に輝く巨大な星を目にすれば感動間違いなし！

すごい！
ほんとに
星形だ

Rule 4 絶景×美食を堪能！

展望台の下の階にある「ハンクック」は伝統的な韓国料理を美しい盛りつけで提供する本格的なレストラン。ランチ3万1000W〜、夜は予約制コース料理のみ。

⏱12:00〜16:00、17:00〜22:00（土・日・祝は2時間の入れ替え制）

Rule 6 ラブメッセージを残す

カップルのお約束ともいえるのが永遠の愛を誓う南京錠。タイルに愛の言葉を書いて壁に貼り付けるコーナーもあり、こちらは女の子同士やグループにも人気。

Rule 2 ライトアップがすごい！

夜になるとタワー全体がライトアップされる。真下から見上げると、夜空に向かってタワーが浮かび上がる様子はとっても幻想的！ ライトの色はブルー、ホワイト、レッド、グリーンの4色が基本カラー。

ほかにもピンクやイエローなども。

ホワイト　レッド　グリーン

タワー前の広場では日没後にレーザーを利用したアートショーを開催することも。事前にウェブなどで確認を

Rule 5 オリジナルグッズをゲット！

ギフトショップには、Nソウルタワーをモチーフにしたステーショナリーや雑貨がいっぱい。

1. 実際にブロックとしても遊べる、ユニークなブロックダイアリーブックも大人気！ 全3色
2. ペンはバラマキみやげにピッタリ！

Rule 7 パワーチャージ

タワー前の広場にある八角亭は有名なパワースポット。パワーを得るためにここで瞑想するソウルっこもちらほら。ぜひ立ち寄って！

Nソウルタワー
N Seoul Tower

南山の頂上に立つソウルのランドマーク。電波塔として1969年に着工し1975年に完成。展望台は1980年に一般開放された。2005年の全面改修で複合施設も加わり一大観光スポットに。

Map 別冊P.9-C2 南山

用山区 南山公園길 105 ☎02-3455-9277/9288 ✦展望台11:00〜22:00（金〜日・祝〜22:30）✦入場は閉場30分前まで（店舗により異なる）✦無休✦展望台1万600W、3〜12歳1万2000W Card A.J.M.V. ✦M4号線明洞（424）駅4番出口から徒歩約10分の南山オルミ（無料エレベーター）で南山ケーブルカー乗降場へ。ケーブルカー（片道1万1000W、往復1万4000W／3〜12歳片道8000W、往復1万500W）降り場から徒歩約1分 URL seoultower.co.kr

N SEOUL TOWER

ソウルの絶景探訪

TOTAL 1～2時間

オススメ時間帯 10:00～22:00
予算 1万6000W～5万W

💡 歩きやすい靴で行こう！
見学の際は意外と歩き回るので、履き慣れた靴で出かけるのがおすすめ。ソウルスカイの展望台は時間別に入場制限があるので、当日に窓口でチケットを購入する場合は時間に余裕をもっておこう。

ソウルスカイのタワーロタです

ギネス認定の絶景を楽しもう！

Rule 1 世界初の画期的エレベーター！

天井と壁3面にモニターが設置されたエレベーターはここが世界初。乗っている間にさまざまな映像を見ることができる。

1,2. 秒速10mで上昇しながら美しく幻想的な映像が楽しめて画期的！

Rule 3 風を感じる屋外テラス！

120階·地上483mの屋外テラス。4～11月には屋外の吊り橋を渡るスカイブリッジツアー8万W～も催行している。

Rule 4 空の上で雲のアイス！

119階のスカイフレンズカフェでは、ソフトクリーム5500Wなどソウルスカイをイメージしたメニューを提供。

Rule 5 最上階のラウンジで大人時間

専用エレベーターでアクセスする123ラウンジでは、絶景を眺めながらアルコールや軽食が楽しめて特別感たっぷり♡

ギネスにも認定された世界一高いシースルーの展望フロア。下を見ると思わず足がすくむ！

怖いけど楽し～

118階のスカイデッキは世界で最も高い場所にある強度ガラス床の展望台。足元がスケスケでスリリング。空の上を歩いている気分。

Rule 2 スリル満点のシースルーデッキ！

Rule 6 オリジナルグッズをゲット！

121階と地下1階のギフトショップにお菓子やTシャツなどソウルスカイオリジナルグッズが満載。タワー登頂の記念に！

1. タワーオリジナルのゆるキャラ、スカイフレンズのグッズもここだけ　2. タワーがプリントされたトートがおすすめ

Rule 7 大型ショッピングモールも！

地下2階～地上11階のロッテワールドモールには、デパートから韓国ブランド、雑貨、コスメまで約1000軒が集合！

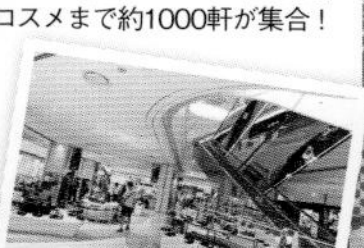

Map 別冊P.7-D2 蚕室

🏠송파구 올림픽로 300 🕐10:00～22:00（金・土・祝～23:00）※チケット売り場は開場10分前～閉場1時間前 [休]無休 [料]ファストパス（事前予約なし当日券）5万W、一般チケット（公式ウェブによる日時指定事前予約券）2万9000W、3～12歳2万5000W [Card]A.J.M.V. [交][M]2·8号線蚕室（216·814）駅1·2番出口直結 [URL]seoulsky.lotteworld.com

ソウルスカイ Seoul Sky

2017年4月にオープンしたソウルの新ランドマーク。世界で5番目に高いロッテワールドタワーの117～123階に展望台がある。スリル満点のスカイデッキやスカイテラスからの絶景は圧巻！

近未来的デザインがクール

SEOUL SKY

ライトアップが超ロマンティック✨
人気デートスポット♥におジャマします

**美しくライトアップされた夜のソウルは、カップルのハートを燃え上がらせる最高のデートスポット。
ゴージャスに輝く夜景を眺めながら、うっとり気分に浸ってみない？**

幻想的な光に彩られる
ソウルのランドマーク

春から秋にソウルを訪れるなら欠かせないのが市内に点在するライトアップ観賞。ソウルっこ定番のデートスポットでもあり、刻々と光や形を変えるロマンティックな演出は感動的。

美しく整備された憩いの川

清渓川
チョンゲチョン／청계천

清渓広場を基点に東大門方向へ流れる清渓川。市民の憩いの場として、遊歩道を散歩したり夏には水遊びを楽しむ子供たちの姿も。夜はライトアップされ、噴水やアートなど楽しい仕掛けが観賞できる。

Map 別冊P.12-B3 鍾路

🚩ライトアップは日没～24:00頃
🚇M1号線鍾閣（131）駅5番出口から徒歩約1分ほか
URL https://www.sisul.or.kr/open_content/cheonggye

1. 清渓広場では高さ20mの巻貝の形をしたモニュメント「スプリング」もライトアップ 2. 広橋付近のイベントではハートのデジタルアートも

A 毛塵橋

ココがスタート地点！5000トンの水が放出される

鍾路の清渓広場から階段を下りたところが出発点。ここから東大門方面へ歩きだそう

B 広橋上流

水と光のショー「デジタルキャンバス」。開催時期はウェブで確認を

C 広橋下流

広橋下流のデジタルガーデンは19:00～21:00（5～9月20:00～22:00、12～2月18:00～20:00）

D 三一橋

三一橋はカラフルにライトアップされ、幻想的な雰囲気に。川面に映る光もロマンティック

E 五間水橋

高く噴き上がる噴水アートは見応えたっぷり。ほかにも川沿いでさまざまな演出が見られる

清渓川 MAP

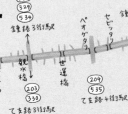

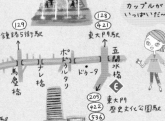

カップルがいっぱいだ～

絶景が望める歩行者専用道路

ソウル路7017

ソウルロチルチョンシッチル／서울로7017

1970年に完成した陸橋を大幅修復し、2017年5月に歩行者専用道路としてオープン。ソウル駅から南大門まで続く1kmの歩道には緑が配され、カフェやトランポリンなど設備も充実。日没後は周辺の夜景と相まってまさにSNS映え！

Map 別冊P.8-B2　ソウル駅

ライトアップされると空中にイルミネーションの道が浮かんでいるかのよう。周辺のビルに映し出される光のアートも見どころ

🏠中区 退渓路　☎02-313-7017　⏰ライトアップは日没～日の出　Ⓜ1・4号線ソウル（133・426）駅2番出口からすぐ

ライトアップ散策

TOTAL 30分～1時間

オススメ時間帯 19:00～22:00
予算 無料

! 訪れる時期に注意

ライトアップはイベントや天候などで頻繁に変更されるので、事前に確認を。祝日やクリスマスシーズンの清渓川はライトアップがバージョンアップ。光化門広場、盤浦大橋噴水は11～3月は開催されないので、それぞれウェブなどで要チェック。

昼間に見るのとぜんぜん違う～！

朝鮮水軍を率いた英雄・李舜臣将軍にちなんだ噴水は、最高18mまで上がるスケールで、夜のライトアップは色鮮やかな絶景

プチぼうけん 15

超ロマンティック　人気デートスポット♥におジャマします

2022年にリニューアル！

光化門広場

クァンファムンクァンジャン／광화문광장

光化門から市庁方面へ続く大通りの中心にある幅約60m、長さ約550mの市民憩いのスペース。リニューアルにともない約2.1倍に拡張し、ライトアップやメディアアートなどもパワーアップ。夜には水と光の幻想的なショーが楽しめる。

Map 別冊P.12-A2　光化門

⏰噴水ライトアップは日没～（11～3月は休止）銅像ライトアップは日没1時間後～　Ⓜ5号線光化門（533）駅光化門広場連結出口からすぐ

ギネス認定

盤浦大橋

バンポデギョ／반포대교

長さ1km以上！世界最長の噴水

ギネスブックにも登録された世界一長い噴水が見られる盤浦大橋。音楽に合わせて橋げたから噴き出す噴水は夜にはライトアップされ、まるでショーを見ているかのようにドラマチック。ベストスポットは、漢南側の橋の脇の漢江公園。

色や形が次々と変化し、月光虹の噴水と呼ばれている

Map 別冊P.6-B2　漢江

🏠서초구 신반포로11길40　☎02-3780-0578　⏰噴水は12:00、19:30、20:00、20:30、21:00（7・8月は21:30追加開催）Ⓜ雨天と11～3月　Ⓜ3・7・9号線高速ターミナル（339・734・923）駅8番出口から徒歩約15分（地下道経由）　URLhan gang.seoul.go.kr

遊覧船で噴水に超接近♥

月光虹の噴水をもっと間近で楽しむならイーランドクルーズの遊覧船がおすすめ。汝矣島の船着場を19時30分に出航し、ソウルの夜景を楽しみながら盤浦大橋ぎりぎりまで航行する。船内ではライブも行われスペシャル感たっぷり！ディナークルーズなどもある。

2階建ての船で水上散歩！

漢江遊覧船

ハンガンユラムソン／한강유람선

Map 別冊P.6-A2　汝矣島

🏠영등포구 여의동로280（汝矣島船着場）　☎02-6291-6900　⏰19:30出航　Ⓜ月　Ⓜ2万9900W～　Ⓜ5号線汝矣ナル（527）駅3番出口から徒歩約7分　URLwww.elandcruise.com

ソコもココも韓国ドラマにたびたび登場！
梨花洞壁画村でカメラ女子さんぽ♪

恵化駅を出て、100以上の劇場が点在する大学路から駱山公園へ
向かう途中に広がる梨花洞。そこはオブジェや壁画があふれる別世界。
フォトジェニックな風景のなかを歩きながら撮影&SNSにポスト！
これで旅の記憶も記録もバッチリ。

路上美術館観賞

TOTAL 2時間～

オススメ
時間帯 10:00～　予算 無料

急坂や階段に備えて
壁画村は高台にあり、階段や路地など
を歩くので、履き慣れたシューズがお
すすめ。夏場は帽子、タオル、水分補
給も忘れずに。入り組んでいるのでア
プリなどで位置情報もチェック。

約70人のアーティストと
住人による路上美術館

2006年、急坂や階段が
多く暮らしにくかった
駱山公園周辺を、一新
するための事業として
誕生したのが梨花洞壁
画村。お買い物やグル
メの合間に、ドラマロ
ケ地や人気のデートス
ポットに生まれ変わっ
た「路上美術館」を散
策しよう。

梨花洞
壁画村

イファドンビョッカマウル／
이화동벽화마을

Map 別冊P.16-B1

梨花洞

Ⓜ4号線恵化(420)
駅 2番出口から徒歩
約10分

恥ずかしがらず
天使になろ♪

📷 **天使の羽の壁画**　イ・スンギがバラエティ番組『1泊2日』で写真を撮ったことで
話題に。最近塗り替えられ色鮮やかになった

📷 **2 民家の壁画**
窓や壁の出っ張りを利用したユニーク
なアート。ドラマ『ボーイフレンド』
の最終回のエンディングはここで撮影

📷 **3 リゾートの
トリックアート**　急階段の途中に現れる憩いの場所。NiziU『Make you
happy』のMVでマヤちゃんが踊っていたのはこの壁画の前

恵化駅
(420)

マロニエ公園

駒山公園

梨花洞
壁画村
MAP

右奥が有名な北岳山だよ〜

梨花洞壁画村でカメラ女子さんぽ♪

📷7 カップルのオブジェ

恵化駅へ向かう駒山公園前の道は眺望抜群。カップルのオブジェも『屋根部屋のプリンス』のデートシーンで登場

ピンク&ブルーの配色がキレイで絵になる。ドラマ『屋根部屋のプリンス』のロケ地としても有名

「住宅街ではお静かにお願いします」と書かれた看板。マナーを守っておさんぽと撮影を楽しんで

一見物憂げなアート。まじめに撮るのもいいけれど、おじさんとコーヒーで乾杯したりするとおもしろい写真が撮れるかも

📷6 椅子のトリックアート

📷4 風船のトリックアート

NiziUのMVはここでも。まるで本物の風船のようにリアルな壁画。宙に浮いているような写真を撮るのも楽しい

📷5 ワイルドなライダーの壁画

今にも走りだしそうなライダーがクール。バイクのディテールや地面に映る影など細かい部分まで描かれている

📷8 おじさんの壁画

ここへも行きたい！

メルヘンの世界が広がる
仁川のフォトスポット

一般の住宅やショップに童話をモチーフにしたアートが描かれたカラフル&キュートなエリア。トリックアート体験館やフォトゾーンも豊富で、週末にはインスタ女子で大にぎわい！

松月洞童話村 ソンウォルドンドンファマウル／松月洞 童화마을

Map 別冊P.4-A2

仁川広域市

🏠 인천광역시 중구 동화마을길 19

Ⓜ 1号線仁川（161）駅2番出口から徒歩約6分

隣はチャイナタウン！

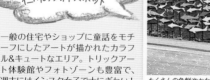

たくさんの色鮮やかな魚で大きな魚を描いたアイデアがすてき

絵本の世界をおさんぽ

右／立体アートも多数 下／お城のような体験館

ジェットコースターをデザインしたアーチが入口

虹の階段は人気の高いフォトスポットのひとつ

グリム童話『ラプンツェル』がモチーフのアート

文学からCD・家電にスタバまで！

ずっといても飽きない韓国の本屋さん

ソウルの大型書店はワイワイ気兼ねなく過ごせるのが魅力。本以外の楽しみもたくさん詰まっているからじっくり探索。

キム・ホヨンの『不便なコンビニ』は1、2ともにロングセラー

ドラマやK-POP、推しの言葉で韓国語に興味をもった人も多いみたい。ハングルに少し慣れたら、本で勉強するのも。小説やエッセイが難しかったら、絵本から始めては。

ベストセラーをいち早く！ブームのK文学は原書にトライ

韓国最大手の書店チェーン
教保文庫 교보문고 キョボムンゴ

光化門店は2021年に40周年を迎えた第1号店。書籍はもちろん、家電やCD、文具、アパレル、日用雑貨などが揃い、週末ともなると家族でにぎわう複合施設。

Map 別冊P.12-B2　光化門

鍾路区 鍾路1 B1F　02-397-3400
9:30～22:00　無休　A.D.J.M.V.
M5号線光化門(533) 駅直結
URL www.kyobobook.co.kr
江南、蚕室、永登浦ほか

付録はショーケースでチェック！おしゃれすぎる韓国の雑誌

セフンとチャウヌ

付録は美容系がメイン。海外雑誌の韓国版がどれもスタイリッシュ

韓国語がわからなくても見ているだけでワクワクするファッション誌。俳優やK-POPアイドルがグラビアに登場し、付録も本代を上回る豪華さ。重くても持って帰る価値あり。

店内からスタッフがインスタライブも開催

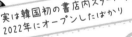
実は韓国初の書店内スターバックス 2022年にオープンしたばかり

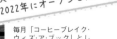

毎月「コーヒーブレイク・ウィズ・ア・ブック」としておすすめの本を紹介。店内の本棚にある書籍なども自由に読むことができる。

マンガもあるかな？

こちらはデート向き♡
フォトジェニックなブックパーク

吹き抜けの本棚が壮観な大型書店。現在は約3000冊の本が読み放題の有料ラウンジのみの営業で、劇場のチケットを持参すると割引してもらえる。

Book Park　**Map** 別冊P.17-D2　漢南洞

龍山区 梨泰院路294 ブルースクエア2～3F　02-1544-1591 (ブルースクエア)　11:00～22:00
無休　ラウンジ1日9900W (ドリンク付き)　A.J.M.V.　M6号線漢江鎮(631) 駅2・3番出口直結
URL www.bluesquare.kr

本棚の観賞は無料

アートボックスはおみやげ探しにも最適

雑貨チェーンのアートボックス(P.120)とアイドルのサイン会などが行われるCDショップ・ホットトラックスも一角にある。

雑貨のアートボックスやサイン会開催のホットトラックスも

ダイエットって
なんだっけ？

やっぱり本場でないと！
おいしすぎるソウルで
韓国グルメを腹十分まで♪

ちょっとちょっと十分なんて聞いたことないよ。でも、腹八分で止めたら
絶対後悔。食べ放題ならなおのこと、サムギョプサルやタッカルビ、
最近ブームのホルモン、ナッコプセ。別腹にはカラフルドーナツに
トッピングたっぷりクロワッサン。ソウルではおなかに隙間はつくれません！

G O U R M E T

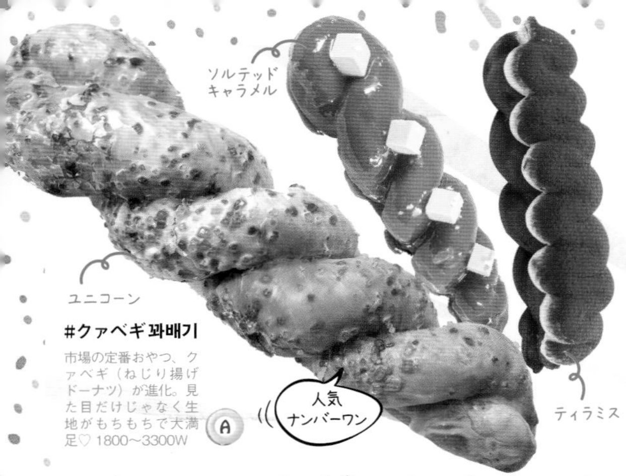

ソルテッドキャラメル
ユニコーン
ティラミス
人気ナンバーワン

#クァベギ꽈배기

市場の定番おやつ、クァベギ（ねじり揚げドーナツ）が進化。見た目だけじゃなく生地がもちもちで大満足♡ 1800～3300W [A]

#ミント민트

ミントオレオチーズケーキ。さわやかなミントとクリーミーなチーズケーキが絶品。サクサクオレオも絶妙マッチ。7000W [E]

#クイニーアマン퀸아망（右）

クイニーアマンにクリームやフルーツを挟んでバージョンアップ。チョダンオクスス（超甘トウモロコシ）クリーム6500W

#シナモンロール시나몬롤（左）

シナモンロールも華麗に進化。トッピングに、フルーツやナッツのほか、野菜や肉のおかず系まで！チリピザシナモンロール5300W

ソウル・エンムセ→P.44

#カフェスタグラム카페스타그램で発見！最旬ビジュアルスイーツ

韓国では新しいビジュアル系スイーツが次々と誕生している。そこで、今ソウルっこがハマっているものをキーワードで検索。バズりスイーツをかわいく撮っておいしく食べよう！

黒ゴマ
カボチャ
ヨモギ

#ブラウニー브라우니

ヨモギ、カボチャ、黒ゴマと韓国らしい素材の変わり種ブラウニー。しっとり食感とクランチの相性もバッチリ。5000～5700W [C]

かわいすぎる♡
コーヒーガナッシュ
マンジャリ

#トルシルケーキ털실케이크

トルシルとは毛糸という意味。ムースで毛糸のふんわり感を完全再現。チョコのリボンやボタンも繊細な仕上がり。各9500W [D]

#スック쑥

最近韓国ではスック（ヨモギ）を使ったスイーツが密かに人気上昇中。珍しいヨモギきな粉ティラミスはほろ苦い味わい。6900W [C]

甘さ控えめの大人の味

[A] ねじりドーナツ専門カフェ

クァペ Quafe

国民的おやつをかわいくトッピングして大ブレイク。常時18種類揃い、イベント時にはスペシャルトッピングも。グッズやアパレルも展開。

Map 別冊P.6-A1 延南洞

🏠마포구 동교로46길 20 ☎02-332-7567 🕘10:30～21:30 [休]無休 [Card]A.J.M.V. [英] [交][M]京義·中央·2号線弘大入口（K314·239）駅3番出口から徒歩約8分 [Wi-Fi]○ 📷quafe_twisted 🏬弘大、望遠洞ほか

[B] 大人気のクリームドーナツ

ノッティド Knotted

韓国で最も勢いのあるクリームドーナツのチェーン。カカオフレンズやコンビニなど、さまざまな企業や商品とコラボしている。

Map 別冊P.17-D2 漢南洞

🏠용산구 대사관로5길 12 2F ☎070-8822-9377 🕘10:00～21:00 [休]無休 [Card]A.J.M.V. [英] [交][M]2号線梨泰院（630）駅3番出口から徒歩約8分 [Wi-Fi]○ 📷cafeknotted 🏬延南洞、江南ほか

TIRAMISU
BROWNIE
COFFEE

[C] 薬草が洋風デザートに変身

モトゥヌイ 모투누이

民間療法にも使われるヨモギ蒸し。そんな薬草・ヨモギを使ったデザートの専門店。店内はキャンプ場をイメージしたユニークなインテリア。

Map 別冊P.6-A1 延南洞

🏠마포구 동교로 251 ☎0507-1374-1586 🕘12:00～L.O.21:00 [休]水 [Card]A.J.M.V. [交][M]京義·中央·2号線弘大入口（K314·239）駅3番出口から徒歩約6分 [Wi-Fi]○ 📷motunui_island_

✉ 毛糸のケーキを食べにいきました。ニット帽のケーキもありました。駅から遠いけどわざわざ行く価値ありです！（和歌山県·七海）

幸せの味がする♡

#ドーナツ도넛

韓国では今ドーナツが大流行中。一番人気のミルククリームは、生地ふわふわクリームたっぷりで思わずスマイル☺ 3500W

B

#クロッフルヨ로플

クロワッサン生地をワッフルメーカーで焼いたハイブリッドスイーツ。外サクッ中モチッでアイスとの相性も抜群。9000W〜

メリツリー →P.43

レモン　　ハチミツ　　ココナッツマンゴー

#クロフィンヨ러핀

クロワッサン×マフィンの新ハイブリッド。クロワッサンをとことん進化させたい気持ちがユニーク。中にはクリームが入っている。各6500W

オンクンダル →P.45

ベイク&ピスタチオ

ダークチョコ&カスタード

#クロワッサンヨ로와상

ソウルにたくさんあるベーカリーカフェのなかでもクロワッサンスイーツが特に人気。バリエーション豊富で目移りしそう。6500〜7000W

トサンママ →P.144

ディアマイプリンセス

バースデイココア

#カップケーキ컵케이크

デコレーションがお姫様仕様なカップケーキ。かつて韓国で一世を風靡したレインボーケーキもキュートに復活♡ 各8500W

F

2人分サイズ

ストロベリー&カスタード

#トシラクケーキ도시락케이크

トシラク（ランチボックス）に入ったオレオ味のデコミニケーキ。中央に希望のメッセージを入れてくれる。1万8000W

ハッピーベアテイ →P.133

D 本物そっくりの毛糸ケーキ

ル・モンブラン　Le Montblanc

東京で製菓を学んだ女性オーナーシェフがオープン。店舗のある建物はもともと毛糸工場で、それにちなんで毛糸のケーキを考案したという。

Map 別冊P.8-B3　解放村

🏠 용산구 신흥로 99-4
🕐 12:00〜20:00　Card M.V.　莎坪（629）駅2番出口から徒歩約20分 Wi-Fi
@le_montblanc

E ミント好き大満足のカフェ

ミントハイム　Mint Heim

外観、店内インテリア、デザート、ドリンクと何から何までミントカラーで統一。リラックス効果のあるさわやかな香りに癒やされる。

Map 別冊P.18-B2　弘大

🏠 마포구 잔다리로6길 28　☎02-324-1359
🕐 11:30〜21:30　無休　Card A.J.M.V.
M 京義・中央・2号線弘大入口（K314:239）駅9番出口から徒歩約10分 Wi-Fi
@mint_heim

F ピンクの世界に迷い込む

ロイヤルメルティングクラブ　Royal Melting Club

ピンクのドールハウスの中に入り込んだような気分になれるカフェ。お城でティータイムを楽しむプリンセス気分を満喫しよう。

Map 別冊P.17-D2　漢南洞

🏠 용산구 이태원로 42길 60　☎02-797-2022
🕐 11:30〜19:30（金・土〜20:30）　休火　Card A.J.M.V.　M 6号線漢江鎮（631）駅3番出口から徒歩約4分 Wi-Fi
@royalmeltingclub

韓国スイーツ界ではとうもろこしがブーム。とうもろこしクリームのケーキやパン、ピンスまで登場している。

おいしい韓国グルメが食べ放題
お得で楽しい**ムハンリピル**に挑戦！

環境負担金
環境意識が高まっている韓国。食べ放題の店では、食べ残しに対して環境負担金を課しているところもある。

韓国で食べ放題はムハン무한（無限）＋リピル리필（リフィル）でムハンリピル。仲間とガッツリいきたい人におすすめ、味もサービスも評判の4軒はこちら！

無限！

トッポッキ鍋
9900W
制限時間：90分

激辛の東大門スープ、マイルドな釜山スープと名前もユニーク

トックの種類に驚き！

日本語の説明も用意しています

トッポッキ鍋をカスタマイズ
トゥッキ 두끼

セルフバーからスープ、具材を選んで自分好みのトッポッキ鍋が作れる。7種あるスープは単体でもミックスでもOK。鍋に入れるトッキや野菜などのほか、天ぷら、オデン、ドリンクもおかわりし放題！

Map 別冊P.11-D2 **明洞**

♠中区 명동10길 35-3 2F ☎02-318-1333
⏰11:00〜22:30（入店〜21:30、セルフバー〜22:00）休無休 Card A.J.M.V. ◎日主 ◎M 4号線明洞（424）駅8番出口から徒歩約3分 ◎dookki.co.kr ◎東大門、弘大ほか

1. チーズもセルフでプラス　2. ラストはご飯、韓国海苔などを入れてポックンパに　3. トックはコーンチーズ入りやサツマイモなど変わり種も含め最大で11種類　4. 韓国グルメのオールスター！　5. 好きな袋麺を選んで鍋に追加OK

行列のできる肉厚テジカルビ
トンクンカルビ 통큰갈비

厚切り豚カルビを特製だれに72時間漬け込んで熟成させたステーキカルビの食べ放題。炭火で焼き上げた肉は香ばしさも格別。付け合わせのおかずも多く、いくらでも食べられる。

1. ステーキカルビを注文するとほかの肉が半額になるサービスも　2. 食べ応えのある厚さ！

Map 別冊P.6-A1 **新村**

♠서대문구 연세로5다길 40 ☎02-333-1397 ⏰16:00〜翌2:00（土・日12:00〜）休無休 Card A.J.M.V. ◎M2号線新村（240）駅1番出口から徒歩約3分 ◎tongkeun_galbi ◎弘大、大興ほか

無限！

カルビ焼肉
1万3000W
制限時間：無制限

📷 トンクンカルビは留学中によく行きました。お肉のたれがおいしい！（神奈川県▶鈴）

ホルモンは栄養価が高く免疫力UPにも◎

無限!

ホルモン焼肉

2万4900W
制限時間：無制限

おかわりの際、希望部位のみの食べ放題は不可

1. 新鮮で肉厚のユッケ100g1万900W。梨のせん切り、卵黄、野菜と混ぜ、ゴマ油を付けて食べる　2. ラーメン5900Wにも牛肉がどっさり！　3. 弘大本店は学生グループでいつもにぎわっている

急成長のホルモンチェーン

キムドックエコプチャンジョ

김덕후의곱창조

メディアにたびたび登場する人気店。牛のコプチャン（小腸）、マクチャン（赤センマイ）、テチャン（大腸）、ヨムトン（ハツ）の4種盛りに、野菜、チャーハン、スンドゥブチゲ付き。

Map 別冊P.18-B3　弘大

🏠마포구 와우산로 51-9 ☎070-7592-0590 ⏰15:00～24:00 無休 Card A.J.M.V. Ⓜ6号線上水（623）駅1番出口から徒歩約3分 WiFi
URL gopchangjo.com 🏠新村、弘大ほか

お得で楽しいムハンリピルに挑戦！

無限!

カンジャンケジャン

1万9900～
制限時間：90分

好きなだけおかわりOK

高級食材をおなかいっぱい堪能

スンミネヘンボッケジャン

순미네행복게장

日本では高価なワタリガニの醬油漬け・カンジャンケジャンが格安で食べられる。食べ放題には一般1万9000W、中3万、豪快4万5000Wの3コースあり、中以上はエビの醬油漬け・カンジャンセウも食べ放題になる。

Map 別冊P.16-B3　東大門

🏠중구 을지로43길 38 3F ☎02-2268-2059 ⏰10:00～L.O.21:00 無休 Card J.M.V. Ⓜ2·4·5号線東大門歴史文化公園（205·422·536）駅14番出口から徒歩約3分 WiFi

1. おなかをすかせて行こう　2. セルフバーのおかず、ムール貝、マッコリまで無制限　3. カニとエビの贅沢な盛り合わせにテンション上がる～

湯タン スープ

スープを指す「湯」は、主食としてもシメとしても万能で、ご飯を投入して食べるのが一般的。飲み干したいおいしさの10品がこちら！

手頃で美味な一品料理は aruco スタッフが溺愛する

ふたり以上での食事が常識だった韓国でも、じわじわ
その代表格であるスープ、ご飯、麺をarucoスタッ

第1位

A 土俗村の 参鶏湯 1万9000W

老舗の格を感じる濃厚スープに感涙
新鮮な若鶏に4年物の高麗人参やナツメ、松の実など韓方素材を詰めて煮た栄養満点のスープ。箸ではくずせるほどやわらかな鶏肉がたまらない！

RECOMMEND!
期待を裏切らない食感のおじや。塩などの調味料を付けなくても食べると絶品！（編集I）

第5位

E 武橋洞プゴクッチプのプゴヘジャンクッ 9000W

疲れた胃に優しいさっぱりスープ
干しスケトウダラをメインに野菜やうるち米などを入れてコトコト煮込んださっぱりテイスト。卵や豆腐も入って栄養価も高い。

RECOMMEND!
二日酔いに効くといわれるだけに疲れて食欲がないときでもおいしく癒やされる！（編集S）

第4位

D 清潭スンドゥブのヘムルスンドゥブ 1万3000W

海鮮だしが効いた深みのある辛さ！
エビやイカ、貝などがふんだんに入った海鮮のだしがパンチのある辛さに風味をプラス。テーブルにある生卵を入れるとマイルドに。

第8位

H チョンウォンスンドゥブのクルスンドゥブ 1万500W

磯の香りがスープの味を深める！
身がプリッとした大粒のカキがゴロゴロ入った豪華なスンドゥブ。香辛料の効いた真っ赤なスープに磯の香りが加わってうま味が倍増！

RECOMMEND!
魚介類好きとハマリの濃厚スープ。クセになる辛さとサイドのパンチャンも最高。（編集T）

第10位

J 宮のケソンマンドゥウック 1万3000W

食べ応えのある韓国餃子が主役
具がキッシリ詰まった韓国餃子がたっぷり入ったスープ。餃子をひとつずつお皿に取り、醤油だれでいただく。

RECOMMEND!
常連客も多い人気店。餃子（または汁前）スープを少しすするとおいしい。（フォト）

RECOMMEND!
スンドゥブだけでもおいしいけど、そこにカキが入ることで味に深みが増します。（ライターM）

A
VIPも通う超有名店
土俗村 トソッチョン
토속촌

ソウルで参鶏湯といえばまず名前が挙がる名店。元大統領や芸能人も訪れるほどの実力派で、韓屋を利用した趣のある店構えで約400席を有している。

Map 別冊P.14-B3 景福宮

☎ 종로구 자하문로5길 5
⊕ 02-737-7444 ⊙ 10:00〜L.O.21:00 ⊗無休
Ⓜ 3号線景福宮(327)駅2番出口から徒歩3分
URL tosokchon.co.kr

B
メニューは豆腐尽くし
黄金コンバッ ファンクム
황금콩밥

有名店付けガイドのコスパ部門に選出された豆腐専門店。自家製豆腐メニューが豊富で、チョングッチャンも人気。

Map 別冊P.8-A2 エオゲ

☎ 마포구 마포대로16길 9
⊕ 02-313-2952 ⊙ 11:30〜L.O.14:00、17:00〜L.O.21:00 (土⽇11:30〜L.O.20:00) ⊗日
Ⓜ 5号線エオゲ(530)駅4番出口から徒歩4分

C
長年愛される人気店
永東ソルロンタン ヨンドン
영동설렁탕

1976年創業の老舗。メニューはソルロンタンと牛ゆで肉のみという潔さ。年中無休24時間営業というのもうれしい。

Map 別冊P.24-A3 新沙洞

☎ 서초구 강남대로 101안길 24
⊕ 02-543-4716 ⊙24時間 ⊗無休
Ⓜ 新盆唐3号線新沙(D04-337)駅5番出口から徒歩5分

D
サイドメニューも充実
清潭スンドゥブ チョンダム
청담순두부

芸能事務所に近い場所柄スターの来店も多く、壁にはサインがビッシリ。看板メニューのスンドゥブのほかにプルコギ定食もおすすめ。

Map 別冊P.22-A2 清潭洞

☎ 강남구 삼성대로63길 19
⊕ 02-545-4840 ⊙8:30〜L.O.22:30 ⊗無休
Ⓜ 7号線清潭(K212)駅5番出口から徒歩約5分

E
地元で愛される老舗
武橋洞プゴクッチプ ムギョドン
무교동 북어국집

1968年の創業以来、プゴヘジャンクッひと筋。その変わらぬおいしさに客足が絶えず、時間帯によっては行列ができることも。

Map 別冊P.12-B3 市庁

☎ 중구 을지로1길 38
⊕ 02-777-3891 ⊙ 7:00〜20:00 (土日〜15:00) ⊗無休
Ⓜ 1・2号線市庁(132・201)駅5番出口から徒歩5分

チョンウォンスンドゥブではサイドの釜入りご飯とナムル、海苔も楽しめる。かき混ぜてビビンパ風に♪（東京都・もやし）

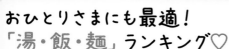

おひとりさまにも最適！
「湯・飯・麺」ランキング♡

と浸透しつつある"おひとりさまごはん（ホンパプ）"。
フが食べ歩き、独断でチョイスした絶品をご紹介！

RECOMMEND！
ソウル各地で豆腐チゲを食べましたが、ここのお豆腐の味（食感）に勝るところはありません。（ライター I）

第7位

手間暇かけて作るコクのあるスープ
雌の韓牛の肉や骨、内臓を長時間じっくり煮込んで作る透明スープ。見た目よりコクがあり、奥深い味。塩で味を調整していただこう。

RECOMMEND！
肉に内臓が入ったトク（特）がおすすめ。刻みネギをたっぷりのせると格別に。（フォト H）

G 河東館の**コムタン**
1万5000W〜

黄金コンボの トゥブチャグリ
9000W

第2位
ふんわり豆腐が主役のまろやかテイスト
100％韓国産の大豆を使い、毎朝店内で作る豆腐のチゲ。見た目ほど辛くなく、深みのある味わいでおかずもたっぷり。平日のランチと週末・祝日限定の人気メニュー。

RECOMMEND！
ほかでは味わえない深いコクが最高ッ！デキの汁やネギで味変も。（ライター I）

C 永東ソルロンタンの**ソルロンタン**
1万3000W

牛の骨髄まで煮出した濃厚スープ
注ぎ足しながら煮込み続けるこだわりのスープ。牛肉スライスと麺が入り、ひと口すするとうま味がいっぱいに広がる。牛ゆで肉、スユ4万6000Wも人気。

第3位

テーブルにある調味料で味の仕上げが基本！
韓国のスープは薄味が多く、テーブルに置かれている塩やキムチをお好みで入れていただくのが基本。ご飯をスープに入れるのも定番の食べ方。

F タッチンミの**タッコムタン**
9000W

I ハノッチブの**キムチチゲ**
9500W

RECOMMEND！
パンチのある辛さと程よい酸味で止まらないおいしさ。豚肉もジューシー。（編集 S）

第9位

熟成キムチと豚肉の黄金コンビ！
酸っぱさが増した熟成キムチとモチモチ食感のモッサル（豚の首肉）は最高の相性。ラーメンを投入して食べるとさらにおいしい！

じっくり煮込んだ老鶏のうま味がたまらない
生後半年以上の老鶏を使用したスープは濃厚でもあり味あっさり。鶏肉をネギ入りの醤油ダレでいただくと箸が止まらなくなるおいしさ。

第6位

RECOMMEND！
鶏肉はくさみがなく、適度な歯応えがクセになります。スープにご飯を入れてククパにするのもおすすめ。（編集 S）

F 庶民的な鶏鍋専門店
タッチンミ 닭진미
いつも常連客でにぎわう1962年創業の老舗食堂。南大門市場の路地にあり、ディープな雰囲気も魅力。店内は意外に広く、2階にも客席がある。
Map 別冊P.10-A3 南大門
🏠 中区 南大門市場길 22-20
☎ 02-753-9063 ⏰ 7:00〜21:00（鶏肉がなくなり次第閉店）
🚇 Ⓜ 4号線会賢（425）駅5番出口から徒歩5分

G 創業50年以上の名門 ハドングァン
河東館 하동관
50年以上続くコムタン専門の老舗で、歴代大統領も訪れた名店。厳選された部位を煮込んで作った透明なスープは美肌にも効果的。サイドメニューの卵焼きも絶品。
Map 別冊P.11-C1 明洞
🏠 中区 明洞9길 12 ☎ 02-776-5656 ⏰ 7:00〜16:00（食材がなくなり次第閉店）
🚇 Ⓜ 2号線乙支路入口（202）駅6番出口から徒歩5分
🔗 hadongkwan.com
三成洞、汝矣島

H 全種類試したくなる！
チョンウォンスンドゥブ 정원순두부
1969年創業のスンドゥブ専門店。カキ、豚肉、牛肉、キムチの4種類あり、制覇したくなるおいしさ。本店から近くの建物に移転。
Map 別冊P.8-B2 市庁
🏠 中区 世宗大路11길 33 ☎ 02-755-7139 ⏰ 10:00〜L.O.15:00、17:00〜L.O.21:00（土L.O.10:30〜L.O.14:00） 日休
🚇 Ⓜ 1・2号線市庁（132・201）駅9番出口から徒歩2分

I キムチチムの元祖
ハノッチブ 한옥집
熟成させたキムチと豚の足肉を蒸し煮にしたキムチチムの元祖。本店から近くの建物に移転。
Map 別冊P.8-A1 西大門
🏠 西大門区 通일路9길 12 ☎ 02-362-8653 ⏰ 10:50〜21:30 無休
🚇 Ⓜ 5号線西大門（532）駅2番出口から徒歩2分 📶 🔗 hanokjib.co.kr

J 開城式の餃子が名物 クン
宮 궁
北朝鮮出身のハルモニの味を伝える手作りマンドゥ専門店。独特の丸みがあるジャンボ餃子は定番のスープのほか、蒸して食べるのもおすすめ。
Map 別冊P.13-C1 仁寺洞
🏠 鍾路区 仁寺洞10길 11-3 ☎ 02-733-9240 ⏰ 11:30〜L.O.20:40（日〜L.O.19:30） 無休
🚇 Ⓜ 3号線安国（328）駅6番出口から徒歩8分 🔗 koong.co.kr

ご飯をスープに入れるのはOKだけど、その逆はマナー違反なので要注意。

arucoスタッフが溺愛する「湯・飯・麺」ランキング♡

二日酔いに効く社長専用クッパ

三百家のある店舗の社長（サジャンニム）がお酒を飲んだ翌日に考案したことが料理名の由来。イカ、アサリ、干しスケトウダラ入りの豪華版。

RECOMMEND!
料理名に惹かれて注文。海鮮だしが体に染みる味。セリの食感もいい。（編集M）

第4位

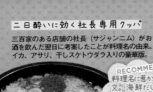

A 三百家のサジャンニムクッパ 9500W

RECOMMEND!
磯の香りが食欲をそそる。濃厚なのにあと味さっぱりで朝にピッタリ。（ライターG）

第8位

海のミルクと山の幸の香り高いヘルシー粥

疲労回復効果の高いカキと腸内環境を整えるキノコ入り。ゴマ油も香りと風味を損なわないようその日使用する分のみ搾って使用する。

F 粥郷のきのこカキ粥 9000W

D クルマウルナッチチョンの石焼きタコビビンパ 1万W

第9位

おこげも楽しめる新鮮タコのビビンパ

トビコや卵焼き、海苔などトッピングの下にテナガダコがどっさり。雑穀米ともよく合い、ヘルシー。好みで醤油だれをかけると風味が増す。

RECOMMEND!
タコは新鮮で歯応えもよく、噛むたびに口の中に潮の香りが広がってシアワセです。（編集K）

RECOMMEND!
韓牛のユッケビビンパを手頃に食べられて感激。ひと口で肉質のよさを実感！（ライターM）

第10位

G ソギョンハヌのユッケビビンパ 1万1000W

最高級の韓牛を使った贅沢な逸品

ご飯とナムルが別々に出てくるので好みで調整できる。うま味が凝縮された肉のおいしさは感動的！

B 光化門クッパのテジクッパ 9000W～

第2位

上質なゆで黒豚がどっさり入って大満足

一般的な釜山スタイルとは異なる透きとおったスープはコクがあるのにスッキリしたあと味。ご飯との相性が抜群！

RECOMMEND!
主役のゆで豚はくさみがなくやわらかい。アミの塩辛を入れて食べても美味です。（フォトN）

RECOMMEND!
豆モヤシのシャキシャキした食感とさっぱりした味わいにホッとします。（ライターN）

第6位

二日酔いにも効くあっさりクッパ

豆モヤシをふんだんに使った全州の郷土料理。生卵が入ってまろやかな仕上がり。粉唐辛子のピリッとした辛味が味を引き立てる。

C 全州豊南会館のチョンジュコンナムルクッパ 8000W

A

全州料理のチェーン店

三百家（サムベッチプ） 삼백집

全羅北道全州で1947年に創業した郷土料理店。グルメ漫画『食客』にも登場する有名店で、ソウルでもチェーン展開している。

Map 別冊P.24-B3 新沙洞

⌂강남구 도산대로17길 6 ☎02-6229-3100 🕘10:00～14:30、17:30～L.O.20:30 [休] 無休 [交][M]新盆唐·3号線新沙（D04·337）駅8番出口から徒歩約6分 [URL] 300zip.com [他]景福宮、ソウル駅ほか

B

洗練された庶民派食堂

光化門クッパ（クァンファムン） 광화문국밥

有名イタリアンの韓国人シェフがプロデュース。フードコートのような気軽な雰囲気で入りやすい。

Map 別冊P.12-A3 光化門

⌂중구 세종대로21길 53 ☎02-738-5688 🕘11:00～14:30、17:30～L.O.20:55（土 12:00～14:30、17:00～L.O.20:15）※冷麺は平日L.O20:00、土·祝L.O.20:00 [休]日 [交][M]5号線光化門（533）駅6番出口から徒歩約3分 [Wi-Fi]○ [URL] gwanghwamunpangyo.modoo.at

C

素朴で庶民的な食堂

全州豊南会館（チョンジュプンナムフェグァン） 전주풍남회관

食の都·全州出身の夫婦が営む家庭料理の店。オフィス街にあり、昼時はサラリーマンで満席に。

Map 別冊P.12-A3 光化門

⌂중구 세종대로21길 48 2F ☎02-736-2144 🕘8:00～15:00、17:00～22:00（土 8:00 ～ 20:00）[休] 日·祝 [交][M]5号線光化門（533）駅6番出口から徒歩約3分

カンジャンセウトッパ1万3500W。ご飯、スープ、日替わりのおかず4品+海苔付き

ご飯との相性に感動！

定食をセルフで丼に！ 特賞レベルのカンジャンセウ丼

定食スタイルのお盆で提供される韓国家庭料理店。この店でぜひ食べたいのがエビの醤油漬けカンジャンセウ。そのまま食べてもOKだけど、最強の食べ方は丼。エビの身、トビコ、すりゴマ、海苔をふりかけ、卵黄がのったご飯に入れかき混ぜる。添えられた海苔に包んでも美味。

舞月食卓（ムウォルシッタッ） 무월식탁

Map 別冊P.20-B3 新論峴

⌂강남구 강남대로102길 23 ☎02-552-9280 🕘11:00～22:00 [休]無休 [交][M]新盆唐·9号線新論峴（D06·925）駅6番出口から徒歩約4分 [Wi-Fi]○ [Instagram]muwol_table [他]三成、高速ターミナルほか

✉ リーキムパでは麺類も注文できます。辛いスープにチーズが効いたプルコギチーズラーメンがおすすめ！（大阪府・ユッカル）

arucoスタッフが溺愛する「湯・飯・麺」ランキング♡

A
三百家の全州真ちゅうビビンパ
9500W

第1位

旬の食材で彩られた
全州伝統の味

陰陽五行説に基づく5色の食材を真ちゅうの器に盛るビビンパは、全州が発祥といわれる。三百家のビビンパは基本食材以外、季節ごとに旬の野菜に替わるというこだわりも。

RECOMMEND!
豆モヤシやニンジンのナムル、レタスなど異なる食感とご飯のハーモニーが◎（編集S）

RECOMMEND!
超人気でいつも行列していますが並ぶ価値あり。カキのスンドゥブもおいしいです。（編集O）

第5位

D クルマウルナッチチョンのクルクッパ
9000W

リーズナブルなのに
新鮮なカキがどっさり

アツアツの石鍋でサーブされるカキのクッパ。魚介エキスが効いたスープはあっさり優しい味わい。カキがゴロゴロ入って食べ応え満点。

Best 10
飯 밥(パッ)

ヘルシーなお粥からガッツリ丼物、ユニークな巻き物など、ご飯メニューはバリエ無限。そのなかから必食の10品をセレクト！

E
リーキムパのキムパ
3800W~

第7位

斬新な具材を使った
グルメキムパ

プルコギチーズ、キノコ、パプリカ、チーズなどユニークな、具材のキムパが約23種類。ひと口ごとに驚きが口の中に広がり新鮮！

RECOMMEND!
素材がいいのでプレミアム感あり。2種類選べるハーフ&ハーフがおすすめ。（編集S）

RECOMMEND!
野菜たっぷりでヘルシー。ゴマ油とおこげの香ばしさがたまりません。（ライターM）

第3位

ゴマ油の香りが
食欲をそそる

アツアツの石焼き（トルソッ）の器で提供されるビビンパ。ご飯に少しおこげが付いてから具とかき混ぜるのがコツ。やけどに注意。

C
全州豊南会館の全州石焼きビビンパ
1万W

[D]
カキ好きにはたまらない店
クルマウルナッチチョン
굴마을낙지촌

カキ料理専門チェーン。クッパ、ビビンパ、天ぷらなどカキを使った多様な料理が楽しめる。

Map 別冊P.17-C2 梨泰院

⌂용산구 이태원로 134 ☎02-798-8316 🕘11:00～21:30 [休]日 [日] [交][M]6号線緑莎坪（629）駅3番出口から徒歩約3分 [他]麻浦区庁ほか

[E]
ユニーク具材が話題に
リーキムパ Lee's 김밥

ユニーク具材のキムパが20種以上揃う専門店。2階にイートインスペースがあり、キムチや味噌汁もセルフでいただける。

Map 別冊P.24-B1 狎鴎亭洞

⌂강남구 압구정로30길 12 ☎02-548-5552 🕘8:30～L.O.20:30（土 8:00～L.O.19:30）[休]日 [交][M]3号線狎鴎亭（336）駅2番出口から徒歩約3分 [URL] leegimbap.co.kr [Wi-Fi]○ [他]清潭洞ほか

[F]
栄養学に基づいたお粥
粥郷(チュッキャン) 죽향

明洞から徒歩圏内にある。栄養士考案の食材バランスのよいメニューが揃う。朝早くから営業しているので朝食にピッタリ。

※閉店しました

[G]
手頃な韓牛焼肉店
ソギョンハヌ 서경한우

中間業者を通さずに韓牛1頭をまるごとオークションで仕入れ、他店の約半額で提供する焼肉店。霜降りロースのほか、希少部位も楽しめる。

Map 別冊P.10-A3 市庁

⌂중구 세종대로 62 ☎02-3789-7292 🕘10:30～14:00、17:00～23:00（土・日11:00～14:00、17:00～21:00）[休]無休 [交][M]1・2号線市庁（132・201）駅7番出口から徒歩約5分 [Wi-Fi]○

さっぱり～

お粥にはさっぱり味の
「水キムチ」がお約束

お粥の箸休めとして水キムチが付いてくることがほとんど。さっぱりとした味でお粥の優しい味が損なわれず、乳酸菌たっぷりで美肌効果も！

キムパは、ほぼすべての店でお持ち帰りOKなので、ホテルで軽食を取りたいときなどに便利。

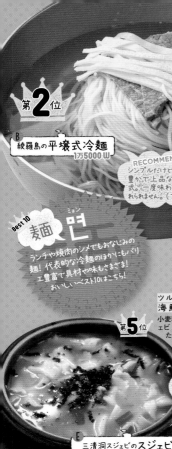

そば粉の風味が生きた
平壌式の冷麺
モンゴル産そば粉を使ったのど越しのいい自家製麺が好評、韓牛ベースのスープは深みのある味わいで麺との調和も最高。

第2位

B 綾羅島の平壌式冷麺
1万5000W

RECOMMEND! シンプルだけど風味豊かで上品な平壌式。一度味わうと忘れられません。（フォト）

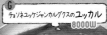

G チョソネユッケジャンカルグクスの**ユッカル**
8000W

RECOMMEND! ユッケジャンとうどんの相性のよさに驚き。ご飯ともももちん合います。（ライターG）

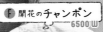

F 開花の**チャンポン**
6500W

第8位

韓国では珍しい新感覚のつけ麺
牛肉と牛骨からだしを取り、辛味を利かせたユッケジャンのスープにカルグクスを付けていただく斬新な麺。ご飯を入れてもOK。

Best 10
麺（ミョン）面
ランチや焼肉のシメでもおなじみの麺！代表的な冷麺のほかにもバリ工豊富で具材や味もさまざま！おいしいベスト10はこちら！

第7位

海の幸を堪能できる
ピリ辛韓国うどん
海鮮のうまみが効いた真っ赤なスープは程よくパンチのある辛さがクセになる。ムール貝、イカ、タコなど麺が見えないほど具がどっさり。魚介好きは必食！

RECOMMEND! 肉に走りがちなソウルでシーフードが恋しくなったらここ。韓国らしい味付けも最高です。（編集S）

第3位

RECOMMEND! 手打ち麺は程よい弾力でツルツルののど越しじゃ◎。優しい味にほっとします。（編集S）

第5位

ツルツル食感と
海鮮だしのトリコに
小麦粉ともち米が原料のスジェビ（すいとん）はモッチリした歯応えでのど越しツルツル。海鮮スープのまろやかさもたまらない！

RECOMMEND! スープにジャガイモも使われ、とろみがスジェビと合います。またすぐ食べたい。（編集）

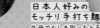

E 三清洞スジェビの**スジェビ**
9000W

日本人好みの
モッチリ手打ち麺
牛骨でだしを取ったとろみのある白濁スープは味わい深くてマイルド。コシのある手打ち麺ともよく絡んで箸が止まらなくなる！

C 黄生家カルグクスの**カルグクス**
1万1000W

A
韓国一の冷麺と評判
乙密台
ウルミルデ 을밀대

政財界や芸能界にも多くのファンをもつ平壌式冷麺の専門店。韓国でいちばんおいしいと評判。大根の漬物やキムチもレベルが高い。

Map 別冊P.6-A2 大興

🏠 마포구 숭문길 24 ☎02-717-1922 ⏰11:00~22:00 休無休 Ⓜ M6号線大興（625）駅2番出口から徒歩約8分 🚇駅三滝、三成洞ほか

B
本場・北朝鮮の味を再現
綾羅島
ヌンナド 능라도

北朝鮮出身のオーナーが京畿道にオープンした本格的な平壌式冷麺のソウル支店。具がぎっしり詰まったマンドゥ6個1万3000Wもおすすめ。

Map 別冊P.21-D2 三成洞

🏠 강남구 삼성로 534 ☎02-569-8939 ⏰11:20~し20:50 休無休 Ⓜ M9号線三成中央（928）駅5番出口から徒歩約6分 Wi-Fi🚇 麻浦

C
観光エリアの有名店
黄生家カルグクス
ファンセンガ 황생가칼국수

伝統家屋が並ぶ北村にある風情あふれる店。手打ちのカルグクスとマンドゥが看板メニュー。

Map 別冊P.15-C2 三清

🏠 종로구 북촌로5길 78 ☎02-739-6334 ⏰11:00~21:30 休無休 Ⓜ M3号線安国（328）駅1番出口から徒歩約10分 🚇光化門、汝矣島ほか Wi-Fi🚇

D
3代続く冷麺の老舗
明洞咸興麺屋
ミョンドンハムンミョノ 명동함흥면옥

北朝鮮出身の初代オーナーが創業し、現在は3代目が切り盛りする老舗。サツマイモも原料に作られる3種類の冷麺と温麺が好評。

Map 別冊P.11-D2 明洞

🏠 중구 명동10길 35-19 ☎02-776-8430 ⏰11:30~15:30 休日 無休 Ⓜ M4号線明洞（424）駅8番出口から徒歩約5分 Wi-Fi🚇

E
スジェビといえばココ
三清洞スジェビ
サムチョンドン 삼청동수제비

1985年の開業以来、行列の絶えない有名店。海外の有名格付けガイドのコスパグルメに何度も選定されている。

Map 別冊P.15-C1 三清洞

🏠 종로구 삼청로 101-1 ☎02-735-2965 ⏰11:00~20:00 休無休 Ⓜ M3号線安国（328）駅1番出口から徒歩約20分 Wi-Fi🚇

水冷麺のスープはあっさりしているので、辛子やお酢を加えて味を調整するとよりおいしくなります。（広島県・ムル）

J 明洞咸興麺屋のビビンネンミョン
1万1000W

第4位

**真っ赤な辛味だれが
インパクト大**

コチュジャンをベースに約30種の材料で作る真っ赤なたれが味の決め手。具材は牛肉かエイの刺身が選べ、辛さのレベルも注文時に調整可能。

> **RECOMMEND!**
> たれが細麺とよく絡んで味わい抜群。辛さなかなりにある甘味とうま味が◎（ライター1）

> **RECOMMEND!**
> ルックスは地味ですがテイストはまろやか。甘辛ソースのトリコになりました。（ライター1）

**韓国ドラマでおなじみの
麺料理！**

中国料理のジャージャー麺を韓国風にアレンジ。甘辛く味付けた豚肉たっぷりのソースが細麺に絡んで絶妙に調和。リピ必至の自信作。

第6位

開花の豚肉入りチャジャンミョン
6500W

H 晋州会館のコムグクス
1万3000W

**コシのある自家製麺
と豆乳スープが絶品**

江原道の契約農家から仕入れた大豆を使用した3〜11月の限定メニュー。豆の香りが際立つ濃厚スープが評判。

A 乙密台のムルネンミョン
1万3000W

第1位

**一度は食べたい！
超有名冷麺！**

そば粉とサツマイモで作ったモチモチ食感の麺は韓国セレブにも大人気。みそ状の牛骨スープも上品でゴクゴク飲み干せるおいしさ。

> **RECOMMEND!**
> 100％国産大豆を使うなどこだわりが感じられる味。暑い日にも最適。（ライターN）

第9位

> **RECOMMEND!**
> コシのあるたれはエイのくさみを消す効果も。食感も味わいもユニークです。（フォト1）

I 五壮洞フンナムチプのフェネンミョン
1万4000W

第10位

醤油ベースのたれと黒麺が好相性

北朝鮮がルーツの黒い細麺はサツマイモ粉100％。独特の弾力がエイの刺身とよく合い、牛肉と牛骨を煮込んだ醤油だれとも相性バツグン。

> **RECOMMEND!**
> 某有名歌手が週6回食べに通うほどの味。香ばしくて歯応えのある麺がやみつきに。（編集）

aruco スタッフが溺愛する「湯・飯・麺」ランキング♡

チョキチョキ

F 明洞で中華を食べるなら
ケフ
開花 개화

50年以上の歴史を誇る本格中華の名店。見た目よりあっさりな一番人気メニューのチャジャンミョンのほか、酢豚やチャーハンもおすすめ。

Map 別冊P.10-B3 明洞

🏠 中区 남대문로 52-5
📞 02-776-0508 🕐 11:30〜23:00（祝日も）🅿️無休
Ⓜ️4号線明洞（424）駅5番出口から徒歩約4分

G 貴重なつけ麺料理で話題に
チョソネユッケジャンカルグクス
조선의육개장칼국수

韓国では珍しいつけ麺ユッカルを考案して話題をさらった名店。ジャガイモをつぶして焼いた変わりチヂミのカムジャジョンも必食。

Map 別冊P.6-A1 新村

🏠 서대문구 연세로5나길 20
📞 02-336-1577 🕐 11:30〜15:00、17:00〜21:00（土・日 12:00〜21:00）🅿️無休
Ⓜ️2号線新村（240）駅1番出口から徒歩約5分 WiFi①

H 行列のできる超人気店
チンジュフェグァン
晋州会館 진주회관

1962年創業。「ソウル3大コムグクス」のひとつに数えられる名店で、国産の大豆をひいて作られる濃厚なスープの香ばしさは格別。

Map 別冊P.8-B1 市庁

🏠 中区 세종대로11길 26
📞 02-753-5388 🕐 11:00〜L.O.20:30（土 L.O.19:30）🅿️日 Ⓜ️1・2号線市庁（132・201）駅9番出口から徒歩約1分

I 北朝鮮の味を継承
オジャンドン
五壮洞フンナムチプ
오장동흥남집

北朝鮮咸興の隣・興南からやってきたオーナーがオープン。コシが強い細麺が特徴で、エイの刺身をのせたフェネンミョンが一番人気。

Map 別冊P.16-A3 東大門

🏠 中区 마른내로 114
📞 02-2266-0735 🕐 11:00〜L.O.20:00 🅿️水
Ⓜ️2・5号線乙支路4街（204・535）駅8番出口から徒歩約6分

**長〜い麺は、はさみで
チョキチョキ！**

韓国の冷麺は麺が長くつながった状態でサーブされる。そのままでは食べにくいが、すぐに店員さんが、はさみでチョキチョキ切ってくれるから大丈夫。

韓国で4月14日はブラック・デイ。バレンタイン＆ホワイト・デイに恋が実らなかった人が集まり、チャジャンミョンを食べる記念日。

豚
돼지고기
テジコギ

ソウルでは焼肉の主役は断然「豚」！食べずに帰れない豚焼肉3連発！

ソウルっこの間では牛よりも身近な存在の豚焼肉。リーズナブルでも味わい深く
野菜と一緒に食べたり、異色素材と組み合わせたりと味のバリエも豊富！

食べずに帰れない！

1 サムギョプサル

サムギョプサルは赤身と脂身が３層になった豚の三枚肉のことで、豚焼肉の定番メニュー。

三枚肉のなかで最も美味な部位

骨付き三枚肉

モクサルもおすすめ

BTSやEXOも通う有名焼肉店

クムテジ食堂

クムテジシッタン／금돼지식당

使用する豚肉は国内産全体の0.01%という名品指定のみ。看板メニューの骨付きサムギョプサルはジューシーな三枚肉と弾力ある骨回りの肉のふたつが一度に味わえてほかにないおいしさ。特製ネギソースのほか、シンプルに塩でいただくのもおすすめ。週末は満席に！

Map 別冊P.9-D2 薬水

🏠중구 다산로 149 ☎010-4484-8750
🕘11:30～L.O.21:15 [休]無休
[料]2万W～ [Card]J.M.V. [日] [日]
[交][M]3·6号線薬水(333·633)駅2番出口から徒歩約3分 [Wi-Fi]○ @gold_pig1982

1. 骨付きサムギョプサルはエリンギやネギが付いて150g1万9000W 2. スタッフが練炭で香ばしく焼いてくれる 3. 特製ネギソースとよく合う 4. 豚肉入りのキムチチゲ8000Wも人気 5,6. 3フロアの広い店。K-POPスターは2階に座ることが多い

クムテジ食堂はビブグルマンに選ばれた店だそう。お墨付きどおり手頃でおいしかったです。（愛媛県・モモ）

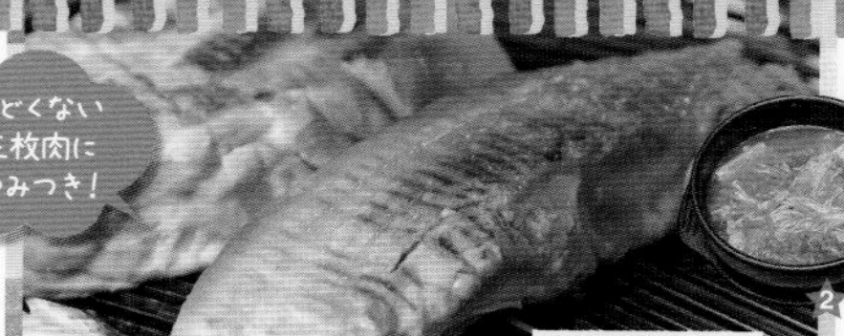
くどくない
三枚肉に
やみつき!
熟成豚

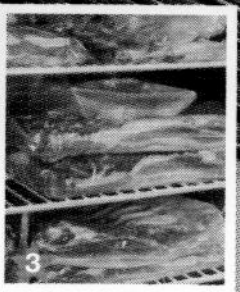

ひと味違う「熟成豚」って?

温度や湿度をコントロールしベストな状態まで熟成。程よく水分が抜けてうま味が増すうえ、繊維質の分解が進むためやわらかくジューシーな肉質に。

1. サムギョプサル160g1万5000W　2. サムギョプサルとモクサルのセット4万9000W～はご飯入り田舎味噌チゲもしくはキムチチゲ付き　3. 熟成庫。焼肉は平日の夜および週末に楽しめる

うま味が凝縮された熟成豚にハマりそう

高飯食堂　コバンシッタン／고반식당

上位1%しかないプレミアム1等級の豚肉を店内で熟成。人気のサムギョプサルは脂が甘く、さっぱりしたあと味が特徴。トンチマッサル（豚トロ）やチャンドル（背肉）など、この店でしか味わえないオリジナルメニューも好評。

Map 別冊P.24-A2　新沙洞

🏠강남구 강남대로156길 34　☎02-544-5888
🕘14:00～23:00（土・日12:00～）　[休]無休　[料]3万W～
[Card]A.J.M.V.　[英]　📖　[交]Ⓜ新盆唐・3号線新沙(D04・337)駅8番出口から徒歩約5分　[Wi-Fi]○
[URL]gobanglobal.co.kr　🏢江南、汝矣島ほか

肉厚の熟成豚を多彩に用意

ドゥトゥム　두툼

두툼

厳選した国内産のプレミアムポーク韓豚を21日間熟成。サムギョプサルはドライ、モクサルはウエットと部位ごとに熟成方法を変え、風味とうま味を最大限に引き出してサーブ。ラオス産の炭を使い、スタッフが香ばしく焼いてくれる。

Map 別冊P.8-A2　ソウル駅

🏠중구 중림로 10　☎02-392-8592
🕘15:30～22:00（土・日13:00～）
[休]無休　[料]3万W～　[Card]J.M.V.　[日]　📖
[交]Ⓜ2・5号線忠正路(243・531)駅5番出口から徒歩約4分　[Wi-Fi]○

1. 夕方には連日行列ができる　2. 分厚い赤身肉のモクサル170g1万6000W
3. サムギョプサル170g1万6000W

脂の甘味が
口いっぱいに
広がる!
熟成豚

ソウルでは焼肉の主役は断然「豚」!

ジュ～ッ!
焼く音が食欲
をそそる!
熟成豚

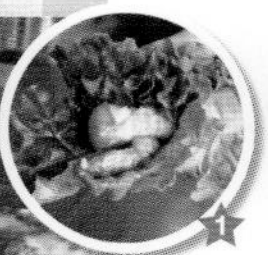

1,2. 葉野菜で包むほか、行者ニンニク（ミョンイナムル）2000Wに巻いてワサビを加えるのもおすすめ　3.サムギョプサル150g1万6000W。パンチャン（おかず）も手作り!

熟成豚肉の先駆け的存在

ユッチョン食堂　ユッチョンシッタン／육전식당

新設洞だけで3店舗を構える行列の絶えない人気店。2週間じっくり熟成した最高級の国産豚肉をスタッフが手際よく焼き上げ、外はカリッ、中は甘味があふれてジューシーな絶品サムギョプサルが堪能できる。

Map 別冊P.7-C1　新設洞

🏠동대문구 천호대로 38　☎02-2234-6373　🕘11:00～23:00　[休]無休
[料]2万W～　[Card]A.J.M.V.　[交]Ⓜ牛耳新設・1・2号線新設洞（S122・126・211-4）駅9番出口から徒歩約2分　[Wi-Fi]○　Ⓘyukjeon_sikdang.official　🏢新設洞、江南ほか

豚皮まで味わう五枚肉が人気

済州黒豚　チェジュフットン／제주흑돈

済州島産の黒豚に特化した焼肉店。冷凍していない新鮮な豚肉のみを使用。焼肉だけでなく麦ご飯とおかずの定食メニューも豊富で、ひとりごはんでも気軽に利用できる。

Map 別冊P.12-B3　光化門

🏠중구 청계천로 8 B1F　☎02-779-2959
🕘11:00～15:00、16:00～22:00　[休]土・日　[料]1万1000W～　📖　[交]Ⓜ5号線光化門（533）駅5番出口から徒歩約2分

済州島産黒豚
豚皮の
コラーゲン
たっぷり

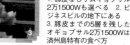

1. 豚皮なしサムギョプサル2万1500Wも選べる　2. ビジネスビルの地下にある
3. 豚皮までの5層を残したオギョプサル2万1500Wは済州島特有の食べ方

食べずに帰れない！

2 テジカルビ

テジは「豚」、カルビは「あばら骨」。たれに漬けた豚カルビは庶民の人気メニュー。

きゃー！

豪快に
かぶりついて
ください

一度食べたらハマるおいしさ！

ピョンチョリネチョッカルビ

병철이네쪽갈비

芸能人御用達の人気店。チョッカルビとは骨付きカルビのこと。上質なフランス産豚肉を自家製の甘辛ソースに漬け込み、うま味をさらに引き出している。パンチャンのレベルも高い！

香ばしい
香りが食欲を
そそる！

Map 別冊P.20-B1　狎鴎亭洞

🏠강남구 논현로152길 28 ☎02-3445-5558 🕐16:00～24:00（日～23:00）休無休 2万W～ Card A.J.M.V. 🚇M3号線狎鴎亭（336）駅3号出口から徒歩約10分 Wi-Fi○

1. 店内には有名人のサインも　2. セルフで作るマヤクチュモッパ1万W　3. 明太子ケランチム5000W　4. 肉多めのカルビキムチチゲ9000W　5. チョッカルビ350g1万7000Wは軍手とビニール手袋を着けて手づかみで

焼いたら
手でかぶってね！

漬けだれは
門外不出
だよ！

1. 豚肉の香ばしい焼きたての匂いにゾッコン！　2. テジカルビ250g1万6000W　3. 広い店内には400席を備えている

庶民に愛される老舗豚焼肉店

麻浦チンチャ元祖崔大匏

1949年にオープンした豚焼肉専門店の重鎮。看板メニューのテジカルビは、甘さ控えめの秘伝のたれに漬け込んで、肉本来のうま味を引き出した一品。特製のソースを付ければ、さらにおいしい！

マポチンチャウォンジョチェデポ／麻浦진짜원조최대포

Map 別冊P.6-B2　孔徳

🏠마포구 마포대로 112-4 ☎02-719-9292 🕐11:00～23:00 休無休 2万W～ Card A.J.M.V. 🚇M京義・中央・5・6号線孔徳（A02・529・626）駅5番出口から徒歩約2分 Wi-Fi○

高コスパの隠れた名店

トルゴドン　돌고돈

特選テジカルビを他店よりもグッとリーズナブルに提供。一見ディープな雰囲気だが優しいオーナーが迎えてくれ、居心地は満点。牛カルビや豚ハラミもおいしい。

Map 別冊P.16-A3　乙支路

🏠중구 청계천로 190 ☎02-2265-1814 🕐11:00～24:00 休日 2万W～ Card A.J.M.V. 🚇M2・5号線乙支路4街（204・535）駅4番出口から徒歩約2分

味付けも
しっかりで
ビールに合う！

細い路地に面している濃厚な特選テジカルビ300g1万4000W

チゲや
冷麺も
あります

テジカルビは店によって漬けだれの味わいがまったく異なるので食べ比べも楽しいです！（東京都・ハウコ）

～ずに帰れない！

3 プルコギ

醤油ベースの甘めのたれに漬け込んだ薄切り肉を、野菜や春雨と一緒に煮焼きする韓国風すき焼き。

通いたくなる絶品プルコギ

セマウルシッタン 새마을식당

甘辛だれに漬け込んだ熱炭（ヨルタン）プルコギで人気のチェーン。肉質のよい雌豚のみを使用しているのでやわらかく、熱炭のスモーキーな味わいも◎　ご飯＆海苔と食べる7分テジキムチも必食！

Map 別冊P.19-C1 弘大

🏠마포구 어울마당로 144 ☎02-332-0120 🕘12:00～15:00、16:00～L.O.24:30（土・日～L.O.翌1:30）[休]無休 [料]1万5000W～ [Card]A.J.M.V. [日] [交][M]京義・中央・2号線弘大入口（K314・239）駅8番出口から徒歩約3分 🏢東大門ほか

甘辛だれのプルコギはご飯にピッタリ～
ソウルでは焼肉の主役は断然「豚」！

このメニューもハズせない！

ヤンニョムグイ

韓国産豚肉を特製ソースに漬けて熟成。香ばしく焼き上がった肉は驚くほどやわらかい。1万3000W

ハンジョンサル

首の内側にある希少部位で、口の中でジュワッと溶けるやわらか豚トロは日本人にも大人気。1万1000W

7分（チルブン）テジキムチ

強火に7分かけたテジキムチは細かく切り、ご飯にのせて刻み海苔をたっぷりかけて食べる。7000W

1. カジュアルな雰囲気　2. 甘辛のヨルタンプルコギは箸が進むおいしさ！　1人 分1万900W　3. 野菜で巻いて自家製ソースを付けて食べる

★絶品豚肉料理★

「焼く」以外でトライしたい

コラーゲンもたっぷり♥

1. マヌル（ニンニク）チョッパル3万7000W～。程よい歯応えも◎
2. ユニークな外観

[蒸し煮] ニンニクで食欲全開！

ミスチョッパル 미쓰족발

カフェ風の店内でチョッパル（豚足）が味わえる人気店。おろしニンニクをたっぷりのせたニンニクチョッパルは食欲が増進し、豚足が苦手な人もぺろりと完食できちゃう。カルグクスや寒天麺付き。

Map 別冊P.19-C1 弘大

🏠마포구 어울마당로 123-1 ☎02-337-2111 🕘16:00～L.O.23:30 [休]無休 [料]3万W～ [Card]A.J.M.V. [英] [英] [交][M]京義・中央・2号線弘大入口（K314・239）駅9番出口から徒歩約2分 [Wi-Fi]○

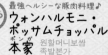

[茹でる] 最強ヘルシーな豚肉料理♪

ウォンハルモニ・ポッサムチョッパル本家（ポンガ） 원할머니보쌈족발본가

40余年の歴史を有するポッサムの元祖で、現在は全国展開するまでに成長。名物のポッサムはとろけるような味わいで、野菜の甘さが引き立つ浅漬けキムチと一緒に味わうと格別！

Map 別冊P.7-C1 新堂洞

🏠중구 난계로 201 ☎02-2232-3232 🕘11:30～22:30 [休]無休 [料]2万W～ [Card]M.V. [日] [交][M]2・6号線新堂（206・635）駅2番出口から徒歩約10分 @wongrandma 🏢江南、鐘路ほか

1. ポッサム盛り合わせ2人分4万4000W～。野菜に巻いて食べよう　2. 赤れんが造り

サムギョプサルの脂はのどに付いた黄砂を取り除くといわれている。ということで３～５月の黄砂が飛ぶ頃は特に人気。

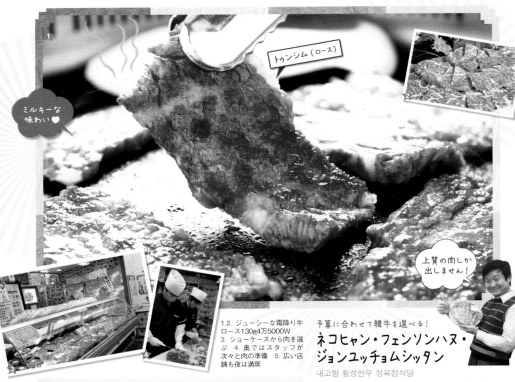

牛
소고기
ソコギ

韓国の最高級肉「韓牛」は精肉店直営のお店でたっぷりお安く！

日本の和牛に負けず劣らずのおいしさで知られる韓国産牛、韓牛（ハヌ）。最高級の肉でも、精肉店直営のお店ならグッドプライスで体験できる！

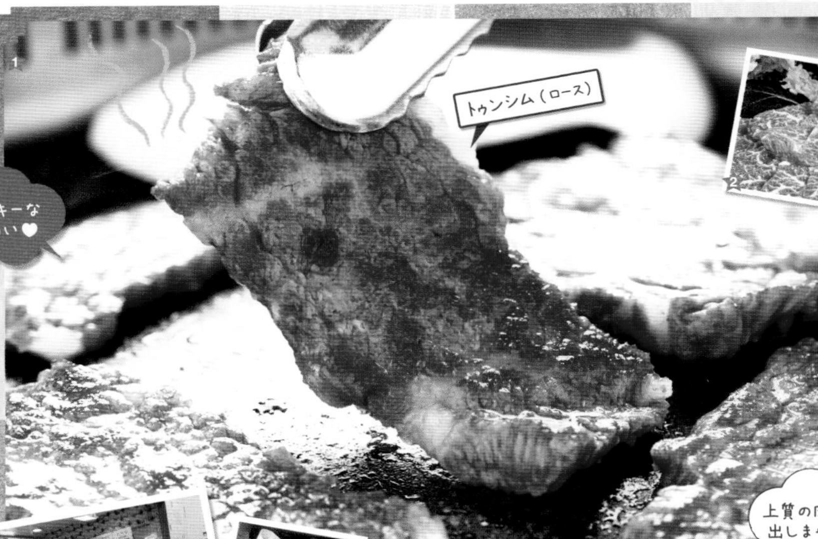
1
トゥンシム（ロース）
ミルキーな味わい♥

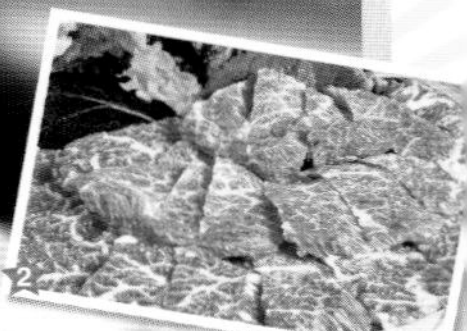
2

3

4

上質の肉しか出しません！

1,2. ジューシーな霜降り牛ロース130g4万5000W　3. ショーケースから肉を選ぶ　4. 奥ではスタッフが次々と肉の準備　5. 広い店舗も夜は満席

予算に合わせて韓牛を選べる！

ネコヒャン・フェンソンハヌ・ジョンユッチョムシッタン

내고향 횡성한우 정육점식당

憧れのブランド牛、韓牛を比較的リーズナブルに味わえる焼肉店。店内に精肉販売コーナーがあり、ショーケースから好きな肉を選んでテーブルに運んでもらうシステム。自分の目で肉をチョイスし、予算に合わせて食事ができるので安心。

[Map] 別冊P.7-D3　蚕室

Map 別冊P.7-D3

⌂송파구 오금로 113
☎02-415-8080　🕘11:00～L.O.22:30　[休]無休
[予]4万W～　[Card]A.J.M.V.　[日]
[交][M]2・8号線蚕室（216・814）駅10番出口から徒歩約10分

5

「韓牛」マメ知識

韓国において固有種の「韓牛」は憧れの存在。韓牛ブランドは現在100を超え、代表的な産地は全羅南道、京畿道など。肉質の等級は上から1++、1+、1、2、3の5段階で表示される。

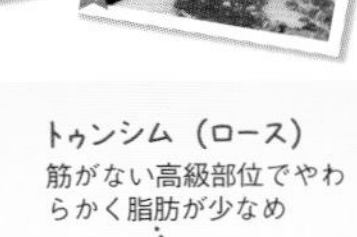

トゥンシム（ロース）
筋がない高級部位でやわらかく脂肪が少なめ

コプチャン（ホルモン）
小腸のこと。内臓系全般を指すこともある

アンシム（ヒレ）
高級部位。やわらかくさっぱりとした味わい

アンチャン（ハラミ）
横隔膜。適度な脂肪が入った赤身の内臓肉

ウソル（タン）
舌。脂肪が多く根本の部分のほうがやわらか

チャドルバギ（トモバラ肉）
バラ肉のなかでも腹の下側の部分でやや硬め

カルビ（カルビ）
焼肉の代表格。霜降りで濃厚な味のバラ肉

✉ お値段は高めだったけど、韓国の牛肉もすごくおいしかった！（神奈川県・リサ）

精肉店直営だからお手頃価格
テチョンユッシッタン
대치정육식당

クチコミで人気が広がった精肉店直営の焼肉店。韓牛のなかでも最上級ランク（1++）のみを仕入れるこだわりで、熟成にも気を使っているとか。霜降りロースから希少部位のチャドルバギ（トモバラ肉）まで食べ応え満点。豪華に牛肉三昧しよう！

Map 別冊P.21-D3 宣陵

🏠강남구 역삼로 450 ☎02-557-0883 ⏰11:30～22:30 🚫日 💰4万W～ Card A.J.M.V. 📶▶ 🅿️ Ⓜ水仁·盆唐·2号線宣陵（K215·220）駅1番出口から徒歩約13分

トゥンシム（ロース）

炭火でじっくり焼くからうま味もさらにアップ！

チャドルバギ（トモバラ肉）

「韓牛」は精肉店直営のお店でたっぷりお安く！

おいしい肉は色もイインだ

1,2. 1階が精肉店だから、いつでも新鮮な肉を食べられる 3. 新鮮なユッケ200g3万Wも精肉店ならでは 4. 生トゥンシム100g2万5000W、チャドルバギ100g1万5000W

ホテルからテクテク♪

明洞から歩いて行ける韓牛専門店

チマサル（バラ肉）

骨付きカルビ

特殊部位も揃える韓牛の名店
トクシム韓牛
トクシムハヌ／뚝심한우

生産、流通、販売を一括して行い、最高級の韓牛を手頃に提供。いろいろな部位を味わいたいなら盛り合わせを。ランチにはお得なセットメニューも。

Map 別冊P.13-C3 乙支路

🏠중구 을지로5길 26 B2F ☎02-6030-8905 ⏰11:30～L.O.14:00、17:30～L.O.21:00 🚫無休 💰5万W～ Card A.J.M.V. 📶日▶ 🅿️ Ⓜ2号線乙支路入口（202）駅3·4番出口から徒歩約5分 📶○ URL dduksim.co.kr 🏠光化門、市庁ほか

1.清渓川近くのビルの地下にある 2.ユッケ2万8000W 3.超希少部位のアンチャンサル150g8万5000W

アンチャンサル（横隔膜）

韓牛初チャレンジにも最適
明洞焼肉専門店（韓牛房）
ミョンドンヤキニクチョンムンジョン／명동한우방

最高級の韓牛のみを扱い、クヌギの炭で焼くこだわりの店。単品もあるけれど、焼肉のほかにチヂミなどが付くおトクなセットメニューが人気。

Map 別冊P.11-C1 明洞

🏠중구 명동9길 37-5 2F ☎02-2267-8132 ⏰11:00～22:00 🚫無休 💰4万W～ Card A.J. 📶日▶ 🅿️ Ⓜ2号線乙支路入口（202）駅6番出口から徒歩約1分 📶○

1. チマサル140g3万9000W、牛肉盛り合わせ420g9万5000W 2. カルビ140g3万9000W 3. オンドル席もある

ここでも韓牛～

ロッテリアのご当地バーガーが豪華！

韓国生まれのファストフード店だけに大胆にも韓牛をバーガーに採用。気軽にパクッ！

韓牛プルコギバーガー 8000W

韓国でも大人気のタン（우설／ウソル）。上質の韓牛タンはサッとあぶって塩かレモンで。日本よりちょっと厚めに切られている。

鶏
닭고기
タッコギ

リーズナブルなのに満足度200%
変幻自在な鶏メニューに夢中！

栄養があってヘルシーな鶏肉は唐辛子との相性もパーフェクト。
隣の席のソウルっこに負けず、骨付き鶏をガブリッといこう！

食べずに帰れない！

1 タッカルビ

ブツ切りにした鶏もも肉と野菜を、コチュジャンベースのたれと一緒に鉄板で炒めた料理。

一度食べたらクセになるよ〜

5

辛い！けどうま味た〜っぷり
1
2
3
満腹だけど……イケる！
4
辛 辛

3 steps!

1. ある程度食べたら麺などの追加メニュー4000Wを 2. チーズタッカルビは1万2000W 3. おなかに余裕があれば焼き飯2500Wでシメ

4. 骨なしタッカルビ1人分1万1000W。辛口（写真）と普通が選べる 5. テーブルと座敷席がある

春川名物の豪快な絶品鉄板焼き

春川家タッカルビマックッス

チュンチョンチッタッカルビマックッス／춘천집닭갈비막국수

唐辛子たっぷりの特製だれに漬け込んだ鶏肉は、心地よい辛さがあと引くおいしさ。野菜もたっぷり入り、追加でチーズや麺、焼き飯を味わえば大満足間違いなし。学生街にあり、店内はいつもにぎやか！

Map 別冊P.6-A1 新村

🏠서대문구 연세로5가길 1 ☎02-325-2361 🕘11:00～23:00 [休]無休 [料]1万1000W～ [Card]A.J.M.V. [英] [Wi-Fi]○ [交][M]2号線新村(240)駅2番出口から徒歩約5分

食べずに帰れない！

2 BBQ&フライドチキン

シンプルに焼いたBBQと衣を付けて揚げたフライドチキン。おなじみメニューもソウルスタイルで。

辛さは中毒レベル
辛 辛 辛
1

2

1. スップル（炭焼き）バーベキューチキン2万W
2. 店頭で焼かれるチキンの香りに吸い寄せられる

ビールのおつまみにも最高！

クムガンバーベキューチキン

금강바베큐치킨

江南のビジネス街にある炭焼き専門店。シンプルな塩味、スパイシーなバーベキュー味、カリッとジューシーなフライドチキンなどバリエーション豊富だから、その日の気分でチョイスして♪

Map 別冊P.20-B3 新論峴

🏠서초구 사평대로 349 ☎02-511-0976 🕘16:00～翌2:00（日～24:00）[休]無休 [料]2万W～ [Card]A.J.M.V. [日] [交][M]新盆唐·9号線新論峴（D06·925）駅1番出口から徒歩約3分

チーズが隠し味！
1

1. クセになる麻薬チキン1万8000W
2. 若者の街・大学路にある

一度食べたらやみつき！

テハンメクチュチプ

대한맥주집

カラッと揚がったジューシーなチキンに甘じょっぱい特製シーズニングをまぶした麻薬チキンが看板メニュー。チーズたっぷりのハニーガーリックフライドポテト7500Wもおすすめ。どちらもビールが進む味！

Map 別冊P.16-A1 大学路

🏠종로구 대학로11길 38-11 ☎02-3674-0815 🕘16:00～翌2:00 [休]無休 [料]1万8000W～ [Card]A.J.M.V. [日] [交][M]4号線恵化(420)駅4番出口から徒歩約4分 [Wi-Fi]○ [URL]daehanbeer.co.kr [他]弘大、誠信女子大

2

✉ 新村と梨大には、タッカルビやチムタクのお店がいっぱいで、ほとんどが深夜まで営業していました。（千葉県・千代）

食べずに帰れない！

3 **チムタク**

慶尚北道安東地方の郷土料理。鶏肉、野菜、春雨などを、醤油などで甘辛く煮込んだもの。

ご飯がすすむよ！

辛さは注文時に調整可能

ちょっと変わり種

あっさりとした北部式チムタク

チンナムポミョノッ 진남포면옥

1羽まるごと蒸した鶏肉をたっぷりのネギと一緒に味わう、北部式のチムタクを提供する。驚くほどにジューシーな鶏肉は塩分控えめで、女性におすすめ。

Map 別冊P.9-D2　薬水

🏠 中区 다산로 108　☎02-2252-2457　🕐11:30～L.O.21:00　㊡無休　⊕3万2000W～　Card A.J.M.V.　🅿無休　Ⓜ3・6号線薬水（333・633）駅7番出口から徒歩約1分

辛いものが苦手な人も◎

1. 地下鉄の駅から近く好アクセス
2. チムタク3万2000W。蒸したネギと一緒に、マイルドな辛さのヤンニョムを付けて味わう

変幻自在な鶏メニューに夢中！

甘辛いたれがクセになるおいしさ

鳳雛チムタク ボンチュチムタク／봉추찜닭

大きくカットされた鶏肉と平打ちタイプの春雨が特徴。ピリッと辛さを利かせた醤油ベースの甘辛いたれがよく絡み、ご飯との相性も抜群！韓国芸能人の常連も多い。

Map 別冊P.22-A2　狎鴎亭洞

🏠 강남구 선릉로157길 20-5 2F　☎02-511-6981　🕐10:40～L.O.22:30　㊡日　⊕2万5000W～　Card A.J.M.V.　Ⓜ水仁・盆唐線狎鴎亭ロデオ（K212）駅5番出口から徒歩約10分　URL bongchu.com　🏠明洞、東大門ほか

1. カジュアルな店内
2. 鶏肉は箸で簡単に崩れるほどやわらかい。チムタク2～3人分2万5000W～
3. 入口にはスターのサインがいっぱい

ちょっと変わり種

チムタクにイカフライをトッピング

テポチムタク 대포찜닭

チムタクにサクサクのイカフライとチーズをプラスした新感覚メニュー。甘辛のたれとトロトロのチーズが好相性。骨あり骨なし辛さも選べる。トビコご飯+3000Wで作るシメのポックンパも◎

Map 別冊P.6-A1　新村

🏠 서대문구 연세로 27-1 3F　☎02-325-6633　🕐11:00～L.O.20:30　㊡無休　⊕2人分2万6000W～　Card M.V.　Ⓜ2号線新村（240）駅2番出口から徒歩約4分　WiFi○

1. テーブルのニワトリのおもちゃがコールベル
2. チムタク2人分2万6000W、イカフライ+7900Wとモッツァレラチーズ+3000W

ウズラの卵もトッピング

新論峴駅付近の鶏料理店が並ぶ通りは、江南のエリートビジネスマンの憩いの地。

85

海鮮 해물 ヘムル

ソウル海鮮料理の定番

激辛生タコ炒めvs.カニの醤油漬け！ 刺激たっぷり♥どちらがお好み？

お肉に飽きたら海鮮料理はいかが？ なかでもオススメは、日本とはひと味もふた味も違う、鮮度抜群のタコとカニの王道メニュー。海の滋味を存分に召し上がれ！

タコ
ナッチプルコギ
ナッチ（タコ）と野菜をプルコギ専用鍋でコチュジャンと炒める料理
辛 辛 辛

プリップリのタコに脱帽！

ペッコドン 뱃고동

活ダコをコチュジャンベースのたれに漬け、野菜と豪快に焼き上げるナッチプルコギが絶品。鉄板に火をつけるとタコが動き回り、鮮度のよさを実感！ 辛いなかにもタコのうま味が感じられ、クセになるおいしさ。

Map 別冊P.22-A2 狎鴎亭洞

🏠강남구 언주로172길 54 B1F ☎02-514-8008 🕘11:30～22:00（金・土12:00～） [休]無休 [料]2万8000W～ [Card]A.J.M.V. [日] [交][M]水仁・盆唐線狎鴎亭ロデオ（K212）駅6番出口から徒歩約5分 [Wi-Fi]batgodong.co.kr

1. セン（生）ナッチプルコギ1人分2万8000W
2. 店内にはボックス式テーブル席と座敷がある

3 steps!
ご飯と混ぜてシメ！

店内は広々。窓際にはテーブル席もある

VS.

3,4,5. ある程度食べ終えたら、ポックンパ（焼き飯）1500Wをオーダーしよう。ご飯全体にタコやたれのうま味が行きわたって美味！

元気なのは新鮮な証拠なの

カニ
カンジャンケジャン
ワタリガニの醤油漬け。シメはカニ味噌を混ぜたご飯で決まり！
甲羅にご飯！

日本では食べられないね～

濃厚カニ味噌に心酔

コッチ 꽃지

カキの塩辛を使った秘伝のたれに漬け込むケジャンは、ほかでは味わえない逸品。甘味のある身と、とろ～りとしたカニ味噌の絶妙な組み合わせに、箸が止まらない！ シメのご飯でうま味を最後までいただきます♪

Map 別冊P.21-D2 三成洞

🏠강남구 봉은사로 610 ☎02-561-8788 🕘11:30～15:00、17:00～21:30 [休]日 [料]3万6000W～ [Card]A.J.M.V. [日] [日] [交][M]9号線奉恩寺（929）駅5番出口から徒歩約1分 [Wi-Fi]○ [URL]kkotji.modoo.at

1. 店はコエックスの近く
2. カンジャンケジャン3万6000W～。鮮度バツグン！

✉ 牛肉味で大人気になった調味料ダシダ。最近、私のお気に入りは海鮮味。もちろんソウルでまとめ買い！（神奈川県・ぐんちゃんうなぎ）

夫婦で待ってるよ！

日本で高価なフグとアワビも
ソウルでガッツリいただきましょー！

大胆！斬新！

高級食材のフグがプルコギに!?

チョルチョルポッチプ 철철복집

毎朝届けられる新鮮なフグのみを使用。看板のポッ（フグ）プルコギは、甘辛いたれがよく絡んだプリッとやわらかい身が格別！ また、フグのうま味がよく出たフグちりも人気で、両方オーダーする人も多い。どっちもトライしたい！

Map 別冊P.12-B3 乙支路

🏠 중구 을지로3길 29 ☎02-776-2418 🕚11:30〜14:30、16:30〜22:00 🈺日祝 💰2万9000W〜 Card A.J.M.V. 🈳日 📶 Ⓜ2号線乙支路入口（202）駅2番出口から徒歩5分

新鮮さは負けないよ！

ポップルコギ
炭火でじっくりと焼いたフグのプルコギ。濃厚なうま味が口いっぱいに広がる

フグ

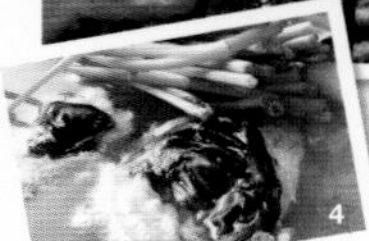

1. 地元の人が昼食に訪れる人気店
2. 大衆食堂のような雰囲気
3. ポップルコギ1人分3万9000W
4. ポッチリ2万6000W

ジョンボットルソッパ
アワビの香りがご飯に染み込んだアワビ石焼きご飯。たれと混ぜていただく

アワビ

1. アワビ石焼きご飯3万W。海苔で巻いて食べる
2. 焼きアワビが付くセットは4万5000W
3. 店は一軒家を改装。土曜は要予約

滋養強壮、アワビ石焼きご飯

シンジョン 신정

韓国で栄養食として人気が高いアワビ料理の専門店。こだわりの調理法で特許を取得した石焼きご飯が評判で、まるごとのアワビとナツメや銀杏などを使った香り高い一品。最後のおこげまで味わって！

Map 別冊P.20-B3 新論峴

🏠 서초구 서평대로52길 10 ☎02-3481-1696 🕚11:40〜21:30 🈺土 💰3万7W〜 Card A.J.M.V. 🈳日 📶 Ⓜ新盆唐・9号線新論峴（D06・925）駅7番出口から徒歩5分 🈶🈳○

チョゲチム
貝のうま味を存分に感じる料理。ビールや焼酎との相性抜群！

アワビ

バケツいっぱいの豪快すぎる貝蒸し

チョゲワ 조개와

明洞にある貝料理専門店。オーダーが入ると店先にある大きな水槽から新鮮な貝を出して調理してくれる。おすすめはアワビ、イカ、タコ、エビ、ホタテ、ハマグリ、タイラギなどを大きな鍋で蒸すチョゲチム。

Map 別冊P.11-C1 明洞

🏠 중구 명동7길 17 ☎02-777-0317 🕚10:30〜翌1:00 🈺無休 💰2万5000W〜 Card A.J.M.V. 🈳日 Ⓜ4号線乙支路入口（202）駅6番出口から徒歩約3分

1. 貝のオブジェが目印 2. 夜は満席になる人気店 3. スペシャルチム6万9000W。ロブスター入り11万5000W

激辛生タコ炒めVS.カニの醤油漬け！

ソウルではヒット店が出ると、その近所に同じ業態の店がどんどん出店。でも元祖店がやっぱりいちばんというパターンが多い。

美 point
丸鶏
まるごと1羽の鶏肉でコラーゲンや上質なタンパク質をいただこう!

タッカンマリ
닭한마리

美 point
高麗人参
口に入れると少し苦味を感じるが、美容効果は絶大。新陳代謝を高めてくれる

美 point
特許取得の韓方スープ
5種類の韓方を3日間かけて煮込む。韓方特有の匂いは少なく飲みやすい

美 point
ナツメ
火を通すとホックリとした食感で優しい甘さが特徴。冷え性や貧血に効果がある

自慢のスープに美的要素が凝縮!
陳元祖補身タッカンマリ
チンウォンジョボシンタッカンマリ／진원조보신닭한마리

美容効果の高い5種の韓方を使ったタッカンマリのスープは、なんと特許取得済み。新鮮な鶏肉はしっとりやわらかく、上質なタンパク質が美肌に効果テキメン。スープは残さず味わって。

Map 別冊P.16-B2 東大門

🏠鐘路区 鐘路 252-11 📞02-2272-2722 ⏰10:00~24:00 休無休 ￥2人分2万5000W~ Card A.J.M.V.
Ⓜ1・4号線東大門(128・421) 駅9番出口から徒歩約5分

comment
コレを食べると翌朝の肌の潤いとハリにビックリ! 韓方も取れるので夏バテにも最適ですよ。(ヨナ・29歳)

タッカンマリ2人分2万5000W。コチュ(唐辛子)と辛子、酢、醤油を混ぜたたれで味わう

韓方と鶏肉のうま味が出たスープに、うどん2000Wを。スープにとろみが出てさらに美味

このスープはオモニだけの極秘レシピよ!

これは食べるエステ!
効果絶大☆韓国美人鍋

バリエ豊富な韓国鍋には韓方はもちろん、コラーゲンやカプサイシンなど、女子にウレシイ美容成分がた～っぷり♡
食べた翌日の肌の違いにびっくりするはず!

取材中に出会ったソウル女子の証言あり!

チゲ鍋は鍋鍋になっちゃう(笑)

チゲ? タン? ジョンゴル?
その違いはな～に?
チゲもタンもジョンゴルも鍋料理。チゲは濃厚スープでキムチチゲ、テンジャンチゲなどひとり用の鍋が多い。タンは「湯」と書き、白濁したスープが多くあっさりめの味。参鶏湯が有名。ジョンゴルは寄せ鍋で、調理しながら食べるスタイル。

行列が絶えない聖水洞の人気店
ソムンナン聖水カムジャタン
ソムンナンソンスカムジャタン／소문난성수감자탕

豚の背骨肉とジャガイモの鍋。10時間煮込んだ肉は箸でほぐれるほどやわらかい。近くに事務所があるPENTAGONをはじめ、多くの有名人も常連。

Map 別冊P.17-C1 聖水洞

🏠城東区 延武場吉 45 📞02-465-6580 ⏰24時間 休無休 ￥2人分2万6000W~ Card J.M.V. Ⓜ2号線聖水(211) 駅4番出口から徒歩約3分

カムジャタン
감자탕

美 point
エゴマの葉
良質な油脂を含むエゴマの葉は脂肪燃焼・分解の効果が期待できる

美 point
豚背肉
コラーゲンが取れる最良の美食材。美肌に必要なビタミンB1、B6も

comment
スパイシーな味と香りで食欲が刺激されます。お肉に醤油マスタードを付けて食べるのもおすすめ(ハナ・29歳)

カムジャタンは3サイズで、小2万6000W、中3万W、大4万W

カムジャタンの肉を手づかみで食べているドラマを見ました。ちょっと行儀悪いけど、この方法がいちばんおいしい♡(東京都・舞)

やわらかコプチャンでツヤ肌に
ハンソンシッタン 한성식당

小腸やミノなど、牛ホルモン（コプチャン）を入れた鍋、コプチャンジョンゴル1万6000Wを提供。秘伝の調味料で味付けされたスープは絶品！

Map 別冊P.8-B1 市庁

- 中区 西小門路11길 8
- 02-752-2056
- 11:00～14:00、17:00～21:30 土日・祝
- 1万6000W～
- **Card** A.M.V. 1・2号線市庁（132-201）駅10番出口から徒歩約2分

コプチャンジョンゴル
곱창전골

美 **point** 牛モツ＆ミノ
タンパク質やカルシウムのほか、女性に不足しがちな鉄分も補える

薬味入りのコチュジャンスープで煮込む

肌が劇的に変わる美肌鍋
ファンソチプ 황소집

地元で50年以上も愛され続ける人気の秘密は、国産牛肉のトガニ（牛ひざの軟骨）を使った鍋・トガニチム。コラーゲンたっぷりでもしつこくなく、ペロリと食べられるおいしさ。

Map 別冊P.9-C2 忠武路

- 中区 忠武路2길 2
- 02-2273-0969
- 10:00～L.O.20:00 日・祝
- 2万W～ **Card** A.J.M.V.
- 3・4号線忠武路（331-423）駅7番出口から徒歩約3分

シメ！

トガニチム
도가니찜

美 **point** 牛のひざの軟骨
炭火で煮込まれ、プルプルのゼラチン質になった塊のトガニはコラーゲンの塊！

ある程度食べ進んだらシメに素麺2000Wを投入。コラーゲンスープと素麺の相性はバツグン！

メニューはトガニチムやトガニタンなど3つのみ。トガニチム2万W

キムチチゲ
김치찌개

美 **point** 発酵キムチ
熟成させたキムチは乳酸菌が多く体の中からキレイになれる

キムチチゲ 9000W

スターも通うキムチチゲの名店
チャンドッテキムチチゲ 장독대김치찌개

メニューはキムチチゲのみという専門店。オーガニック白菜を使った熟成キムチで仕上げるヘルシー鍋は、酸味と辛味、甘味が絶妙に絡み合ってやみつきに。シメのラーメン1000Wもマスト！

Map 別冊P.23-D2 清潭洞

- 강남구 도산대로102길 5
- 02-543-7754 24時間 無休
- 9000W～ **Card** A.J.M.V.
- 7号線清潭（729）駅13番出口から徒歩約10分

効果絶大☆韓国美人鍋

プデチゲ
부대찌개

美 **point** 牛骨スープ
牛骨エキスを抽出したスープはポークロスと呼ばれる健康食。自家製の熟成キムチも美容効果大

ジャンク鍋を健康食にチェンジ
ソンタンプデチゲ
송탄부대찌개

プデ（部隊）チゲは、朝鮮戦争以降に米軍から流れてきたスパムやソーセージをキムチに入れたことが始まり。この店では、化学調味料不使用で体に優しいプデチゲを提供している。

ハム、ソーセージ、スパム、チーズ入りの特プデチゲ1人分1万3000W

Map 別冊P.24-B2 論峴洞

- 강남구 도산대로 166
- 02-541-2446 24時間無休 1万3000W～ **Card** A.J.M.V. 新盆唐・3号線新沙（D04-337）駅1番出口から徒歩約7分 WiFi

鍋のシメには焼き飯（ポックンパ）もおすすめ。具が全然残っていなくても鍋のエキスだけで超美味！

店長いち押しのチーズキムチジャン
1万9000W

路地の奥に入口がある

マッコリのおいしさに目覚めそう

マンゴースムージーマッコリ1.3ℓ
1万2000W

Makgeolli

Map 別冊P.19-C2　弘大

カクテル感覚で楽しめる 種類豊富なフルーツマッコリ
マッコリサロン
막걸리싸롱

韓国全土の名産地から優良銘柄のみを厳選し提供。ボトル1本5000W〜2万Wで各地のブランドマッコリが楽しめる。フレッシュフルーツやリコッタチーズなどの変わり種マッコリが豊富なことでも人気。

♠マポ区 臥牛山路21ギル 12-6
☎02-324-1518 ⏰15:00〜翌2:00 ⏳無休 ￥2万W〜 Card A.J.M.V. 英 M 京義・中央・2号線弘大入口（K314・239）駅9番出口より徒歩約15分 Wi-Fi○ ♠新村ほか

左から、イチゴ、リコッタチーズ、マンゴー、キウイ、ソーダ、ブルーベリーのマッコリ1.2ℓ1万1000Wは6種類のグラスセット1万W〜でもオーダー可

見た目もキュートな マッコリ&韓国焼酎で ソウルの夜に乾杯！

美容効果が高くまろやかな飲み口のマッコリとグリーンのボトルでおなじみの韓国焼酎（ソジュ）。どちらも大衆酒として親しまれているけれどaruco的にはビジュアルも楽しみたい！

コンベ〜！

好みのマッコリをおすすめします

乾杯の掛け声

一般的な乾杯は「건배／コンベ」で、カジュアルな言い方は「짠／チャン」。これは乾杯でグラスを当てたときの音を表している。

ソウルでトップクラスの品揃えを誇る人気店
ペッコムマッコリ&醸造場
ペッコムマッコリ＆ヤンジョジャン／ 백곰막걸리＆양조장

Map 別冊P.22-A2　狎鴎亭洞

マッコリをはじめ韓国伝統酒を300種類以上揃えている。国内のマッコリソムリエ大会で連続優勝経験のあるスタッフが在籍しており知識量は桁違い。毎月、同店での人気酒ランキングも発表している。お気に入りの1本を探してみよう。

♠江南区 狎鴎亭路48ギル 39
☎02-540-7644 ⏰17:30〜22:45（金・土〜24:15） ⏳日曜 ￥3万W〜 Card A.M.V. 英 M 水仁・盆唐線狎鴎亭ロデオ駅（K212）5番出口から徒歩約6分 Wi-Fi○

Makgeolli more

2階建ての一軒家居酒屋

マッコリはボトルで提供。375㎖8000W〜。左から2番目は珍しいヨーグルトマッコリ1万3000W〜

イベリコ豚のモクサルスユク3万6000Wとイカキムチジョン2万4000W

✉ ソウルで初めて生マッコリにトライしました。日持ちしないぶん、新鮮な状態のものは格別においしいです。（千葉県・コンベ〜）

老舗マッコリ醸造所が
運営する本格的なバー

シェマッ
Chez Maak

2024年4月現在、閉店

Map 別冊P.20-B3 新論峴

🏠강남구 강남대로442 ☎02-3452-7077 🕘17:00〜L.O.22:30 [休]月 [料]3万W〜 [Card]A.J.M.V. [交][M]新盆唐·9号線新論峴（D06·925）駅5番出口から徒歩約4分 [Wi-Fi]○

忠清南道でマッコリを製造する新平醸造場経営のマッコリ居酒屋。数々の受賞歴があり、青瓦台の晩餐酒にも選ばれたブランドマッコリ「白蓮」が揃う。ピッチャーで提供されるカラフルなマッコリカクテルも人気。

1. ブルーのインダンス、ピンクのラブファンジニ各500㎖8000W〜。フレッシュフルーツのマッコリカクテルは500㎖9000W〜 2. プレミアムマッコリの白蓮は7000W〜 3. 豚首肉の炭火焼き2万4000W

韓国各地から厳選した
秀逸マッコリがずらり

タモトリ
다모토리

ソウルではなかなか味わえない個性派マッコリを扱う店。オーナー自らが韓国各地へ足を運んで直接仕入れる銘柄は常時20種類以上。産地や特徴を解説した日本語メニューが用意されているので便利。チヂミなどマッコリに合うおつまみも充実。

1. ベストセラーマッコリ5種類が試せるサンプラー7000Wは初心者におすすめ 2. ボトル7000W〜。マッコリに合う海鮮キムチジョン1万6000W

珍しい銘柄もあります

Map 別冊P.17-C2 経理団

🏠용산구 신흥로 31 ☎070-8950-8362 🕘18:00〜L.O.22:00（土·日·祝16:00〜）[休]不定休 [料]3万W〜 [Card]A.J.M.V. [日] [日] [交][M]6号線緑莎坪（629）駅2番出口から徒歩約10分 [Wi-Fi]○ damotorih

焼酎ジュセヨ

部屋飲みにもオススメ☆
フルーツ焼酎

苦味がなく、アルコール度数も低いフルーツ焼酎がソウル女子の間でブレイク中。柚子、グレープフルーツ、ブルーベリーなどフレーバーも豊富。コンビニで手に入るのでぜひお試しを。

週末は行列ができる
アートなソジュ居酒屋

パンジョ
반저

果物を器にしたかわいい生フルーツソジュ（焼酎）を発案し、一躍評判となったおしゃれ居酒屋。メロン、パイン、オレンジなど約5種類あり、果汁とソジュのミックス加減が絶妙!

Map 別冊P.16-A1 大学路

🏠종로구 대학로8가길 56 ☎02-742-9779 🕘15:00〜翌2:00 [休]無休 [料]3万W〜 [Card]A.J.M.V. [英] [日] [交][M]4号線恵化（420）駅1番出口から徒歩約3分

1. 生フルーツソジュはスイカ、メロン、ココナッツ、パイナップル、リンゴ、オレンジ（季節限定あり）の6種類で各1万2000W 2. マスタード風味のサーモンサラダ1万6000W 3. チーズがかかった蒸しカボチャ2万8000Wは中身の具が海鮮かカルビが選べる

韓国では昔、雨で農作業ができない日にチヂミを肴にマッコリを飲んだといわれている。

金賞

銀賞

トッカルビ串
3000W
こんがり焼き上げた串刺しの肉団子は甘辛いたれが味の決め手。トロリとしたタルタルソースもいい仕事をしている

銅賞

チキントッポッキ
5000W
カラッと揚げたチキン＆トック（餅）を甘辛く味付けして山盛りでサーブ。スナック感覚でおいしい

食べ歩き
楽しすぎ〜

練乳チーズ餅
4000W
チーズとトック（餅）を串に刺して焼き、練乳をかけて仕上げ。塩気と甘さが絶妙なハーモニー

意外な組み
合わせで◎！

食のトレンドは屋台から？
パクつきグルメ選手権 in 明洞

これまでに見たことのない、ルックスも味も斬新な新感覚グルメが次々と登場するソウルの屋台。常にニューフェイスと出会える明洞で、次に来るストリートフードを発掘！

買い過ぎ注意

常に新作グルメが続々登場！
明洞の屋台
大通り沿いに、平日は夕方から、土・日曜は午後の早い時間帯から続々と屋台が並び始める。季節によって売っているものもさまざま。

Map 別冊P.11-C2・3 明洞

夕方〜22:00頃
M4号線明洞(424)駅6・7番出口からすぐ

焼き餃子
4000W
鉄板の上でジューッと焼く音と香ばしい匂いがたまらない。皮はバリバリ、具材ギッシリで食べ応え満点！

特別賞

屋台の定番メニューはコレ！
規模の大きい明洞以外に、ほかのエリアの屋台でもほぼ出会えるド定番。多彩な新しいメニューが登場しても、定番物は変わらぬ人気！

レインボー綿菓子
4000W
ずらりと並ぶ屋台のなかでもひときわ目を引く美しいレインボーカラー。食べる前に撮影してSNSにポスト

イチゴ大福
2500W
その場で作るためできたてのおいしさ！糖度が高くジューシーなイチゴで食べ応えあり！

トッポッキ
甘辛〜いたれを絡めたトック＝餅

オデン
練り物を串に刺した韓国風おでん

ホットック
生地に黒砂糖などを挟んで焼き上げる

エビ好きは
素通り厳禁

焼きエビ
6000W
今、大人気の明洞屋台グルメがこちら。身がぷりぷりの焼きエビにバターソースが絡まって絶品！

ロブスター焼き
1万5000W
エビと並んではやっているロブスター。目の前でこんがりと焼き、チーズをたっぷりかけてくれる

食べて損なしのおいしさ

できたてのアツアツだよ

自慢の餃子をどうぞ！

MUST!

名物市場の屋台 も負けてない!

顔ぶれはほぼ固定されているけどおやつ系以外にもガッツリ食事もでき、味にも定評がある市場内の屋台。変化が少ないぶん、リピする楽しみもあり、ディープな雰囲気も味わえる!

(130) (329) (53番)
← 鍾路3街駅すぐ

北1門
(129) (南1)
鍾路5街駅すぐ
東大門駅すぐ

北2門

ピンデトック & ジョンエリア
ユッケエリア
プチョンユッケ
チョッパル & スンデエリア

西1門

衣料品エリア
麻薬キムパ★
メウンタンエリア
ビビンパエリア
ウォンジョマ薬キムパ2号店

西2門

東門

国民銀行

マンドゥ & カルグクスエリア

南1門

南2門

南3門　清渓川

広蔵市場 MAP

マンドゥ6000w
もちもちとした厚めの生地に具材をギッシリ詰めた韓国式餃子。醤油だれにつけて食べる

×××××××××××××××××××××

麻薬キムパ
3000w
一度食べるとやみつきになることからその名がついた有名店。食べずには帰れないおいしさ

元祖麻薬キムパ（2号店）ウォンジョマヤッキムパ
원조마약김밥

☎02-2273-8330
🕘9:00～21:00※売り切れ次第終了　🈺不定休

ファストフード感覚でソウル女子も利用

人気店を紹介します

広蔵市場
クァンジャンシジャン/광장시장
鍾路

Map 別冊P.16-A2

1905年にオープンしたソウル初の市場。おいしい屋台グルメが楽しめるセクション「うまいもん通り」が有名で、ソウルっこだけでなく旅行者にも人気。グルメの店は、北2門から東門周辺に集中している。

🚇종로구 창경궁로 88 ☎02-2269-8855 🕘10:00～23:00（店舗により多少異なる）🈺日、夏季（8月上旬）Card 店舗による（一部使用不可）🚇M1号線鍾路5街駅8番出口から徒歩約1分

MUST!

カルグクス6000w
店先で手打ちするうどんなのでつるつる。魚介だしが効いたスープもホッとする味わい

ピンデトック 5000w
石臼でひいた緑豆と一緒に鉄板で焼くチヂミ。具だくさんでボリューミー

ポリパ6000w
ナムルの種類を指定して盛りつけてもらう麦飯ビビン。野菜たっぷりでおいしくヘルシー

ユッケナッチタンタンイ
3万2000w
ミシュランガイドにも選出。熟成肉のユッケと新鮮な手長タコを合わせた看板メニューをぜひ!

プチョンユッケ
부촌육회
☎02-2267-1831
🕘10:00～16:00、17:00～L.O.20:50
🈺無休

パクつきグルメ選手権 in 明洞

お弁当カフェ 通
トシラックカフェトン/도시락카페 통

ビュッフェ式で好みのお弁当が作れる!

通仁市場は約200mの一本道に75軒ほどの店が並ぶ在来市場。場内のお総菜店を巡り、好きなおかずを詰めていく市場全体がビュッフェになった斬新なスタイルが人気。

Map 別冊P.14-B2　西村

🚇종로구 자하문로15길 18 通仁市場内 顧客満足センター2F ☎02-722-0936 🕘11:00～17:00（コイン、ご飯、スープの販売～16:00）🈺日・月 Card 不可 🚇M3号線景福宮(327)駅2番出口から徒歩約8分 URL mo1019.modoo.at

通仁市場に到着!

step1 コインと容器をゲット

まずは市場中央付近の顧客満足センターへ。ここで共通コインを購入し空のお弁当容器をもらう。コインは1枚500Wで1枚から購入可。

空のお弁当容器をゲット!

朝鮮時代の銅貨を模したコイン

コインミョチャンイムニッカ?
（コイン何枚ですか？）

step2 好みのおかずを買う!

お弁当カフェ加盟店マークがある店で好きなおかずを選び、コインで支払う。おかずは1種類1～4コイン。コインがなくなったら現金もOK!

イゴッジュセヨ
（これください）

お弁当カフェ加盟店マーク

野菜の天ぷら
分厚い卵焼き
クセになるキムパ
スンデトッポッキ
チヂミも種類豊富
アンアンの炒め物

step3 センターでいただきます♪

お弁当が完成したら再び顧客満足センターへ。2～3階が開放されていて、ご飯とスープはここで購入できる。コインが余ったら返金も可能。

顧客満足センターのカフェスペース。若いソウルっこが多く、学食のような雰囲気!

コイン10枚のお弁当完成!

キムパ
韓国海苔巻き。ゴマ油の香りが◎

ケランマリ
卵焼き。野菜入りで食べ応えあり

チャプチェ
春雨と野菜を炒めた家庭料理の定番

プルコギ
豚肉の炒め物。ご飯との相性は文句なし!

コイン4枚でプラス!

ご飯
健康と美容にいい赤米入り

スープ
日替わり。この日はモヤシと豆腐のスープ

タッカンジョン
鶏のから揚げ。甘辛ソースがご飯に合う!

屋台では現金での支払いが鉄則。事前に現金、できれば小銭も用意してから出かけよう。

甘〜く冷たい誘惑が止まらない♡
チャート付きタイプ別ピンス 🐦

氷の食感や素材はもちろん見た目のインパクトまで、韓国版かき氷・ピンスの進化がすごい！
ソウルの人気ピンスを系列別にチャートでご紹介！ あなたの好みは何系ひんやり？

トマトピンス 1万2700W Ⓒ
甘さのなかにトマトの酸味とブラックペッパーのスパイシーさを程よく利かせたトマトピンス

ルックス ☆☆☆↓
ボリューム ☆☆
ふわふわ ☆☆

生イチゴピンス
1万2500w Ⓓ
ミルク氷の上に生のイチゴを隙間なく敷き詰めたピンス。大福のトッピングもいい感じ。冬限定

ルックス ☆☆☆
ボリューム ☆☆☆
ふわふわ ☆

アイスホンシピンス 1万w〜 Ⓑ
完熟トロトロの凍らせた柿（ホンシ）を贅沢に使った豪華ピンス。柿の自然な甘さとまろやかな氷のコラボが絶妙！

ルックス ☆☆☆
ボリューム ☆☆☆
ふわふわ ☆

/メロン&イチゴがコラボ！

イチゴのチーズメロンピンス
1万6900w Ⓓ
肉厚なメロンの帽子がインパクト大。メロンの下には氷とともにチーズケーキとイチゴがゴロゴロ。夏〜秋限定

メロン설빙

ルックス ☆☆☆
ボリューム ☆☆☆
ふわふわ ☆☆

ナチュラルな甘さのトリコ
フルーツ系ピンス

済州アップルマンゴーピンス
4万2000w Ⓐ
済州島の契約農家から仕入れた最高級のアップルマンゴーたっぷり。小さいカップピンスは1万5900W。夏限定

ルックス ☆☆☆
ボリューム ☆☆
ふわふわ ☆☆

ピーチピンス 2万5000w
桃が最もおいしい時期に契約農家から仕入れている。氷が見えないほどの果肉に驚き。小さいカップピンスは9900W。秋限定

ルックス ☆☆☆
ボリューム ☆☆
ふわふわ ☆☆

生の果物だけを使う極上ピンス
ラフレフルーツ Rafre Fruit
店内はまるでヨーロッパのフルーツショップのよう。新鮮な果物にこだわった手作りピンスが味わえる。果物を使ったタルトやケーキも人気。

Map 別冊P.17-C1 ソウルの森
🏠성동구 서울숲2길 8-8 2F
🕐13:00〜19:00 🗓休月・火 Card A.J.M.V. 🈺▶ Ⓜ水仁・盆唐線ソウルの森（K211）駅5番出口から徒歩約7分 WiFi📶@rafre_fruit

花と緑に包まれたフラワーカフェ
コリン Colline
おしゃれなボタニカルカフェ。随所に花が飾られた癒やし空間で、ブランチやスイーツが楽しめる。ドラマのロケ地としてもよく使われる。

Map 別冊P.18-B3 弘大
🏠마포구 어울마당로 45 ☎02-3141-1119 🕐10:30〜23:00 🗓休無休 Card A.J.M.V. 🈺 Ⓜ6号線上水（623）駅1番出口から徒歩約6分 WiFi📶@colline_cafe

チェーン展開する日本式かき氷
東京ピンス 도쿄빙수
オープン当時は珍しかった高い盛りとシロップの日本式かき氷店。トマトピンスが有名になり、現在は韓国全土でチェーン展開している。

Map 別冊P.6-A2 望遠洞
🏠마포구 포은로8길 9 ☎02-6409-5692 🕐12:00〜22:00 🗓休月 Card A.J.M.V. 🈺 Ⓜ6号線望遠（621）駅2番出口から徒歩約5分 WiFi📶 URL tokyobingsu.co.kr 🈺建大ほか

釜山発ピンスカフェのチェーン店
ソルビン 설빙
2013年、釜山に1号店をオープン。看板メニューは昔ながらのきな粉ピンス。季節のフルーツを使ったものや期間限定メニューなど種類豊富。

Map 別冊P.11-C1 明洞
🏠중구 명동3길 27 2〜3F ☎02-774-7994 🕐10:30〜L.O.22:30 🗓休無休 Card A.J.M.V. 🈺 Ⓜ2号線乙支路入口（202）駅5番出口から徒歩約2分 WiFi📶 URL sulbing.com 🈺新沙洞、弘大ほか

✉ ずっと食べたかった柿のピンスを食べました！ 少し溶けた柿がおいしすぎて感動です。（東京都・KANA）

ルックス	☆
ボリューム	☆☆
ふわふわ	☆☆

ルックス	☆☆☆
ボリューム	☆☆☆
ふわふわ	☆☆

雪花コーヒーピンス 8000w **E**

ミルク氷の上にコーヒーパウダーとココアパウダーを敷き詰め、コーヒー豆をトッピング。ほろ苦い大人テイスト

ハラボジ工場 → P.45

ミルクティーピンス 2万3000w

紅茶の氷の上にとろりとしたミルクがかかっている。キャラメリーズされたクルミやピーカンナッツの食感がいい

いろんな素材が氷とコラボ♥
クリーミー系ピンス

ルックス	☆☆
ボリューム	☆☆☆
ふわふわ	☆☆☆

雪花ミルクピンス 7500w **E**

練乳やメープルシロップなどを混ぜた氷は粉雪のようにサラサラ。別皿の餅入りアズキは氷の奥深い甘さに合う

ルックス	☆
ボリューム	☆☆
ふわふわ	☆☆

塩キャラメルピンス 9000w **G**

濃厚なキャラメルソースがかかったピンス。塩は別添えで自分の好みでプラスできる。ナッツの食感とも相性◎

ルックス	☆☆
ボリューム	☆☆
ふわふわ	☆☆

チャート付きタイプ別ピンス

ルックス	☆
ボリューム	☆☆☆
ふわふわ	☆☆

Sulbing us

パッピンス 9000w **G**

氷の中にたっぷりのアズキが入った定番ピンス。トッピングは緑がかった青大豆のきな粉。白玉もおいしい

ルックス	☆☆☆
ボリューム	☆☆☆
ふわふわ	☆

ティラミスピンス 1万2900w **D**

ティラミスがドーンと鎮座するビジュアルは強烈!かき氷もケーキも両方楽しみたい人におすすめの欲張りメニュー

生キャラメルピンス 1万5000w **F**

ナッツ入りピンスやジェラート、トッピングまで手作りで、シロップと生キャラメル付きのキャラメル尽くし!

E 味と謎の営業時間が人気の秘密
北海氷水 북해빙수

東大門の問屋街に近くにあるバーのような雰囲気のカフェ。練乳やシロップなど8種類の材料を混ぜて瞬間冷凍するミルク氷の食感は唯一無二。

Map 別冊P.16-B3 **東大門**

🏠中区 다산로47길 28 ☎02-2235-1005 🕐8:30〜翌6:30(金〜21:00) 🈺土 **Card**A.J.M.V. 🚇2・6号線新堂(206・635)駅10番出口から徒歩約2分 **Wi-Fi**○

F キャラメルスイーツ店の本気ピンス
ママンガトー Maman Gateau

パリのル・コルドン・ブルー出身のオーナーが手がける洋菓子店。ケーキや焼きたてパンも扱っているが、特にキャラメルが絶品と評判。

Map 別冊P.24-A2 **新沙洞**

🏠강남구 압구정로10길 30-12 ☎070-4353-5860 🕐12:00〜21:00(ピンスL.O.20:00) 🈺無休 **Card**A.J.M.V. 🚇新盆唐・3号線新沙(D04-337)駅8番出口から徒歩約12分 **Wi-Fi**× 📷@mamangateau_

G 素材にこだわる癒やし系ピンス
プビン 부빙

ソウル北部の山の麓近くにある人気ピンス店の三清洞支店。定番素材のピンスから、ジャガイモやカボチャ、トウモロコシの変わり種ピンスも。

Map 別冊P.15-D2 **三清洞**

🏠종로구 북촌로7길 3-4 ☎02-747-8288 🕐13:00〜L.O.17:30 🈺月 **Card**A.J.M.V. 🚇3号線安国(328)駅2番出口から徒歩約5分 **Wi-Fi**○ 📷@ice_boobing 🏠付岩洞

ルックス	☆☆☆
ボリューム	☆☆☆
ふわふわ	☆☆☆

コンビニのヒット商品☆
スナック菓子&キムパ
を大人買いして実食調査!

ユニーク商品の宝庫で、いつ訪れても楽しい韓国のコンビニ。arucoスタッフのいち押しはスナック菓子とキムパ。気になる商品を実食リポートします!

1500₩ Ⓑ
エビチップ
エビの香ばしさと絶妙な塩加減が文句なしのおいしさ。小ぶりなひと口サイズでサクサクと軽い口当たりも最高!

エビ好きも納得の味!

種類豊富な
スナック

日本未上陸の新作がずらり。パケのかわいさに惹かれて購入したもののハイクオリティな味の進化に驚き!

1500₩ Ⓑ
トリュフ味エビチップ
バターコーンチップと一緒に発売されたペンスとのコラボ商品。トリュフの風味で大人の味わいに仕上がっている

1500₩ Ⓑ
バターコーンチップ
毒舌キャラで人気のペンスとのコラボ商品。ほんのりバターが香る比較的あっさり味。ペンスのYouTube視聴のお共に!

1500₩ Ⓑ
マヌルバゲット
小ぶりのガーリックラスクで、パクパクいけちゃうから食べすぎ注意……。GS25のプライベートブランドyouusの商品

1500₩ Ⓑ
野菜ツナ味ポテトチップス
口に入れた瞬間、タマネギのような風味とツナの味が同時に広がる。この組み合わせのポテトチップは初体験かも

1500₩ Ⓑ
ノッティドミルククリームポップコーン
ノッティド(P.68)の人気No.1ドーナツがポップコーンに。ミルク味にほんのり塩気で本家ドーナツにも負けない味

アイスにのせても◎

各2000₩ Ⓑ
マロウポップ
SNSで話題の乾燥マシュマロ。サクサク食感で甘さは控えめ。見た目がかわいいだけでなく7種の乳酸菌入りの健康おやつ

1700₩ Ⓒ
キャラメルポップコーン
CUのプライベートブランドHEYROOの商品。キャラメル味のなかに薄塩味が少量混ざっているから飽きずに食べられる

アーモンドは入っていない

1500₩ Ⓑ
マヌルパン味ポップコーン
ハニーバターアーモンドで有名なHBAFからマヌル(ニンニク)パン味のポップコーンが新発売。食べる手が止まらない

1500₩ Ⓑ
優しいサツマイモポテトスティック
商品名どおりの優しい味。グルテンフリー・1袋200kcalと通常のポテトチップスよりかなり低カロリーでダイエット中にも

1200₩ Ⓐ
トッポッキスナック
セブン-イレブンが人気レストランのトッ(P.70)とコラボした商品。ガツンとくる辛いニンニク味がクセになる

1700₩ Ⓒ
チーズをかけたトッポッキスナック
人気アニメキャラ・ジャンマンルーピーとのコラボ。チーズでマイルドになっているから辛いものが苦手な人も大丈夫かも

ステッカーのおまけ付き

1500₩ Ⓑ
トッポッキスナック キムチカップラーメン味
韓国B級グルメの王道がコラボ。辛いだけでなくキムチラーメンのコクが感じられる。ビールとの相性抜群!

コンビニでチョコを買ったら賞味期限が切れていました! 意外と多いので注意してください。(千葉県・滝)

キムパ

具材が豪華に進化中

新しい味がどんどん発表されているキムパ。写真付きで中身がわかりやすいから旅行者にも大人気。

大人気のタッカルビ

2200₩ C

チュンチョンシク
春川式タッカルビキムパ

具 タッカルビ／ニンジン／卵焼き

春川の郷土料理タッカルビのキムパ。鶏肉もヤンニョム（合わせ調味料）もたっぷりで辛味もしっかり。美容にいい赤米を使用

2000₩ C

チュンチョン
春川タッカルビキムパ

具 タッカルビ／ニンジン／エゴマの葉／たくあん／カニカマ

春川風タッカルビ。鶏肉以外の具材も豊富だから、異なる食感が楽しめる。野菜の甘さが効いているので辛さは比較的マイルド

2300₩ B

テペサムギョプサルキムパ

具 サムギョプサル／エゴマの葉／たくあん／卵焼き

韓国焼肉でブームになっている、テペ（カンナ）で削ったような薄いサムギョプサル入り。甘辛のサムジャン（味噌）がご飯によく合う

2400₩ D

アーモンドミョルチキムパ

具 アーモンド／ジャコ／ニンジン／ゴボウ／たくあん／カニカマ／卵焼き

アーモンドと甘辛く炒めたミョルチ（ジャコ）が絶品。日本の佃煮を連想させる味で、具材一つひとつがていねいに味付けされていて手間ひまを感じる逸品

1800₩ A

プルコギ＆チャムチキムパ

プルコギとチャムチ（ツナ）がハーフ＆ハーフで楽しめる。どちらも上品であっさりめの味付けだからパクパク食べられる

具 プルコギ／ニンジン／たくあん／カニカマ／卵焼き

具 ツナ／ニンジン／キュウリ／たくあん／カニカマ

2000₩ A

ヤンニョムチキン＆カンジャンチキンキムパ

コチュジャンベースのヤンニョム＆カンジャン（醬油）漬けフライドチキンのハーフ＆ハーフ。肉の主張強めで満足度が高い

具 フライドチキン／ニンジン／キュウリ／たくあん／カニカマ

具 フライドチキン／ニンジン／たくあん／カニカマ／卵焼き

スナック菓子＆キムパを大人買いして実食調査！

人口比で日本の2倍の店舗数 韓国の得珍コンビニ事情

繁華街では1階店舗、2階イートインスペースという店舗もあり、電子レンジ、お湯のほか、袋麺の自動調理機も！ 値段表示の「1+1」は1個買うと1個おまけの意味。「2+1」もあり、つい買いすぎに……。レジ袋は有料。店先のテーブルと椅子で酒を飲んでいる人もいるが法律上は禁止。日本のようにトイレはない。

おまけは当たり前

ここで買いました！

A セブン-イレブン
日本でもおなじみの大手。韓国では店舗数第3位。高級志向のグルメ弁当Chefoodを展開中

C シーユー
旧ファミリーマートで店舗数第2位。ヴィーガン総菜も展開。東南アジアにも店舗を拡大中

B ジーエス25
2019年にCUを抜いて店舗数第1位に。LG系で創業した韓国発。コラボ商品でヒットを連発

D イーマート24
大手スーパーイーマート系列で店舗数第4位。プライベートブランドのパッケデザインがおしゃれ

韓国のコンビニは小規模店が多く、店員は基本ひとり。ていねいな接客はないけれど、それがスタンダード。

連れて帰って
お手軽クッキング
スーパーの韓国グルメ♪

スーパーにはレトルト食品やカップごはん、調味料など自宅でも本場の味がカンタン＆手頃に楽しめる食品がずらり！かさばるけどスーツケースいっぱいになるまでお買い物♪

クセになるピリ辛味
安東の郷土料理チムタクのソース。鶏肉とジャガイモなどの野菜を入れて煮るだけで完成 **B**
2280W

市販の麺と合わせて本格味
チャジャンミョン用味噌。好みの具材を炒めて絡めるだけ。6〜8人分 **A**
1480W

売上No.1のチャジャンミョン
発売2ヵ月で200億Wを売り上げた大ヒットのチャジャンミョン。太麺と甘めのソースが絶妙
4個5300W

有名店のメニューを食卓に
人気レストラン、ビビゴのレトルトシリーズ。ピリ辛のユッケジャンはご飯を入れても◎ **B**
5490W

冷麺だけじゃもったいない！
ビビンネンミョン用ソース。パンチのある辛さでご飯に混ぜてビビンバにも。 **A**
1980W

激辛だけどクセになる味
辛ラーメンより辛いといわれる激辛ラーメン。辛いなかにもコクがあって美味 **A**
5袋2480W

香ばしい風味もおいしさの秘密
牛肉やシイタケ、ハチミツなどが入った炒めコチュジャン。パウチパックで使いやすい **B**
3900W

アツアツおやつホットクの素
もち米入りホットックミックスはモチモチ！ブラウンシュガー＆ナッツ付き **C**
3980W

料理上手に見える魔法のソース
骨付きの牛カルビに絡めて煮込むだけ。お手軽なのに仕上がりは豪華！ **A**
1980W

ボトルデザインもかわいい！
サツマイモと栗をそのまま食べているようなスプレッド。パンやクラッカーに付けて **C**
5990W
4990W

もう一品おかずが欲しいときに最適
たった5分で作れるチャプチェ。サツマイモの麺をゆでてソースと混ぜるだけ！ **C**
1950W

温めるだけの豪華参鶏湯
鶏肉に漢方や野菜が入った本格参鶏湯のレトルト。レンジで温めるだけ！ **B**
6380W

すぐにおいしいヘルシービビンパ
温めて混ぜるだけのカップビビンパ。別添えのコチュジャンで自分好みに辛さを調節できる **A**
4490W

ご飯のおかずにヘビロテ決定！
豚肉をマリネして、野菜と一緒に焼くだけ。甘めの味付けで食べやすい **B**
1980W

A
上質＆格安の優良アイテム
ノーブランド No Brand

大型スーパーのイーマートのプライベートブランド（PB）専門店。ほかより価格が抑えられているのが特徴。

 東大門

Map 別冊P.16-B3

🏠中区 奨忠壇路 275 ドゥータモール4F ☎02-2279-7943 ⏰10:30〜22:00 休第2・4日 **Card**M.V. 🚇2・4・5号線東大門歴史文化公園（205・422・536）駅14番出口から徒歩約6分 🚇ソウル市庁、江南ほか

B
ソウル駅隣接の大型マート
ロッテマート Lotte Mart

ターミナル駅に隣接しているので、観光客をターゲットとした商品構成が特徴。店内では免税手続きも行っている。

 ソウル駅

Map 別冊P.8-B2

🏠中区 青坡路 426 ☎02-390-2500 ⏰10:00〜24:00 休第2・4日 🈺閉店15分前まで **Card**A.J.M.V. 🚇京義・中央・1・4号線ソウル（A01・133・426）駅1番出口から徒歩約2分 🌐lotteon.com 🚇永登浦ほか

C
弘大から徒歩で行ける立地
ホームプラス Home Plus

店内が広く混雑していないので、ゆったり買い物できる地元密着型スーパー。プライベートブランドの商品も充実。

 合井

Map 別冊P.18-A2

🏠麻浦区 楊花路 45 メセナポリスモールB2F ☎02-6938-8800 ⏰10:00〜24:00 休第2・4日 **Card**A.J.M.V. 🚇2・6号線合井（238-632）駅10番出口直結 🌐corporate.homeplus.co.kr 🚇永登浦ほか

グルメ天国の食の源はココにあり☆
奥深〜い韓定食の世界へようこそ！

王様気分が味わえる宮廷料理からぬくもりある郷土料理まで、
韓国料理の奥深さを味わえる韓定食。
ボリュームたっぷりだからおなかペコペコにして出かけて！

宮廷料理でゴージャスに！

王様が食べた豪華フルコース

李朝時代に王族が食べていたフルコース料理を再現した宮廷料理。最高の高級食材を使い、彩りの美しいおかずがテーブルに並ぶさまは圧巻！上品で繊細な味わいも魅力。

23階からの眺めも抜群

ホテル最上階で味わう優雅な宮廷式韓定食

羅宴 ラヨン／라연

ソウル新羅ホテル(P.172)最上階の最高級韓国料理レストラン。産地直送の厳選素材を使った宮廷式韓定食は繊細なテイスト。絶景を眺めながら王族気分を味わって。

Map 別冊P.9-D2 東大入口

⛩ 중구 동호로249 ソウル新羅ホテル23F ☎02-2230-3367 🕐12:00〜14:30、17:30〜21:30 ⭕無休 💳A.J.M.V. 🚇M3号線東大入口 (332) 駅5番出口から無料シャトルあり 📶あり ©コース16万W〜 🔗shilla.net/seoul

盛りつけがキレイな九折坂

must menu

神仙炉 (シンソルロ)

牛肉、エビ、豆腐、クルミ、松の実などの具を彩りよく鍋に盛り、牛肉のスープで煮て食べる料理

九折坂 (クジョルパン)

宮廷料理の定番メニュー。陰陽五行に基づいて配色された旬の野菜をクレープに包んでいただく

韓牛を使ったスープが絶品の神仙炉。料理はコースのみ

スーパーの韓国グルメ♪／韓定食の世界

家庭料理でカジュアルに！

カフェスタイルでいただく韓国家庭料理

メイン、おかず、ご飯、スープの基本の韓定食が味わえる一軒家レストラン。オーナーのオモニ秘伝のレシピを基にした定食は肉、海鮮、野菜の3種。

モダンな空間で韓国の家庭料理が楽しめる。ランチ8700W〜

おしゃれなカフェスタイルでオモニの味を楽しんで！

ボリュームたっぷり！

パルク Parc

Map 別冊P.17-D2 漢南洞

⛩ 용산구 이태원로55가길 26-5 ☎02-792-2022 🕐11:30〜L.O.14:50、17:30〜L.O.20:20 ⭕無休 ©8700W〜 💳A.J.M.V. 🚇M6号線漢江鎮 (631) 駅1番出口から徒歩約7分 🔗www.parcseoul.com 🏠龍山

韓国家庭の味がズラリ

韓国の一般家庭で親しまれている伝統的なおかずが数十種類以上も楽しめる郷土料理。ご飯、チゲ、焼き魚、ナムル、キムチなど素材でホッとするおいしさはまさにオモニの味！

テーブルいっぱいに並ぶおかずが圧巻！

シゴルパップサン 시골밥상

全羅道の郷土料理が味わえる一軒。名物の韓定食は、旬の食材を使ったおかずがふたりだと約20品、4人だと約30品と人数によって品数が変わる。バラエティに富んだ内容で、栄養バランスも満点！

Map 別冊P.17-D2 漢南洞

⛩ 용산구 이태원로45길 4 ☎02-794-5072 🕐10:00〜21:00 ⭕無休 ©9000W〜 💳A.J.M.V. 🚇M6号線漢江鎮 (631) 駅1番出口から徒歩約7分 ⓟ5人以上は必要

must menu

ケランチム

田舎料理の素朴な風味の韓国風茶碗蒸し。具はほとんどなく、優しい味わいとふわふわな食感が特徴

must menu

トックリ寒天

ぷりっとした食感が楽しめるどんぐりの寒天寄せ。ピリ辛の味付けがシゴルパップサン流

豪華な韓定食はテンジャンチゲ＆ご飯付き。1人分9000W〜

99

試食も楽しい♥デパ地下探検
プチリッチなお持ち帰りグルメ

日本と同様、ソウルのデパ地下もおいしいもののワンダーランド！ 厳選アイテムばかりだから試食しながらじっくりお持ち帰りグルメを探そっ！

arucoスタッフがリアルに購入♪

明洞随一の人気デパ地下
ロッテ百貨店
ロッテペッカジョン
롯데백화점

高級ホテルの味をご自宅でどうぞ！

『朝鮮ホテル』のキムチ

高級感のあるパッケージとホテルの名に負けず、深みのある辛さに感動！（ライターM）

壷に入ったキムチが圧巻！ 100g 3000W台〜と少し高めだけど価値あり！

遠慮せず食べ比べてみてね

大型デパートの食品フロアは、地下鉄駅に直結する便利さも加わってソウルっこや観光客でいつも大にぎわい。お総菜や生鮮＆加工食品の販売コーナーをはじめデリ、伝統菓子、韓国海苔、そしてフードコートまで何でもあり。呼び込みの声も高く活気いっぱい！

『量り売り』のケジャン

醤油漬けはカニの甘味が絶品で、辛味噌漬けはニンニク風味もグッド！（フォトT）

プレミアム海苔

日本に帰って袋を開けたときの香りは格別！ ほかのものとは風味も味の濃さも全然違います（編集S）

ケジャンは100g9000Wくらい。日本持ち帰り用に厳重包装してくれるので安心！ 帰国日当日に購入して

醤油のほかに辛味噌も！

百貨店内で焼かれ手作業で袋詰めされる。店頭には常に新鮮なものが並ぶ。1袋12枚入りで4000W〜

Map 別冊P.10-B1　明洞

🏠中区 南大門路 81　☎02-771-2500／02-2118-6500（通訳デスク）
🕙10:30〜20:00（金〜日・祝〜20:30、12・13レストラン＆B1Fフードコート〜L.O.21:00）　📅月1回不定休　💳A.J.M.V.　🚇2号線乙支路入口（202）駅7番出口直結　🌐lotteshopping.com　✈蚕室、金浦空港ほか

マダムに交じってお買い物♪
ギャラリア百貨店
名品館wEST
ギャラリアペッカジョンミョンプングァンウエスト
갤러리아백화점명품관WEST

セレブも御用達のソウル屈指の高級デパート。地下の食品フロアも洗練されたインテリアで、プライベートブランド『Gourmet494』をはじめ輸入食材、デリ、フードコート、スイーツなどに分かれている。ゆったり見やすいのも魅力。

落ち着いたインテリアに調和する美しいディスプレイ。どれも珍しい商品で興味津々！

オリジナル調味料！

いろいろ試したい人に

店内にある「Buy small!!」のコーナーは、シングルやお試し用に適した小包装になっていて値段もリーズナブル。おみやげ用にもぴったり！

契約農園のグレープジュース

Gourmet494のゴマ油とエゴマ油各2万7000W〜

江南マダム御用達の品！

『G』マークが目印。Gourmet494のプレミアム海苔9500W〜。高級感漂う缶で密封

Map 別冊P.22-B1　狎鴎亭洞

🏠江南区 狎鴎亭路 343　☎02-3449-4414
🕙10:30〜20:00（金〜日・祝〜20:30、B1F〜21:00）　📅月1回不定休
💳A.J.M.V.　✈水仁・盆唐線狎鴎亭洞（K212）駅7番出口直結　🌐dept.galleria.co.kr

『Gourmet494』の食料品

オーガニックという言葉に引かれてお買い上げ！ パッケージがおしゃれなのも◎（編集K）

『缶入り』の海苔

歯応えと深い風味はやっぱりプレミアム！ 袋詰めタイプもあるので、荷物が心配ならこちらも（ライターY）

---

100 大型デパートの食品フロアだと試食できるからうれしい！　しっかり吟味しておいしいものだけをおみやげに♪（京都府・まろ）

プレミアムな食品の宝庫
新世界百貨店
シンセゲペッカジョン
신세계백화점

🏠 성동구 왕십리로 63 新館
B1F　☎02-1588-1234
🕙10:30〜20:00（金〜日・祝〜
20:30）🗓月1回不定休
💳A.J.M.V.　🚇4号線会賢
（425）駅7番出口直結
🔗shinsegae.com
🏠江南、永登浦ほか

老舗デパートの新館地下フロアにあるおしゃれなフードマーケット。産地やオーガニックにこだわった食材や自社ブランド「SSG」など、ほかにはないワンランク上の品揃え。フードコート、デザート、ベーカリーでは有名店の味を楽しめる。

新世界グループ運営の高級スーパー「SSGフードマーケット」の商品がここで買える

「SSGシリーズ」
オリジナル調味料は料理の味付けはもちろん、キッチンに統一感が出て買い揃えたくなる衝動に（編集O）

ボトルがおしゃれな熟成5年のこだわり醤油!

ワカメやニンニクを粉末化したオリジナル調味料

栄養も甘さも自然のままのサツマイモチップス

料理の腕が上がる? アンチョビと昆布のだしパック

済州島発お茶の専門店「オソルロッ」。こだわりの茶葉とおしゃれなパッケージが魅力。同フロアにティーハウスもある

「オソルロッ」のお茶
キュートなネーミングやパケに加えて香りのよさに、女子友へのウケは間違いなし。ハマりました（編集S）

サクッと食べられて便利!
進化するフードコート!

おひとりさまにおすすめ!

デパ地下のもうひとつの楽しみ、フードコート。買い物の合間にサクッと食べられるだけでなく、百貨店ならではのクオリティの高さに大満足!

気軽に食べられてハズレなし!
ロッテ百貨店フードコート
地下1階

試食も楽しい♥デパ地下探検／進化するフードコート!

おひとりさまに最適なカウンター席を用意
韓国料理のほか、イタリアン、日本食など多彩なメニューが揃う。中央のカウンターで一括注文して、各店でピックアップするシステム。

午後は江南マダムの憩いの場
ギャラリア百貨店フードコート
地下1階

Point

ハイテクシステム導入でフードコートなのに優雅にお食事♥
ソウル中の人気店が集結する注目スポット。スマートファインダーのおかげで、レストランのような落ち着いた雰囲気に。

スマートファインダーの導入!
会計後に渡される端末をテーブルのWi-Fiマークの上に置くだけで、注文の品を席に運んでくれるサービス。

伝統の韓国料理を定食スタイルで
ビビンバやスンドゥブなどの韓国料理が手頃な値段で味わえる。スープやキムチなども付いて満足度も高い。

ソウル女子に人気のデリスタイルカフェ

ソウル市内に数店舗を展開する人気カフェも入店。サラダやパニーニ、サンドイッチなど、ボリューミーでアメリカンなメニューはブレイクにぴったり。

高級な味がする♥
自然の優しい甘さのフレッシュフルーツジュースで渇いたノドを潤して。

ギャラリア百貨店内には日本語通訳サービスがある。必要なときは、1階案内デスクか3階カスタマーサービスへ。

裏aruco

独断 取材スタッフの TALK

「オイシすぎ☆私のとっておきグルメはコレ！」

グルメ取材が重なると、1日5～6食はザラ。おいしいといわれるものは
とことん食べ尽くしているスタッフが、特におすすめの一品をご紹介！

「こんな豪華な海鮮入りトッポッキ鍋が 2～3人前1万6000w！」

ならばマンドゥ（餃子）とラーメンも追加！と大盤振る舞いしたくなる（といってもプラス1000W～）贅沢鍋。シメは焼き飯にしてさらに大満足。ホルモン好きならコプチャントッポッキ鍋2～3人前2万3000Wもおすすめです。（フォトT）

モッシドンナ 먹쉬돈나
Map 別冊P.15-D3 三清洞

🏠 종로구 율곡로3길 74-7 ☎02-723-8089 ⏰10:00～L.O.20:00 休無休 M3号線安国（328）駅1番出口から徒歩10分 URLmukshidonna1995ver0.weebly.com 鐘閣、永登浦ほか

「ギラギラした店内でグルグル 回る羊肉串が美味でエモすぎ」

自動で回転する串焼き台の上で焼かれていくヤンコチ（羊肉串）は、香ばしく秘伝のスパイスがクセになる味。追いスパイスしながら10本はいける。マーラータンの注文も忘れずに！（編集K）

ジャンネヤンコチ 준네양꼬치
Map 別冊P.20-A1 漢南洞

🏠 용산구 보광로 5 ☎02-790-56€ ⏰16:00～L.O.23:50 休第2·3の日 義・中央線漢南（K113）駅1番出口から徒約15分 @junne.lamb

---

「炎天下でも氷点下でも行列！ 魅惑の揚げホットック」

ホットックというと冬のおやつのイメージがあるけれど、真夏でも三清洞や南大門あたりの屋台では行列だし、季節を問わず無性に食べたくなるのがこの揚げホットック。具はチャプチェやキムチで、外のカリッとした食感にもマッチ！街角で見つけたら試してみて。（編集S）

「軟体&頭足系好きとしては イカも絶対ハズせませ～ん」

生タコ料理で有名な「ペッコドン」で、あわせて必ず注文するのが、このイカ天ぷら！衣が軽くてイカのモチモチピチピチ感が最高で♡アツアツのうちに食べきって、主役の登場を待つのがお約束。（ライターM）

ペッコドン → P.86

ビールがすすむわ～

具材は50種以上

「大きな油揚げのバッグに 人気韓国料理がこんもり♡」

ユブチョバッと呼ばれる韓国版いなり寿司のことで、今ハマっているのはデパ地下展開もしているドジェのおいなりさん。チーズタッカルビやプルコギ、カンジャンセウなど大好物の韓国グルメが酢飯の入った油揚げとおいしく共演。金浦空港のロッテ百貨店にもあるので、帰国ギリギリまでほお張っています。（編集K）

ドジェ 도제 URLdoje255.com

「韓国伝統の器に鎮座する愛しの熟柿スイーツ」

冷凍した熟柿に、牛乳でトロトロに煮詰めたアズキをのせた優しい甘味の韓スイーツ。美味なのはもちろん、引き立て役の器がいい仕事しすぎ！と思ったら、こっちが主役のカフェでした。2階が韓国で鍮器（ユギ）といわれる真鍮食器のギャラリーで、ここでは伝統美に心まで満たされました。（編集M）

ノックルッカジロニ 놋그릇가지런히
Map 別冊P.14-B2 景福宮

🏠 종로구 자하문로 13길 3 ☎02-736-6262 ⏰10:00～L.O.18:30 間 Card A.J.M.V. M3号線景福宮（327）駅2番出口から徒歩約7分 @noshi_62

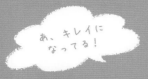

あ、キレイに
なってる！

キレイ＆ハッピーが
絶対に待ってる
ソウルビューティナビ

日本から韓国へ渡ったアイドルが、美しさに磨きがかかっていくのを
目の当たりにした編集部。やっぱりソウルの美容事情は何かが違うと確信した
取材スタッフ。ということで、駆けずり回って聞き込み、体験してきた
きれいになるための最旬情報を一挙公開。元が違う、なんて諦めないで。

つねに新しいコンテンツで楽しませてくれる最旬☆

世界の美容業界をリードし、コスメプロダクトの機能もバリエもパケも進化が止まらない韓国ビューティ。今スグ欲しくなるア

次のターゲットは美髪!
新ヘアケアブランドを先取りチェック

韓国発ヘアケアプロダクトが注目の的。聖水洞にショールームがある日本未上陸のディアドラセナは、天然由来成分のヘアケアブランド。頭皮を健康にし艶のある髪質に改善してくれる。そして、何より香りがいい!

ディアドラセナ　Dear Dracena
Map 別冊P.17-C1　聖水洞

🏠성동구 연무장길 49 ☎070-4418-3256 🕐12:00〜21:00（日〜20:00）休月 **Card** A.J.M.V.
🚇Ⓜ2号線聖水（211）駅4番出口から徒歩約4分 **URL**deardracena.co.kr

テンダーピオニーシャンプー200ml2万6500W〜は天然由来成分93%でも泡立ち豊か

ダストオフビュアクリニックシャンプー200ml 2万6500W〜。ディープクレンジングのスカルプライン

テンダーピオニーヘアオイル100ml 3万2000W

ダメージプロテクトヘアエッセンス130ml 3万W

ショールームで5万W以上購入すると10%オフ+フリーギフトも!

シャンプー、ヘアマスク、オイル、クリニックシャンプーのトラベルセットはポーチ付きで各3万8000W

話題のフレグランスをソウルでゲット!

韓国は空前のフレグランスブーム。なかでも、ノンフィクションは上品な香りが日本でも大人気。ソウルに3店舗ある路面店では日本未発売を含むフルラインが購入できる。香水以外のプロダクトも展開。

ノンフィクション　NONFICTION
Map 別冊P.17-D2　漢南洞

🏠용산구 이태원로 242 ☎02-790-4097 🕐11:00〜20:30 休無休 **Card** A.J.M.V. 🚇Ⓜ6号線漢江鎮（631）駅3番出口から徒歩約6分 **URL**nonfiction.com 聖水洞、三清洞

ボディウォッシュ3万6000W

パフューム100ml 12万8000W

香りは6種類。ショッピングバッグも人気

BTS愛用のKUNDAL
フラッグシップストアがステキ♡

JUNG KOOKが生配信で愛用品として紹介したパフュームソイキャンドルブラックチェリー2万1500W

ナチュラルデイリーブランドとして2016年に誕生したクンダル。オンラインやドラッグストアのみで販売されていたが、2020年にカフェとショップを合わせたフラッグシップストアをオープン。狎鴎亭ロデオ通りの新名所となっている。

ベーカリー＆コーヒーバイクンダル
Bakery & Coffee by Kundal
Map 別冊P.22-B2　狎鴎亭洞

🏠강남구 도산대로53길 39 ☎070-4647-0450 🕐10:30〜22:00 休無休 **Card** A.J.M.V. 🚇Ⓜ水仁/盆唐線狎鴎亭ロデオ（K212）駅5番出口から徒歩約2分 **URL**kundal.co.kr ⓘ@cafe.kundal

香りを確認しながら商品を選べる

クロッフルや本格コーヒーが楽しめる

ハンドクリーム2万1000W

歩道沿いに並ぶピンクミューリーが目印

✉11月にノンフィクション漢南店で、とってもかわいいクリスマス限定パッケージを購入しました!（神奈川県・マシロ）

韓国ビューティ*News*

アイテムや知っておきたいトレントをピックアップ！

体の中からきれいに！

韓国女子の必需品
スティック酵素って何？

酵素が韓国で大流行中。食べ物の消化や吸収、代謝、腸内環境を整えるのが酵素の働き。特にティルティルのパーフェクト酵素は、持ち歩きに最適なスティックタイプで味がおいしいと評判。パケもかわいい！

ティルティル→P.106

味はトロピカル、タートチェリー、チョコの3種類。各3g×30包
4万2000W

フェイスブラッシャー
2万W

マルチアイカラーパレット
4万3000W

メイクアップフィックスパウダー
3万3000W

パケ買い必至！
3CE × TOILETPAPERがコラボ

韓国コスメはジャンルを超えたさまざまなブランドやキャラクターとコラボするのが得意。トイレットペーパーはイタリアのアートマガジンで、刺激的な内容で世界を席巻中。少し攻めたコラボパケは持っているだけでテンションが上がる！

スリーシーイー

3CE→P.117,134,147
（スタイルナンダ内）

リップティント1万8000W

ソフトマットリップスティック
2万1000W

ハンナムローズだけじゃない！
限定好きは見逃せない日本限定

クリーン＆ヴィーガンビューティブランドのアミューズ。日本限定エディションのデューティント東京モモが大人気。発売3日で完売になり再販決定！ ソウルでは漢南ショールーム限定のハンナムローズ、日本では東京モモでリップを彩ろう。今後も限定アイテムから目が離せない。

アミューズ→P.106
アミューズ日本公式オンラインショップ
URL amusemakeup.jp
Qoo10、楽天、amazonの各アミューズ公式ショップでも販売

TWICEのメイクアップアーティスト監修
Wonjungyoから新作登場！

ソウルの人気美容室ビット＆ブート（P.53）の代表が監修するコスメブランド、ウォンジョンヨ。2021年発売の涙袋をつくるマジックペンシルが大ヒット。そして2022年秋、新プロダクトを日韓同時発売。オンラインか日本のPLAZAで購入できる。

ウォンジョンヨ ビューティ
Wonjungyo Beauty
URL smartstore.naver.com
/wonjungyostore

ブランドミューズはTWICEモモ

ヌードアイラッシュ1万8000W

ベストセラーのマジックペンシル
1万6500W

フィキシングブラーパウダー
2万4000W

自己表現はより自由に
ジェンダーレスコスメLakaに注目

日本にも浸透してきたメンズメイク。K-POPボーイズのような美しいメイクは男女ともに憧れ。ラカは、韓国初のジェンダーニュートラルメイクアップブランドとして誕生。オリーブヤングなどで購入できる。

ラカ @laka.official
オリーブヤング→P.108

ベストセラーのフルーティグラムティント
1万5000W

ソウルヴィーガンリップバーム
1万3000W

ジャストアイシャドウ
各1万1000W

Wデイリームードアップパレット
4万3000W

韓国コスメは今ヴィーガンが主流。独立系ブランドを紹介するビューティプレイ（P.52）でも多くの商品がヴィーガンをうたっている。

訪れる価値ありの特別な空間
韓国コスメフラッグシップストア

今、韓国コスメ好きの注目を集めているのが人気ブランドのフラッグシップストア。
ブランドの世界観を体感できて、店舗限定のスペシャルオファーも見逃せない！

ブランドミューズの
Red Velvetスルギが
ショールームを
訪れた際に選んだ
「SEULGI'S
PICK」は限定
販売される

キュートな新世代ヴィーガンコスメ

AMUSE HANNAM SHOWROOM
アミューズ 漢南ショールーム

建物の3階にある
ガラス張りの店内

STORE LIMITED

シューベルベット
ハンナムローズ 2万w
ショールーム限定カラーリップ
ティント。街の名前がついたプ
レミアムアイテム。エコバッグ
プレゼントや1+1などのお得な
イベントも定期的に開催

人気アーティストsaki
のアートビジュアル
も楽しめる

1. アイヴィーガン
シアーパレット
2万9000W
2. メタフィット
ヴィーガンクッシ
ョン3万4000W

ブランド初のショールームコン
セプトはポジティブなカラープ
レイ。ポップなインテリアを楽
しみながら、商品を手に取って
お気に入りを探そう。限定アイ
テムとお買い得も要チェック！

Map 別冊P.17-D2 漢南洞

🏠용산구 이태원로55가길 49 3F ☎02-
796-2527 ⏰11:00～20:00 休月
Card A.J.M.V. 🚇M6号線漢江鎮
(631) 駅1番出口から徒歩約7分
URL amusemakeup.com

かわいくて＆楽しい＆お得スポット

TIRTIR CAFE & SHOWROOM
ティルティルカフェ＆ショールーム

CAFE

1,2. デュアルコンシーラー1万9000W、
コラーゲンコアグロウマスク80ml4万
5000W 3. ショールームへのトンネル
は人気のフォトスポット 4,5. ピンク
の空間でプリンセス気分が味わえる

フォトゾーン満載の遊べるスペース。
日本未発売や最新アイテムがいち早く
チェックできる。ショールーム限定の
セールを頻繁に行っているので公式イ
ンスタをフォローしておこう。

Map 別冊P.18-B2 弘大

🏠마포구 잔다리로3안길 5 ☎070-
4281-9974 ⏰10:00～20:30 休
不定休 Card A.J.M.V. 🚇M2·6号線合井
(238-622) 駅3番出口から徒歩約5
分 @tirtir_hongdae

ショールームに併設されたカフェ
はオリジナルドリンクが楽しめる。
プラムネード（左）とモヒートブ
ラックティー各6000W

📩アミューズのハンナムローズ買いました！マットとグロスの間くらいのつけ心地でマスクにも付きにくいです。（神奈川県・琴音）

美肌ベースメイクのヒットブランド

JUNG SAEM MOOL PLOPS

ジョンセンムルプロップス

日本未発売のリキッドファンデとコンシーラー一体型のロングセラーパクト4万2000W

店内にはジョン·センムルの手のオブジェがそびえている

TOUCH UP SERVICE

プロによるタッチアップサービスはリアル店舗だからこその体験。似合うカラーや陶器肌のコツを教えてもらおう

韓国女優の陶器肌をつくるカリスマメイクアップアーティストのギャラリー兼店舗。フルラインが揃い、日本公式オンラインでは取り扱いのないアイテムもテストしてから購入できる。

[Map] 別冊P.24-A2 新沙洞

⌂강남구 압구정로12길 40 ☎02-6713-5345 🕘12:00～20:00 [休]無休 [Card]M.V. [英] [交][M]新盆唐·3号線新沙（D04·337）駅8番出口から徒歩約10分 [URL]jsmbeauty.com

オーダーメイドOKの体験型店舗

AMORE성수

（ソンス）

アモーレ聖水

BASE PICKER & LIP PICKER

ファンデーション4万Wやリップティント2万Wで自分にピッタリのカラーがオーダーメイドできる。ウェブで会員登録（要韓国の携帯電話番号）後に予約が必要

クレンジングルームもあり、フルメイクでテストできる

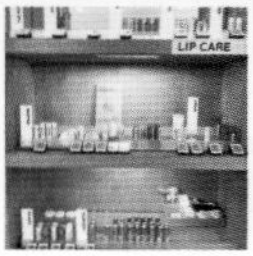

体験がメインの店舗。気に入ったらもちろんその場で購入もOK

自動車工場をリメイクした店舗

アモーレパシフィックの30以上のコスメブランドの約3000アイテムを自由に試せて、オンラインではわからない発見ができる。オーダーメイドやメイク講座も（会員登録後要予約）。

[Map] 別冊P.17-D1 聖水洞

⌂성동구 아차산로11길 7 ☎02-469-8600 🕘10:30～20:30 [休]月 [Card]A.J.V. [英] [交][M]2号線聖水（211）駅2番出口から徒歩約3分 [URL]amore-seongsu.com

1. 歴史地区·北村の伝統家屋「韓屋」をリノベーション 2. 形式美を感じる美しいディスプレイ

ギャラリーのような韓屋ストア

北村雪花秀の家

（プッチョンソルファスエチプ）

북촌설화수의집

STORE LIMITED

雪花秀ハーバルソープ 4万W

40日間熟成させた紅参エキス配合のプレミアム抗酸化石鹸。スペシャルパッケージは店舗限定

潤燥エッセンスホワイトポーセリンエディション 14万W

肌の角質層まで浸透し効果を発揮するベストセラー美容液。高級感のある白磁ボトルは店舗限定で、ポシャギのラッピングサービスもある

雪花秀は韓国最大手の化粧品メーカー、アモーレパシフィックが展開する韓方コスメブランド。店内に並ぶコスメはまるで美術品のよう。この店舗でしか買えない限定アイテムに注目。

[Map] 別冊P.15-D2 三清洞

⌂종로구 북촌로 47 ☎02-762-5743 🕘10:00～20:00 [休]第1月 [Card]A.J.M.V. [英] [交][M]3号線安国（328）駅2番出口から徒歩約6分 [URL]sulwhasoo.com

雪花秀のフルラインが揃い、すべてテスターもOK

北村雪花秀の家はアモーレパシフィックが運営する緑茶カフェとバーを併設。バーでは珍しいティーカクテルが楽しめる。

1 シートマスクは自分用おみやげ用に爆買い必至　2 2階にカフェ、トゥーサムプレイスも。店内モニターには商品広告やセンイル (誕生日) 広告が映し出されにぎやか　3 メイクアップ売り場。充実しすぎて何時間もいられそう　4 明洞には5店舗もあり、フラッグシップストアは2フロアの大型店

韓国ビューティのトレンド発信地
オリーブヤングのリアル店舗が熱い!

2021年2月に日本公式オンラインショップがオープンしてすでにヘビーユーザーという人も多いオリーブヤング。バズる韓国コスメを拡散し続けるワンダーランドへようこそ。

Check
テスターがある

リアル店舗いちばんの利点! ほぼすべての商品にテスターがあり、色、香り、テクスチャーを実際手に取って比べながら選べる。メイク売り場にはライト付きの女優ミラーも。明洞フラッグシップストアには、日本語や英語対応のスタッフがいるので悩んだら質問もOK!

エチュードの新作アイパレットも全種類お試しOK! セールで2万2400W♥クリオのマスカラは2本セットのセールで1万7000W。ブラシの使用感を確かめて

Check
セールやイベントが盛りだくさん

ほぼ毎月セールが行われる。さらに、各ブランドが独自のキャンペーンも実施。リアル店舗では派手なポップで飾られているから、何がお買い得か一目瞭然。さらに、KakaoTalkでカカともになると、不定期で特典やお得情報が届く。

SALEやHOTの文字が呼んでいる〜

3 大人気のトゥークールフォースクールのシェーディングが革ポーチ&ブラシ付き特別価格で1万2800W♥ バニラコのクレンジングバームのセール1万1300Wはかなりお得!

Check
ネクストブレイクコスメに出会える

頻繁にディスプレイが変わるのも特徴。ブランドの垣根を超えてアイテムを比較したり、新ブランドや新作アイテムを視覚で訴えてくれる。また、通路側に陳列してあるアイテムは今推しているアイテムなので見逃さないで!

5·6 推しアイテムを楽しいポップでアピール　7 人気ベースメイクの特徴をハッシュタグで比較。まとめ買いの値引率とおまけも比較されている

✉️ やっと韓国の「オリヤン」に行けました。日本のオンラインも安いですが店舗はさらに安かったです。(千葉県・JUN)

スタッフに聞いた バズリコスメはコレ！

アイテムが多すぎて迷ったら「人気のリップは？」「売れているアイメイクは？」と質問してみて！

and more......

HERA
ヘラ

エアリーパウダー プライマー5万100w

アモーレパシフィックのデパコス。ファンデ前のパウダー下地という革新的アイテム

Rom&nd
ロムアンド

ゼロベルベット ティント9100w

日本でも大ヒットのリップティント。現在も売れ続けている優秀アイテム

hince
ヒンス

アイシャドウ 2万7100w

2019年に誕生。日本直営店もオープンし人気急上昇ブランド。くすみカラーが人気

フォームクレンザー＆ミストトナー（ミニ）各3800w

美容家や皮膚研究科が集結して開発したブランド。旅行やおみやげに最適なミニサイズコスメが充実している

MUZIGAE MANSION
ムジゲマンション

オブジェリキッド 各1万8000w

2022年に誕生したヴィーガンコスメ。発表直後からおしゃれなパケが話題に。ブラーリングゲルが唇の凸凹を埋めつつ大人っぽく仕上がるベルベットティント

colorgram
カラーグラム

ミルクブリングシャドウ9800w

オリーブヤングのプライベートブランド。大きめラメが特徴のグリッターシャドウ。高密着で崩れにくいリキッド状。K-POPアイドルにも愛用者多数

Tips

オリーブヤングは「Olive Young Exclusives」として6つのプライベートブランドを展開中。colorgram、BRING GREENのほか、fillimilli（フィリミリ）、ROUND A'ROUND（ラウンドアラウンド）、WAKEMAKE（ウェイクメイク）、BIO HEAL BOH（バイオヒールボ）がある

LAGOM
ラゴム

BRING GREEN
ブリングリーン

持ち歩けるミニサイズのおまけも♡

ティーツリー スージングクリーム1万8700w

オリーブヤングのプライベートブランドで、自然由来成分のスキンケアプロダクトを展開している。シカ配合クリームはベタつかないのに高保湿。スリーピングパックとしても使える

こだわり派ならこちらも！

大人コスメが揃う

Chicor
シコール

新世界百貨店がプロデュースするコスメセレクトショップ。韓国プチプラコスメ、デパコス、日本未上陸の海外ブランドなど幅広く揃う。江南にある店舗は地下1階、地上2階の3フロア。カラー診断4万5000W〜なども行っている。

Map 別冊P.20-B3 江南

🏠 서초구 강남대로 441 ☎ 02-3495-7600 🕐 10:30〜22:00 無休 Card A.J.M.V. 🚇 新盆唐・9号線新論峴駅（D06-925）6番出口から徒歩約4分 🚇 明洞、弘大ほか

LANEIGE
ラネージュ

ネオファンデーション マット4万w

ベストセラーのロングカバーキープシリーズの新作。カバー力もキープ力もさらにUPして、時間が経ってもメイク崩れが気にならない。ファンデブラシでぬるのがスタッフのおすすめ。発売直後からオリーブヤング売上No.1

オリーブヤングのリアル店舗が熱い！

オリーブヤングは付加価値税即時還付を行っている。会計時にパスポートを提示しよう。

踏まれて揉まれてサイズダウン
韓国発「骨筋(コルグン)」で劇的美ボディ☆

顔のたるみやむくみ、下半身太りなど、女性の悩みの元凶"歪み"を整える「骨筋」。長年の研究から導いた独自のメソッドの効果を実感!

お手軽マッサージもチェック! 別冊P.32

小顔のほか面長、頬骨、エラ、頭部管理も

程よい重みと刺激が気持ちいい〜

ムギュッ!

骨筋でサイズダウンのメカニズム

代表のウィ・スヨンさんが24年間にわたる臨床実験を基に考案した骨筋セラピーは、別名「手技整形」といわれ、一度で効果が実感できると評判。骨格を形成する筋肉、筋肉の内部を通る神経、気と血の通り道とされる経絡の3つに働きかけ、解剖学的な知識をもつセラピストが、じっくりと筋肉をほぐし全身のバランスを整えていく。骨筋に強い刺激を与え、痛みを感じると逆に骨が太くなることが立証され、さらに骨筋の需要が高まっているとか。

ウィ・スヨン代表
皮膚美容学の教授であり、オーナー。セラピスト育成のアカデミーも運営する

1. アロマオイルを塗り、肩や背中を中心にゆっくりと筋肉をほぐす 2. 首回りの筋肉の緊張を和らげ、顔全体の印象をすっきりとさせていく 3. 施術ルームは明るくて広々

痛みもなく安心の施術
一度の体験で驚きの効果が

ウィビューティ webeauty

骨、リンパ、経路などの原理を取り入れ、業界内で最初に骨の縮小が認められた骨筋セラピー。手足を使った入念なマッサージで、筋肉の弛緩を促し、骨の歪みまで整えていく。痛みもほとんどなく安心!

Map 別冊P.23-D2 清潭洞

🐦 エステで使える韓国語

おすすめコースはどれですか?	肌が弱いです
추천 코스는 뭐예요?	피부가 약해요 ピブガ ヤッケヨ
チュチョン コスヌン モエヨ?	
どんな効果がありますか?	気持ちいいです 시원해요 シウォネヨ
어떤 효과가 있어요?	ちょうどいいです 딱 좋아요 タッチョアヨ
オトン ヒョカガ イッソヨ?	
時間かかりますか?	痛いです 아파요 アパヨ
시간 걸려요? シガン コリョヨ?	もう少し弱くしてください
	조금만 더 약하게 해주세요
今日は時間がありません	チョグムマント ヤッカゲ ヘジュセヨ
오늘은 시간이 없습니다	もう少し強くしてください
オヌルン シガニ オプスムニダ	조금만 더 세게 해주세요
	チョグムマント セゲ ヘジュセヨ

🏠 강남구 도산대로 539 쿠몬빌딩2F ☎02-543-8399 02-3446-3399(日本語直通) ⏰10:00〜21:00(土〜20:00) 休日 Card A.J.M.V. 個室 M7号線清潭(729)駅13番出口から徒歩約10分 URL webeauty.co.kr 明洞、狎鴎亭洞ほか

★おすすめMENU★ 骨筋顔縮 小30〜45分 $220

110 どのサロンのセラピストさんも簡単な日本語が話せるので、気兼ねなく施術が受けられます。(佐賀県・はなこ)

個室で希望に合った施術を行ってくれる

骨気で小顔（コルギ）

骨自体に働きかけることでシャープなラインを実現。ノ氏は顔を見ただけでどこが悪いかわかるのだそう。

仕上げに、小顔を維持するための包帯パックを巻く

顔がキュッとなった感じ！

手技でくびれ

遠赤外線効果で新陳代謝を活発にするストーンセラピーをマッサージに利用。

腹部ダイエットマッサージ40分6万9000W〜など、気になる部分を集中マッサージでサインズダウンしてくれる

セクシーボディを目指す
ボリュームファーム＆テラピー
Volumefarm & Therapy

韓国初の胸ボリューム＋体形管理＋皮膚管理専門エステティックサロン。3テーマで50種類以上のプログラムがあり、1回でも効果を実感できると評判。

Map 別冊P.24-A3 新沙洞

🏠 江南区 島山大路6ギル5 2F ☎02-1577-8451
🕐 11:20〜21:00（土〜17:00）
休日 CardM.V. 📍新盆唐・3号線新沙（D04·337）駅1番出口から徒歩約2分 URL volumetrp.com

★おすすめMENU★ 胸ボリューム30分3万W〜

チャンミンや少女時代も通う
カリスマセラピストの神業でキュッと小顔に変身
ノウンヒボアンジュ
노은희보양주

ゴッドハンドの異名をもつ、ノ・ウンヒ氏による骨気セラピー。腕のよさから東方神起のチャンミンも通い、美しい小顔を手に入れている。骨に直接働きかけ、スッキリとした表情に。

ノ・ウンヒ氏
顧客リストに200人以上の有名スターが名を連ねるほどの腕のもち主

Map 別冊P.21-C2 鶴洞

🏠 江南区 鶴洞路309 5F ☎02-543-9094
🕐 8:00〜19:00（月・土〜17:00）
休日·第3月 CardA.J.M.V. 📍7号線鶴洞（731）駅10番出口から徒歩約5分

★おすすめMENU★ 顔管理60分11万W〜

韓国発「骨筋」で劇的美ボディ☆

気になるところを集中ケア
ソウルの神業痩せテク★

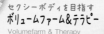

心地よい刺激で眠っちゃいそう

経絡美容で小顔（ケイラク）

経路マッサージで筋肉のコリをほぐし、血流を促すことで、顔色も明るくなり、自然とくすみも軽減する。

1. 体全体の歪みも解消　2. シャープなフェイスラインに

イタ気持ちいい施術で黄金比率の小顔に！
薬手名家
ヤクソンミョンガ／약손명가

独自のメソッドであっという間に小顔に。ボディケアでは部分痩せも可能！

骨や筋肉を刺激して骨格を整える骨気（コルギ）のサロン。リンパや血液の流れが促進して老廃物が排出され、小顔に加えて美肌も手に入る。1回で効果が実感できると評判！

Map 別冊P.24-B2 狎鴎亭洞

🏠 江南区 狎鴎亭路30ギル 66 ☎02-518-6662
🕐 10:00〜22:00（土9:00〜17:30、日11:00〜20:00、祝10:00〜17:00）Card 無休 📍3号線狎鴎亭（336）駅3番出口から徒歩約5分 URL yaksonhouse.co.jp 清潭洞ほか

★おすすめMENU★ 小顔リフトアップケア90分12万W〜

1. セラミックで頭部をマッサージ　2. ほおの内側からもほぐすと驚くほどスッキリに　3. カッサやハーブボールを使って老廃物を流す

ペ・ウンジョン氏
伝統的なヒーリング技法に、科学的な視点を交えた独自のメソッドが人気

施術後のフェイスラインにびっくりしそう

テワソン
Taewasun

SUPER JUNIORヒチョルなど数々のスターも顧客の小顔サロン。顔や首、肩、背中へと流れながら全身の筋肉をほぐし、顔回りは口の中まで入念にマッサージを行い小顔へと導いていく。

Map 別冊P.20-B2 論峴洞

🏠 江南区 鶴洞路5ギル 4 5F ☎02-517-0881 🕐 10:00〜22:00 休 無休 CardA.J.M.V. 📍新盆唐・7号線論峴（D05·732）駅10番出口から徒歩約3分 URL taewasun.co.kr

★おすすめMENU★ フェイスケア 90分25万W

マッサージの心地よさや痛みの感じ方は人それぞれ。なかでも骨気は人によってはかなり痛いことも。

目標は韓国女優のような輝く肌美人 ♡
ハイブランドコスメスパ

朝鮮王朝時代から受け継がれる韓方を使った高級コスメブランドのスパは、ソウル女子がここぞ！というときに利用する究極の美容法。伝統療法と現代技術が融合した体の内側からも働きかけるメソッドで輝く女優肌を手に入れよう！

韓方コスメ

漢方コスメ

韓医学に基づく韓方薬剤を使用したコスメのこと。代表的な原料では、高麗人参や米の発酵成分などがあり、アンチエイジングに高い効果を発揮。プチプラが主流の韓国コスメのなかでも、韓方コスメはプレミアムな美容アイテムとして人気。

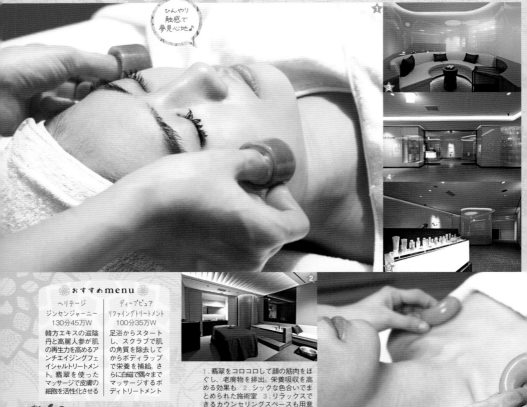

ひんやり触感で夢見心地♪

✿ おすすめmenu

ヘリテージ ジンセンジャーニー 130分45万W

韓方エキスの滋陰丹と高麗人参が肌の再生力を高めるアンチエイジングフェイシャルトリートメント。翡翠を使った伝統的な施術は肌を柔らかくし、老廃物を除去する効果が。ホテル内にあり、設備もゴージャス。

ディープピュア リファイニングトリートメント 100分35万W

足浴からスタートし、スクラブで肌の角質を除去してからボディラップで栄養を補給。さらに白磁で隅々までマッサージするボディトリートメント

1. 翡翠をコロコロして顔の筋肉をほぐし、老廃物を排出。栄養吸収を高める効果も 2. シックな色合いでまとめられた施術室 3. リラックスできるカウンセリングスペースも用意 4. ロッテホテルの本館7階にある便利な立地 5. 雪花秀のアイテムも購入できる 6. 琥珀ツールでもち肌に導く

優雅な空間でお姫様気分のトリートメント
ソルファススパ
Sulwhasoo Spa

アモーレパシフィックの高級ブランド「雪花秀」を全過程で使用する贅沢スパ。5種類の韓方入りボールや翡翠、白磁など伝統的な手法を取り入れた施術は肌を柔らかくし、老廃物を除去する効果が。ホテル内にあり、設備もゴージャス。

Map 別冊 P.10-B1 明洞

🏠中区 乙支路 30. ロッテホテルソウル本館 7F ☎02-318-6121 ⏰10:30～21:00 🈺毎月最終月 💳A.J.M.V. 🈂日 🚇②号線 乙支路入口 (202) 駅7・8番出口徒歩約1分 🌐sulwhasoo.com 🏠狎鴎亭洞

韓方コスメ

雪花秀（ソルファス）

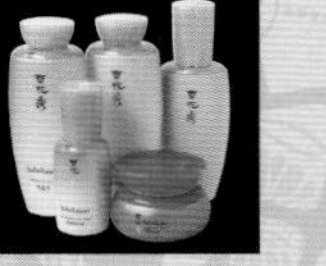

アマドコロ、蓮の花、芍薬、ハトムギなど韓方成分をふんだんに使い、アンチエイジングに優れた効果を発揮する高級ライン。女優やモデルにもファンが多い

🔖 オフィノヒョンスパで「スム37°」のセットを購入。商品ごとに買うよりもセット販売がお得でおすすめです。（千葉県・マッコリ）

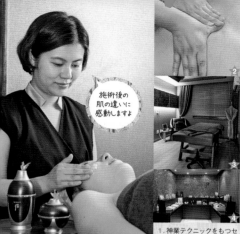

施術後の
肌の違いに
感動しますよ

1

2

3

4

美肌自慢の女優が通う実力派サロン
オフィノンヒョンスパ
Ohui Nonhyun Spa

LG化粧品のハイブランド「オフィ」「后」「スム37ﾟ」を用いたトリートメントが受けられる唯一の施設で、フェイシャル&ボディ両方のメニューが充実。効果が即、実感できると評判。

Map 別冊P.11-D3　明洞

🏠中区 永豊10街 41 5F ⏰10:00～21:00 ※土日 Card A.J.M.V. 休日 📧メールまたはLINEで要予約 🚇M4号線明洞(424) 駅8番出口から徒歩約3分 🌐ameblo.jp/ohuinonhyun 📧ohuinonhyun@gmail.com LINE:ohuinonhyun

おすすめmenu

フェイシャルケア
60分13万W

オフィのグリーンキャビアラインを使用。酵素毛穴ディープクレンジングのあと、マッサージで血行促進。最後にパックで水分を補給

スペシャルケア
120分30万W

たるみ、毛穴など肌の悩み別にプレミアムラインを使ってきめ細かくケア。フェイス&ボディ両方の施術が受けられる充実プログラム

※現金決済はアンプル2万W分サービス

韓方コスメ

The history of 后（ザ・ヒストリーオブフー）

朝鮮王朝時代、宮中でのみ使われていた秘法の韓方処方により生み出されたコスメ。貴重な原料を贅沢に配合した王妃気分になれるアイテムがスキンケアからメイクアップ用品まで幅広く揃う

Su:m37ﾟ（スム37ﾟ）

80種類以上の有機栽培植物から得られる発酵成分が主原料。人工香料や防腐剤を使わず、肌への負担が少ない

O Hui（オフィ）

「自然と科学の出合い」がコンセプト。天然原料がもつ力を最新科学で最大限に引き出した高機能コスメが揃う

最高級の紅参エッセンスで肌がよみがえる！
スパ1899
スパイルパルググ／스파1899

韓国人参公社の紅参ブランド「正官庄」が主宰するスパ。6年根の最高級品紅参を使ったトリートメントがボディ、フェイス、ヘッドなど多彩に揃い、全身ピカピカに。韓方に最新機器を組みわせたメニューも豊富。紅参コスメも購入できる。

Map 別冊P.21-D3　三成洞

🏠江南区 永東大路 416 KT&Gタワー B2F ☎02-557-8030 ⏰10:00～23:00 休無休 Card A.J.M.V. 休日 🚇2号線三成(219) 駅2番出口から徒歩約5分 🌐www.spa1899.kr

おすすめmenu

フェイシャルフォーカス
60分15万W

トンインビの潤ラインと1899シグネチャーオイルを使用。肌に水分を与え、みずみずしいもち肌に導く

ボディフォーカス
60分15万W

1899シグネチャーオイルを使ったボディトリートメント。指圧を中心としたマッサージで体の疲れを解消

韓方コスメ

Donginbi（トンインビ）

高麗人参のなかでも希少な6年根紅参から抽出したエキスを配合したスキンケア。肌にたっぷり栄養を補給

1.施術前にバブルバスに入って体全体をほぐす　2.トンインビのシリーズを使用　3.フットバスで冷え性を改善　4.繊維状の紅参をくるんだボールでマッサージし、肌にエキスを浸透させる

1

2

足元から
ポカポカ
あったか

3

ハイブランドコスメスパ

4

VIP気分を満喫できるゴージャススパ
ゲランスパ Guerlain Spa
Map 別冊P.9-D2　南山

韓国女優御用達スパは、韓国を代表する名門ホテル・ソウル新羅ホテル内にも。パリのゲラン本社で技術を学んだエステシャンがトリートメントを担当。使用プロダクトはもちろんゲランのみ。

🏠中区 東湖路 249 ☎02-2230-1167 ⏰9:00～22:00 休無休 Card A.J.M.V. 円19万8000W～ 🚇3号線 東大入口(332) 駅5番出口から徒歩約10分 🌐shillahotels.com

1

2

3

1.手入れされた庭園と南山が見渡せる　2.ゲランを惜しみなく使用する究極ケアが人気　3.施術後のメイク直しにもゲランのコスメが使用できる

高級韓方コスメブランドのスパは、気になっていながら気軽に試せなかったスキンケアアイテムを体験できるのも魅力。　**113**

ドクターが美の悩みを解決！

韓医院で体の内側からキレイになる！

韓医学がベースの美容医療は健康的で効果の持続も高いと評判。初めてでも安心して相談できる、日本語対応可能な韓医院をご紹介。

チョ・ジンヒョン院長
アンチエイジングなどの美容、生理不順や不妊などの女性疾患の専門

韓方は継続、こまかな改善への近道です

五行韓方薬クリニック 1ヵ月42万W〜
液状、錠剤タイプなど、生活スタイルに合わせて好みの種類が選べる。診察を受けたあと、悩みに合った韓方薬を処方

東洋と西洋が融合した最先端の美容医療
廣東韓方病院
クァンドンハンバンビョンウォン／광동한방병원

国内有数の製薬会社が設立し、東洋医学と西洋医学の総合診療を最初に行ったことでも有名。悩みに応じて細分化された最先端のプログラムに国内外から足を運ぶ人も多い。

Map 別冊P.21-D2 三成洞

🏠강남구 봉은사로 612 ☎02-2222-4888 ⏰9:00〜18:00(土〜13:00) 休日祝 Card A.J.M.V. 🚇9号線奉恩寺(929)駅5番出口から徒歩約1分 URL blog.naver.com/ekwangdong25

鍼や施術不要のダイエット専門韓医院
ジェナ韓医院
ジェナハニウォン　제나한의원

問診と身体測定、院長の診察を経て、フルオーダーメイドの韓方薬が処方される。10万人以上の臨床経験があり、安全性と効果の高さに日本から通院する人も多い。

Map 別冊P.20-B3 江南

🏠강남구 테헤란로 107 メディアタワー15F ☎010-2744-1950(日本語専用) ⏰10:00〜19:00(火〜20:30) 休土 Card A.J.M.V. 休日 日 🚇新盆唐・2号線江南(D07:222)駅12番出口から徒歩約5分 URL xenaclinic.co.kr

ダイエットの失敗経験がある方はぜひご来院を

イ・サンフン院長
祖父の代から続く韓医院の3代目。豊富な痩身データをもつ

ダイエット韓薬BB湯
1ヵ月35万W〜

個包装されたBB湯を1日2回飲むだけ。無理しないダイエットができる

スリム減肥湯
1ヵ月40万W〜
代謝を上げて体内の水分などをコントロールする韓方薬。日本への発送も可能

韓方パックのニキビケア20万W〜などの施術も行う

体質で気になることは何でも聞いてください

ハ・スンヨン院長
培ったダイエットのノウハウを武器に複数店を経営

ていねいな診察で、痩身と美容に信頼があつい
キュリム韓医院
キュリムハニウォン　규림한의원

独自に開発したダイエット韓方薬や、美容皮膚科としての長年の実績で人気。血液検査、ストレス検査、オーラ測定など、こまやかな診察で適したメニューを選ぶ。

Map 別冊P.11-D3 明洞

🏠중구 퇴계로 134 クリムビル5F ☎010-4712-5575(日本語専用) ⏰11:00〜20:30(土10:30〜14:30) 休木 Card A.J.M.V. 休日 🚇4号線明洞(424)駅8番出口から徒歩約1分 URL kyurim.com

---

髪や頭皮の悩みを韓方で改善します

イ・ムンウォン院長
長年、脱毛症の研究に従事し、韓方による治療効果の論文多数

韓方メディカルヘッドスパ
90分17万W〜

韓方薬剤によるダメージヘアの集中リペア。マッサージで顔のむくみにも効果

韓国でも珍しい美髪専門の韓医院
イ・ムンウォン韓医院
イ・ムンウォンハニウォン／이문원한의원

韓医学に基づいてダメージの原因を解明し治療を行う頭皮と髪の専門院。韓方剤を使ったヘッドスパもある美容室も併設。コロナ後遺症による脱毛症治療も行う。

Map 別冊P.22-B3 江南区庁

🏠강남구 선릉로132길 33 ☎070-7492-5254 ⏰10:00〜18:00(金〜21:00、土9:00〜16:30) 休木・日 Card A.J.M.V. 🚇水仁・盆唐・7号線江南区庁(K213:730)駅4番出口から徒歩約8分 URL leemoonwon.com

---

カフェで韓方処方
体質に合わせた韓方茶をブレンドしてくれるカフェ。約20回分3万W〜

ティーテラピー Tea Therapy
Map 別冊P.15-D3 三清洞

🏠종로구 윤보선길 74 ☎02-730-7507 ⏰10:00〜21:00(日〜20:00) 休無休 Card A.J.M.V. 🚇3号線安国(328)駅2番出口から徒歩約3分 URL teatherapy.com

1万円以下で
全身コーデも？

だから「迷わず買う！」が
ツウの鉄則
ソウルショッピング

久しぶりにソウルへ行くと「ずいぶん物価が上がったわね」とか言っちゃうかも
しれないけれど、待って。物価の上昇は日本と同じ。いやそこまではいってない。
世界的ブランドになったK-Fashionも価格はおさえめだし、東大門も地下商街も
雑貨屋さんもイイモノ安価で販売中。まずは追加のスーツケースを買うべき！

SHOPPING

トレンド最先端を爆走中　K-Fashionハンティング

ADER error

アーダーエラー

カルチャーを創造する
トップランナー

インテリア、建築、金融など各分野の匿名クルー約20人がデザインを手がける。世界の多分野ブランドとコラボするなど、韓国を代表するブランドに成長。ソウルの路面店は4ヵ所。

ADER Seongsu Space
アーダー 聖水 スペース
[Map 別冊P.17-D1] 聖水洞

성동구 성수이로 82 ☎02-468-2223 13:00～21:00 [休]無休 [Card]A.J.M.V. [英] [交][M]2号線聖水（211）駅3番出口から徒歩約4分 [URL]adererror.com 漢南洞、弘大、新沙洞

聖水洞店はカフェ通りにある

聖水洞のほか弘大、新沙洞のショップも奇想天外なアートアトラクション空間になっている

1. クロップニット32万9000W　2. ショルダートートバッグ41万9000W　3. AirPods Proケース3万5000W　4. スマホグリップ2万9000W　5. ロゴスエット25万9000W　6. マフラー18万9000W　7. フリースジャンパー39万9000W　8.バケットハット22万9000W

Designer's Brand

デザイナーズブランド

韓国人デザイナーによる新進ブランドはK-POPアーティスト着用でも注目を集め、日本の通販サイトでも大人気。そんなバズっているブランドのリアル店舗をチェック！

GROVE

グローブ

アイドルも愛用の
人気急上昇ブランド

女性デザイナーのパク·ボラムが立ち上げたブランド。TWICEや少女時代も愛用。クラシックコンテンポラリーがコンセプトで、日本ではY2Kファッションブランドとして注目されている。

[Map 別冊P.22-A2] 狎鴎亭洞

강남구 언주로164길 39 ☎02-3416-0312 11:00～21:00 [休]無休 [Card]A.J.M.V. [英] [交][M]水仁·盆唐線狎鴎亭ロデオ（K212）駅5番出口から徒歩約7分 [URL]grovestore.com 漢南洞

キッチンやクロゼットをイメージさせる店内

1. ニットジップアップ21万9000W　2. ベレー6万8000W　3. クロップニット9800W　4. パンツ11万8000W　5. ムートンファーコート42万8000W　6. スカート12万8000W　7. ニットパンツ10万8000W

グローブのインスタの着こなしが好きでよくチェックしています。GRロゴのセーターが欲しい！（大阪府・チカ）

クルーズ

世界のマーケットからも注目を浴び、勢いが止まらない韓国発ファッションブランド。流行に敏感なおしゃれセレブが通うソウルのショップを巡ってみよう！

LOW CLASSIC

ロウクラシック
ミニマリズムを基本に美しさを表現

大学で服飾を専攻した女性デザイナーのイ・ミョンシンが設立。誇張された芸術性を追求するのではなく、現実感のあるデザインを展開。欧米セレブにファンが多い。

Map 別冊P.24-B2 新沙洞

🏠 강남구 논현로159길 57 ☎02-516-2004 ⏰12:00〜20:00 ㊡無休 💳A.J.M.V. 🚇③号線新沙(D04-337)駅6番出口から徒歩12分 URL lowclassic.com

無機質な空間にアイテムが並ぶ

1. ショルダーバッグ 32万8000W 2. オフショルダーニット 17万8000W 3. アシンメトリーデザインのワンピース49万8000W 4. スリット入りデニムパンツ19万8000W 5. パッチワークスカート12万8000W

depound

ディパウンド
大人かわいいオンニ御用達ブランド

プランナーやマーケッター経験のあるふたりの女性が設立したライフスタイルブランド。ナチュラルテイストのエコバッグが爆発的人気に。シンプルで上質なファッションアイテムが揃う。

Map 別冊P.17-D2 漢南洞

🏠 용산구 대사관로5길 14 ☎02-6949-5868 ⏰12:00〜20:00 ㊡無休 💳A.J.M.V. 🚇⑥号線漢江鎮(631)駅3番出口より徒歩約10分 URL depound.com 👥合井

1. タウンバッグ16万8000W 2. ビスケットバッグ4万8000W 3. パフカーディガン16万3000W 4. カシミアウール混マフラー16万2000W 5. オーバーサイズシャツ10万5000W 6. ラインニットグローブ5万9000W

美しいカラーで揃える家のショールーム

STYLENANDA

1. 3CE X TOILETPAPERコラボスエット10万1000W 2. カラフルニット13万1000W 3. チェックプリーツストラップミニスカート9万8000W 4. ニットレイヤードブーツ7万4000W 5. マルチポケットクロスバッグ10万9000W

スタイルナンダ
最旬トレンドアイテムが豊富に揃う

ECサイト発で日本はもちろんアジアとグローバルで展開するライフスタイルブランド。アパレルやコスメブランドの3CEを展開。日本では原宿にフラッグシップストアを構える。

Map 別冊P.19-C2 弘大

🏠 마포구 와우산로29다길 23 ☎02-333-9215 ⏰11:00〜22:00 ㊡無休 💳A.J.M.V. 🚇②京義・中央・②号線 弘大入口(K314・239)駅8番出口より徒歩約7分 URL stylenanda.com 👥明洞、新沙洞ほか

スタイルナンダの弘大店1階には店舗限定フレームの無料フォトブースがあるので来店記念にぜひ撮影を。

K-Fashionハンテン・クルーズ

ビーカー

ファッショニスタ御用達ショップ

韓国のトレンドを知るなら真っ先に訪れたいスポット。韓国の若手デザイナー発掘にも長けていて、ここで扱うブランドは必ずブレイクするといわれる。大人カジュアルが得意。

Map 別冊P.17-D2　漢南洞

🏠 용산구 이태원로 241 ☎070-4118-5218 ⏰11:00～20:00 無休 Card A.J.M.V. M6号線漢江鎮 (631) 駅1番出口から徒歩約8分 URL ssfshop.com/beaker 弘 清潭洞、永登浦

ビンテージ家具が配されたおしゃれな店内

1. Nothing Writtenのストライプシャツ17万9000W 2. TheOpen Productのクラシックバイカージャケット49万8000W 3. moosunのアーガイルホールニットベスト10万9000W 4. Moiaのプリーツスリットスカート16万3000W 5. TEKETのスエット8万9000W

Select Shop

セレクトショップ

各ショップの目利きバイヤーがセレクトした韓国ブランドが一堂に会するセレクトショップ。韓国のファッショントレンドの流れを創造しているといっても過言ではない!

宝探し気分でショッピングを楽しもう

スーピー

ヒップでポップな世界観がユニーク

オーナーはNYでデザインを学んだ韓国人夫婦。妻がデザインしたオリジナルアイテムも扱う。古い製本所を改装した聖水洞の店舗コンセプトはヒップなものが詰まった大人の遊び場。

1. ARAC.9のトート15万9000W 2. NU PARCCのフーディ10万8000W 3. NU PARCCのロングTシャツ7万8000W 4. Sentibonesのセーター7万7500W 5. MMICのウールバミューダパンツ14万8000W

Map 別冊P.17-C1　聖水洞

🏠 성동구 성수이로 71 ☎02-6406-3388 ⏰12:00～21:00 無休 Card A.J.M.V. M2号線聖水 (211) 駅3番出口から徒歩約4分 URL supyrocks.com 弘大

エーランド

新鋭ブランドとサブカルチャーを発信

500以上の韓国ブランドを扱い、Kファッションの最先端を発信し続けるショップ。最大規模を誇る明洞本店は2022年5月に移転オープン。2020年に東京渋谷にも出店。

1. CHUCKのラビットニットベスト6万9000W 2. CLOTTYのラグビーTシャツ6万9000W 3. nice ghost clubのガミーベアスエット6万9000W 4. ALANDオリジナルのフィッシュグラフィックエコバッグ1万5800W 5. ALANDオリジナルのマグ1万5800W 6. YOUNGBOYSのスマホケース3万W

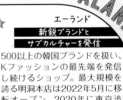

Map 別冊P.11-C3　明洞

🏠 중구 명동8길 40 ☎02-3210-5900 ⏰11:00～22:00 無休 Card A.J.M.V. M4号線明洞 (424) 駅8番出口から徒歩約2分 @aland_store 弘大、新沙洞ほか

明洞の表通りにある4階建て。次にバズる韓国ブランドに出会える

VINTAGE HOMEWARE
WOMEN
MEN
UNISEX
ACCS
HOMEWARE
A-GIFT-SHOP

  スーピーの入口は一度通り過ぎてしまいそうなくらい意外です。(埼玉県・河田)

MIXXO ミッソ

オフィスカジュアルのお手本

がんばりすぎないエレガントスタイルで働く女性から支持されるブランド。着心地のよさも求めつつ、ラインをきれいに見せるちょっとした工夫がうれしい。

Map 別冊P.20-B3 江南

🏠 강남구 강남대로 432 ☎02-6440-5225 ⏰11:00～22:00 新盆唐・2号線江南（D07・222）無休 Card A.J.M.V. 英 M 駅11番出口から徒歩約4分 URL mixxo.com 🏠 弘大、永登浦ほか

1. ニットショルダーバッグ3万9900W
2. コーデュロイショーツ4万9900W
3. ショートジャケット1万2900W
4. ロングブーツ6万9900W 5. ロングストレートフィットデニム4万9900W

SPA Brand エスピーエーブランド

自社で製造から小売りまでを行うブランドのこと。ユニクロやGAPもこの業態。トレンドアイテムが手頃な価格帯でゲットできるので、デイリーウエアとして愛されている。

TOPTEN10 トップテン

ベーシックアイテムを大量ゲット

使い勝手のよいベーシックアイテムがプチプラで揃う。カラー展開も多く、幅広い年齢層に支持されている。シーズンごとに欲しくなる基本アイテムをまとめ買い！

Map 別冊P.11-C2 明洞

🏠 중구 명동길 19 ☎02-779-8042 ⏰10:30～20:30 無休 Card A.J.M.V. 英 M 2号線乙支路入口（202）駅6番出口から徒歩約4分 URL topten10mall.com 🏠 永登浦ほか

1. エコソフトタートルネック長袖Tシャツ1万9900W 2. スリムストレートデニム4万9900W 3. リバーシブル発熱キルトベスト5万9900W 4. ワイヤレスブラ2万9900W 5. シームレスショーツ7900W

8seconds エイトセカンズ

乙女心をくすぐるラインアップ

韓国のファッショントレンドをいち早くキャッチしたデザインが魅力。甘すぎないフェミニンスタイルが多い。ウエア、ランジェリー、アクセサリーまでトータルで揃うのもいい。

Map 別冊P.11-C2 明洞

🏠 중구 명동길 32 ☎070-7090-2272 ⏰10:30～22:00 無休 Card A.J.M.V. 英 M 2号線乙支路入口（202）駅6番出口から徒歩約6分 URL ssfshop.com/8Seconds 🏠 新沙洞、新村ほか

1. ジャガードワンピース6万9900W 2. アシンメトリーショルダーニット5万9900W 3. フェイクファーバッグ3万9900W 4. コーデュロイストレートフィットパンツ5万9900W 5. ボタンポイントスカート4万9900W

SPAO スパオ

ユニークコラボに注目が集まる

時代に求められるアイテム展開のスピード感はさすが。最近は、日本や韓国の人気キャラクターとコラボしたパジャマが大バズり。ベーシックアイテムも優秀。

1. 韓国ではモンチャッキと呼ばれているちいかわパジャマ4万9900W 2. 人気アニメのキャラクター、ジャンマンルーピーパジャマ4万9900W 3. フリースジップアップ2万9900W 4. ニットカーディガン4万9900W 5. エコレザーミニスカート3万9900W

Map 別冊P.11-C3 明洞

🏠 중구 명동8나길 15 ☎02-319-3850 ⏰12:00～20:00（金～日11:00～21:00）無休 Card A.J.M.V. 英 M 4号線明洞（424）駅6番出口から徒歩約3分 URL spao.com 🏠 弘大、新村ほか

優秀すぎるシューズのSPAブランド

オンラインから人気に火がつき店舗を拡大中。トレンドをおさえたデザインなのに、値段はリーズナブル。カラーバリエ、履き心地にも定評がある。

SAPPUN サップン

Map 別冊P.19-C1 弘大

🏠 마포구 와우산로29길 55 ☎02-325-6333 ⏰12:00～22:00 無休 Card A.J.M.V. 英 M 京義・中央・2号線弘大入口（K314・239）駅8番出口から徒歩約5分 URL sappun.co.kr 🏠 明洞、新沙洞ほか

フラットシューズ 3万5900W
同じデザインでもカラーや素材のバリエが豊富。各3万5900W

旬の
クリエイター
がズラリ

雑貨好きは避けて通れない王道！

☀object
オブジェクト

1

最旬クリエイターの雑貨を網羅するセレクトショップ。大型の西橋店（弘大）がいち押しだけれど、ツウは聖水店へも。ペンやポーチのDIYコーナーがあり、ゆったり買い物ができる。

1. ポストカード1500W〜 2. 桃やキウイもあるチャグネのマステ8300W 3. ダイノテンのクォッカポーチ2万2000W 4. オブジェクト×オイワークスのステッカー3500W 5. イナビスクエアのキーリング各4500W 6. ワンフロアで見やすい聖水店

リンゴの皮の
マステ！

Map 別冊 P.19-D1　弘大

🏠 마포구 와우산로35길 13 ☎02-3144-7738 ⏰12:00〜21:00 🈺無休 Card A.J.M.V. Ⓜ京義・中央・2号線弘大入口（K314·239）駅7番出口から徒歩約5分 URL insideobject.com

Map 別冊 P.17-C1　ソウルの森

🏠 성동구 서울숲길 36 2F ☎02-464-0080 ⏰12:00〜20:00 🈺月 Card A.J.M.V. Ⓜ2号線トッスム（210）駅8番出口から徒歩約7分

天才クリエイター続出の韓国雑貨の世界
好き♡が止まらなくなる宝箱へダイブ！

ステイホーム中にどハマりした韓国雑貨。オフラインショップへの期待もさぞかし。そんな期待をさらっと上回るソウルっこの日常に欠かせない4つのアドレスへご案内！

1. ロングセラーのマグ各1万9500W 2. レトロモダンな店内 3.1階にはスイスのFREITAGも 4. 老舗メーカーの文具もセレクト

レトロ
かわいい

自分たちが使いたい雑貨をコンセプトに1999年に設立したMMMG。店舗ではオリジナルと厳選雑貨、また日本のD&DEPARTMENTを展開。

Map 別冊 P.17-D2　漢南洞

🏠 용산구 이태원로 240 B2F ☎02-549-1520 ⏰11:30〜20:00 🈺最終週の月 Card A.J.M.V. Ⓜ6号線漢江鎮（631）駅3番出口から徒歩約8分、梨泰院（630）駅3番出口から徒歩約10分 URL mmmg_millimeter_milligram

2

☆ARTBOX
アートボックス

ヲタクグッズから家電まで揃う万能雑貨チェーン

1. プリンセス付箋2800W 2. BABICHONのダイアリー2万 3. IRENなどのハンドクリーム4個セット5500W 4. ハングルスプーン&フォーク各2500W 5. トッポッキ皿3500W 6. ソウルだけでも30店舗以上

IRENなどのオリジナルキャラや人気クリエイターブランドの雑貨がザクザク。オーディオや美容系も充実し、雑貨の枠を超えたオールラウンダー。

おうちで
韓国グルメ♪

Map 別冊 P.24-A3　新沙洞

🏠 강남구 도산대로139 ☎02-549-6776 ⏰11:00〜22:30 🈺無休 Card A.J.M.V. Ⓜ新盆唐・3号線新沙（D04·337）駅8番出口から徒歩約4分 URL www.poom.co.kr 弘大、光化門（P.66）ほか

💬 アートボックスのオリジナルキャラはちょっと毒があってお気に入り♡（兵庫県・きりん）

有望なクリエイターを発掘しサポートする複合施設で、1～2階が雑貨を扱うデザインスクエア。品揃えの幅が広く、好みが必ず見つかると美大生も絶賛。

DATA → P.133

センイルチュッカへ

생일 정말 축하해
사랑해 그리고 고마워
love u so much

3 美大・弘大のおひざ元に君臨する超有名店
KT&G상상마당
KT&Gサンサンマダン

1. 弘大のランドマーク 2. 済州島ファブリックパフューム7800W 3. マステ付き花輪セット5500W 4. ハングルの誕生日カード3200W 5. ポラフレームステッカー各2500W

4 美大生4人が立ち上げた韓国発ブランド
MILLIMETER MILLIGRAM
ミリメーター・ミリグラム

1. ドライフラワー入りディフューザー1万9900W 2. ソイキャンドル1万9900W

まだまだあるよ～

雑貨ZAPPING

4つのアドレスからは外れてしまったけれど、取材スタッフがどうしても伝えておきたいおすすめネタ！

ダイソーにも掘り出し物がいっぱい
韓国ダイソーも高コスパの雑貨天国。特にヲタクグッズ、文具、美容系は絶対買い！

Daiso [Map] 別冊P.11-C2 明洞

住 중구 명동길 43 B1F ☎02-3789-6016 🕘10:00～22:00 [休]無休 [Card]A.J.M.V. [交][M]4号線明洞（424）駅6番出口から徒歩約5分 [insta]daisolife 店 東大門、梨泰院、江南ほか

ケアベアコラボも！

1. ハングル雑貨もいろいろ 2. フォトカードバインダー3000W 3. 人生4カットホルダー1000W

生活雑貨は韓国版無印良品のジャジュで
シンプルで良質

Jaju スターフィールドコエックスモール内 → P.127

大型スーパー・イーマートの自然派雑貨の専門店。最近ではフレグランス系がお得と話題に。

じわじわ人気のバターファミリー♡
店頭はかわいい系、奥におしゃれな生活雑貨が揃う多彩な雑貨店。オリジナルのセンスは断トツ！

Butter [Map] 別冊P.18-B1 弘大

住 마포구 양화로153 B2F ☎02-338-5742 🕘11:00～22:00 [休]無休 [Card]A.J.M.V. [交][M]京義・中央・2号線弘大入口（K314・239）駅1番出口直結 [URL]www.buttershop.co.kr 店 汝矣島、江南ほか

BUTTER

全員ゆるめ

1. 弘大店は駅直結で便利 2. ディスプレイにもワクワク 3. バターファミリーのフォトカードドール各1万2000W

新人クリエイターに出会えるメイドバイ
カードやステッカーを中心に150人近いクリエイターの作品を取り扱うショールーム。もちろん購入も可能。

Oigu CLUBも！

1. 定期的にクリエイター、作品を入れ替える 2. 人気クリエイターのイベントも開催

Made By [Map] 別冊P.17-C1 ソウルの森

住 성동구 서울숲길 38 2F ☎070-5176-6112 🕘12:00～22:00（土・日11:00～）[休]無休 [Card]A.J.M.V. [交][M]2号線トゥッソム（210）駅8番出口から徒歩約7分 [insta]madeby.official 店 弘大

ネオンムーン（P.36）もビンテージ雑貨やスリーピーテディファンなら必訪。独特な世界観に引き込まれる！

韓国ファッションの聖地 東大門（トンデムン）！ プロ御用達ゾーン

店内には袋詰めされ出荷を待つ洋服の山

バイヤー専門だけど行く価値あり！

エーピーエム プレイス
apM PLACE

卸売りメインのビルだけど、購入点数や現金払いなど一定の条件を満たせば小売りもOK。洋服もファッション雑貨もセンスのいいショップが多く、韓国オンライン通販で売られているような最旬アイテムが格安でゲットできる。

Map 別冊P.16-B3 東大門

🏠 中区 乙支路 276 ☎ 02-777-1163
🕐 20:00 〜翌5:00（店舗により多少異なる）
🚫 金 5:00 〜 日 20:00 Card 不 可
🚇 M2・4・5号線東大門歴史文化公園
（205・422・536）駅10番出口から徒歩約1分 URL apmplacestoa.com

POINT 1

オープン直後はバイヤーで混み合うので小売り不可になる場合がある。卸売りが落ち着く深夜以降は売れ残りを1点で売ってくれるショップも増える。

1. ワンピース4万9000W　2. アニマル柄バッグ2万9000W　3. フーディ3万8000W、スカート2万9000W、ポーチ1万9000W　4. 約10万Wのコーデ 5. 約25万Wのコーデ　6. 約20万Wのコーデ　7. レザーバッグ6万9000W 8. セーター3万5000W。値段はすべて1点で購入の場合の目安

POINT 2

ショップによっては2点以上購入が条件のところも。また、1点購入の場合は卸売りより少し高めの値段設定。セール品は1点購入OKが多い。
1個でも買えますか？
（한개도 살 수 있어요？
ハンケドサルスイッショ？）

POINT 3

会計は基本的に現金のみ。買う気満々なら両替して臨もう。
カードが使えますか？
（카드 돼요？
カドゥデヨ？）

一点でも購入OKよ

MAP

128
421
東大門
東大門駅
東大門総合市場
東大門鞋卸売市場
清渓川
平和市場
新平和ファッションタウン
東平和ファッションタウン
I
F C
G J
K
DDPファッションモール
東大門歴史文化公園
E B
デザイナークラブ
ヌージョン
H
東大門歴史文化公園駅
13 14
12 11
10 A
1
2
205 422 536
3
9
10
8

✉ 前から東大門の卸ビルで買い物しています。お気に入りのショップでまとめ買いなのでかなり割引してもらえます。（奈良県・のり）

で深夜のお買い物大作戦！

ファッションの卸問屋が集結する東大門はオンライン通販業者の買い付け先でもある。バイヤー向けでも一般に小売りOKなショップが多く、かなりお得に買い物ができる！

B

壁一面アクセサリーにテンションUP

ニューニュー
nyu・nyu

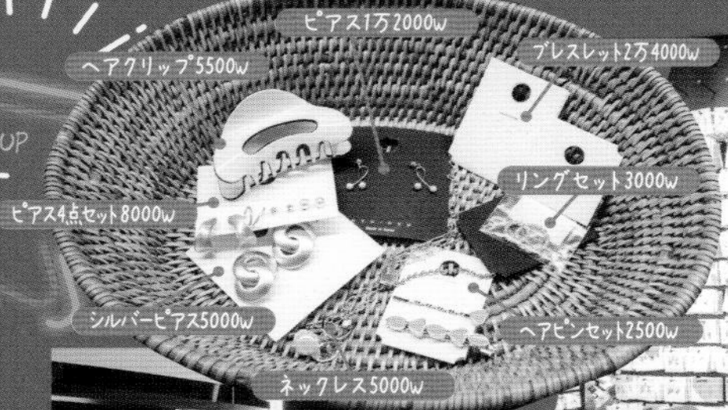

ピアス1万2000w
ヘアクリップ5500w
ブレスレット2万4000w
リングセット3000w
ピアス4点セット8000w
シルバーピアス5000w
ヘアピンセット2500w
ネックレス5000w

ビルの1～3階でアクセサリーとファッション小物の卸売りを行っている。5点以上まとめ買いで小売りしてくれる。1点が激安でジャンルやデザインの組み合わせも自由なのがうれしい。

1. 日中は比較的空いている　2. すべての壁に商品がディスプレイされている　3. アクセ以外にファッション小物も扱っている　4. 毎日新作が入荷する

[Map] 別冊P.16-B3　東大門

⌂중구 마장로 34 ☎02-2235-0921 ◷11:00～翌5:00（土・日19:30～）[休]無休 [Card]A.J.M.V. [交][M]2・4・5号線東大門歴史文化公園（205・422・536）駅2番出口から徒歩約8分 [URL]nyunyu.co.kr

C

お得な卸売価格でレザーやファーを注文！

クァンヒ・ファッションモール
Kwanghee Fashion Mall

DONG MYEONG
KONEST

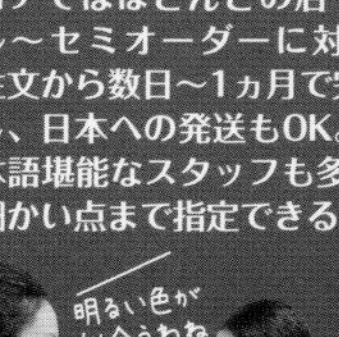

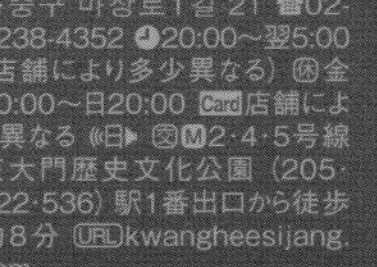

好きな色でオーダー♪

6階のレザー＆ファー専門フロアではほとんどの店でフル～セミオーダーに対応。注文から数日～1ヵ月で完成し、日本への発送もOK。日本語堪能なスタッフも多く、細かい点まで指定できる。

1. カラージャケット33万W～　2. ラムスキン23万W～　3. スエード43万W～　4. コート60万W～　4. 日本語OKの店が多い。注文後4～7日で日本へ発送。送料約3000円

[Map] 別冊P.16-B3　東大門

⌂중구 마장로1길 21 ☎02-2238-4352 ◷20:00～翌5:00（店舗により多少異なる）[休]金20:00～日20:00 [Card]店舗により異なる [日] [交][M]2・4・5号線東大門歴史文化公園（205・422・536）駅1番出口から徒歩約8分 [URL]kwangheesijang.com

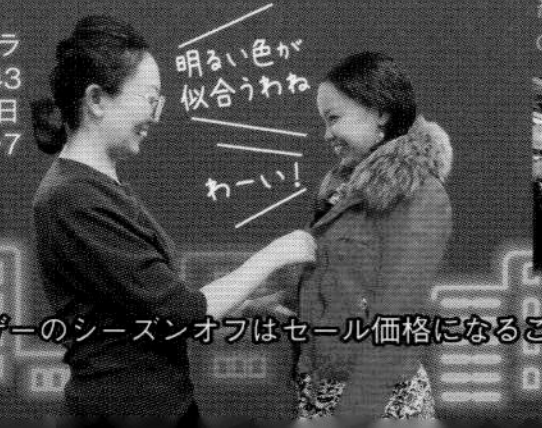

明るい色が似合うわね
わーい！

クァンヒ・ファッションモールは春夏のレザーのシーズンオフはセール価格になることが多く狙い目。

掘り出し物に出会える穴場スポット
エーピーエム リュクス
apM Luxe

地下2階〜地上7階の9フロアで、アクセサリーからアパレルまで扱う。ほとんどが卸売り専門だけど、なかには2点以上購入で小売りしてくれる店舗もある。地下の靴売り場が比較的買い物しやすい。

Map 別冊P.16-B3　東大門
中区 退渓路73길 51 ☎02-2231-0930 ◎20:00〜翌5:00（店舗により多少異なる）休金5:00〜日20:00 Card店舗により異なる ◎M2号線東大門歴史文化公園（205・422・536）駅2番出口から徒歩約8分 ◎apm luxe

値段の目安は1万9000W〜3万4000W。韓国発シューズブランドJay Haus2万9000W

靴売り場は地下1階と1階、ほかに財布やポーチ、ピアス、ネックレスなども！

サイズは聞いてね

靴売り場は地下1階と1階。ほかに財布やポーチ、ピアス、ネックレスなども！

ファッションアクセの品揃えに興奮必至
チーム204
Team204

靴やバッグなど小物を専門に扱うファッションビル。地下1階〜2階は小売りOKな店が多い。基本的に値札は付いていない。また、靴の試し履きができない場合もあるのでショップスタッフに確認を。

Map 別冊P.16-B3　東大門
中区 馬場路 30 ☎02-2232-1605/3604 ◎20:00〜翌5:00（店舗により多少異なる）休金5:00〜日20:00 Card店舗により異なる ◎M2・4・5号線東大門歴史文化公園（205・422・536）駅1番出口から徒歩約7分 ◎team204.net

地下鉄の始発はまだ…
ふくろうバスでホテルへ帰ろう！
深夜にタクシーがつかまらないなら0〜5時頃に運行されているオルベミ（ふくろう）バスの利用を。運賃は定額で現金2250W、T-moneyカード2150W。
N13 新沙駅、江南駅、三成駅、蚕室駅方面
N15 乙支路入口駅、ソウル駅、新堂山駅方面
N16 忠武路駅、ソウル駅、永登浦駅方面
N26 光化門駅、新村駅、弘大入口駅方面
N30 乙支路入口駅、ソウル駅方面

掘り出し物発見率が高い穴場スポット
第一平和市場
チェイルピョンファシジャン 제일평화시장

地下1階地上5階で大人女子ファッションやキッズ服を扱っている。5階はレザー&ファー専門フロアで、クァンヒ・ファッションモールと並ぶほど品揃え充実。

Map 別冊P.16-B3　東大門
中区 馬場路 13 ☎02-2252-6744 ◎9:00〜17:30、20:00〜翌5:00（金9:00〜17:30、土9:00〜17:00、日20:00〜翌5:00）休金17:30〜土9:00、土9:00〜17:00、日20:00 Card店舗により異なる ◎M2・4・5号線東大門歴史文化公園（205・422・536）駅1番出口から徒歩約9分 URL jeilpyunghwa.com

韓国マダム御用達。変則的な営業時間に注意

幅広い年齢に合うキレイめスタイルが揃う

プロが足しげく通うネイル用品専門店
ネイルモール
Nail Mall

ミリオレ（P.125）のあるビルの裏手のエレベーターでアクセスする16階に位置している。韓国をはじめ世界各国のあらゆるネイル用品を卸価格で販売しているので、ネイリスト御用達店として有名。ミリオレが休みの月曜も営業。

Map 別冊P.16-B3　東大門
中区 獐忠壇路 263 ミリオレ16F ☎02-2268-1948 ◎10:00〜翌2:00（日・月〜21:00）休無休 CardA.J.M.V. ◎M2・4・5号線東大門歴史文化公園（205・422・536）駅14番出口から徒歩約5分 URL nailmall.net

1. ネイル用ホイルフィルムとゲルポリッシュ5000W〜
2. ネイルツールが豊富に揃う
3. ペン付きネイルポリッシュ各1500W〜
4. グリッター各1000W〜
5. ORLYのトップコート1万1000W
6. 日本のネイリストも買い付けにくる

一般向けのファッションビルもチェック！

卸問屋タウンの東大門に2000年前後から一般向けのファッションビルが次々とオープン。卸だけでなく、世界へKファッションを発信する拠点となっている。

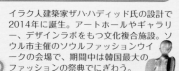

ここで写真撮りたい！

Map 別冊P.16-B3 東大門

中区 乙支路 281 ☎02-2153-0000 ◯10:00〜20:00（店舗により多少異なる）休無休 Card 店舗により異なる ◯M2・4・5号線東大門歴史文化公園（205・422・536）駅1番出口直結 URL ddp.or.kr

情報発信する 東大門のランドマーク
東大門デザイン プラザ（DDP）
トンデムンデザインプラザ／동대문디자인플라자

イラク人建築家ザハ・ハディッド氏の設計で2014年に誕生。アートホールやギャラリー、デザインラボをもつ文化複合施設。ソウル市主催のソウルファッションウイークの会場で、期間中は韓国最大のファッションの祭典でにぎわう。

正面には オブジェも

1. 憩いの広場には再開発当時に発見された遺跡も　2. 駅直結の通路にはショップやレストランが並ぶ　3. カカオフレンズストアもある

一般客向けのファッションビル。国内ブランドのアパレルやファッション雑貨、海外のスポーツブランドが入店している。4階にはスーパーマーケットのノーブランド（P.98）も。

1. ニット2万9000W
2. ロールアップデニム2万7000W
3. パンプス2万9000W
4. 韓国発の大人女子向けの格安ブランド「インディブランド」の店頭のコーデ
5. レディスファッションは2〜3階

東大門を代表する ショッピングビル
ドゥータモール
Doota Mall

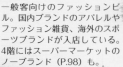

Map 別冊P.16-B3 東大門

中区 장충단로 275 ☎02-3398-3114 ◯10:30〜24:00（店舗により多少異なる）休無休 Card 店舗により異なる ◯M2・4・5号線東大門歴史文化公園（205・422・536）駅14番出口から徒歩約6分 URL doota-mall.com

6. 2階にあるアクセサリーショップ「イユ」 7. スマイリーフェイスのピアス2万9000W 8. ファーやパールのアシンメトリーピアス2万2000W

東大門！プロ御用達ゾーンで深夜のお買い物大作戦！

1998年にオープンした一般客向けの元祖ファッションビル。迷路のような細い通路にいくつものテナントが並ぶ様子は古くからある市場のよう。掘り出し物を探してみよう。

リーズナブルな ファッションの宝庫
ミリオレ
Migliore

Map 別冊P.16-B3 東大門

中区 장충단로 263 ☎02-3393-2216 ◯10:30〜翌2:00（店舗により多少異なる）休店舗により異なる ◯M2・4・5号線東大門歴史文化公園（205・422・536）駅14番出口から徒歩約5分 URL the migliore.com

地方からも 買い出しにくる格安揃い
ハローエーピーエム
Hello apM

Map 別冊P.16-B3 東大門

中区 장충단로 263 ☎02-6388-1135 ◯10:20〜翌4:00（店舗により多少異なる）休火 Card 店舗により異なる ◯M2・4・5号線東大門歴史文化公園（205・422・536）駅14番出口から徒歩約2分

ミリオレ同様、市場のような雰囲気をもつ一般向けのファッションビル。アパレルやファッション雑貨のほか、韓服や布団など婚礼用品を扱う店も多い。

ソウル女子のリアルなお買い物スポット
駅直結のショッピングパラダイス

地下鉄網が発達しているソウルでは地下街のショッピングモールが充実。
特に乗り換えの多いターミナル駅には個性豊かなお買い物天国が待っている！

スマホカバー5000W均一！

ソックスは1000W！

見応え
ありすぎ！
迷うわ〜

雨天や寒い日でも快適に
お買い物ができる。夕方
以降は学生やOLが押し寄
せて活気いっぱい

GOTOモールの歩き方

ゾーンを把握しよう
ファッションやアクセが集まるWest
ZoneとGoTo Zone、生活雑貨や寝具
の店が並ぶEast Zoneに分かれてい
る。お目当ての店がある場合は看板
に明記された番号
を頼りに探そう。

現金を用意しよう
支払い方法は店によって異なるが、
クレジットカードで支払うと10%
加算される場合があるので現金での
お買い物がお
得。セール
品は基本的
に現金のみ。
モール内に
ATMも。

フィッティングルームがない
モール内の店舗は入れ替わりが激し
く、どこも小さいためフィッティン
グルームがない。試着は不可
なので購入する前
にサイズをしっか
り確かめ、店頭の
鏡でチェックを。

高速ターミナル駅直結

激安コーデ
完成！

東大門より安い！？ 激安地下街に潜入

GOTO Mall
（GOTOモール）

高速ターミナル駅直結の巨大
地下モール。全長880mのス
トリートが2本並び、約660
のショップがズラリ勢揃い。
東大門よりおトク感のある最
旬ファッションが見つかる。

コート	2万9000W
カットソー	1万0000W
デニム	1万0000W
バッグ	1万0000W
スリッポン	3万0000W
TOTAL	8万9000W

Map 別冊P.20-A3 高速ターミナル

🏠 서초구 신반포로 지하 200
☎02-535-8182 ⏰10:00〜
22:00（店舗により多少異なる）
🈺無休 🚇3・7・9号線高速ターミ
ナル（339・734・923）駅
8-1・8-2番出口直結
URL gotomall.kr

コートの裏地の
オレンジが高見え▶

チェックコートと
細身のデニムでカ
ジュアルだけど子
供っぽすぎないコー
デ完成。バッグ
と靴も含めて10
万W以下は安い！

D069	C059	C049	C047	B058
Storage21 ストレージ21	**ステイ** ステイ	**トライプラン** トライプラン	**情가방** ジョンカバン	**Plug** プラグ

レザーも
3万W台！

モール内でも
ひときわ混ん
でいる人気店。
店内にはコー
デのヒントも

サイズも
揃ってます

スニーカー、
パンプス、ブー
ツまで、あら
ゆるタイプの
シューズを扱う

ニッケル
フリーも！

モールいちの
品揃えを誇る
アクセ店。全
品5000Wで大
量買い必至！

1万W均一
だよ！

通路にはみ出
すほどバッグ
が並ぶ名物店。
日本語が得意
な名物店長も

東大門より
安いです

着回しの利くシ
ンプルデザイ
ンが豊富。比
較的幅広い年
齢層から支持

高速ターミナル駅はカロスキルのある新沙から2駅なので便利。カロスキルに行く前に立ち寄ります。〈長崎県・メクチュ〉

Casual Brand

日本にもファンの多いユニセックスカジュアルブランドWHO.A.U（フーアーユー）。シグネチャーのフーディ6万6900W

オフィスカジュアルが得意なTWEE（トゥイー）はプチプラが韓国女子に人気。ニットジャケット3万900W

アジア最大級のショッピングモール
Starfield Coex Mall
スターフィールドコエックスモール

韓国最大のコンベンションセンターの地下にある。約300のショップやレストラン、カフェなどがある。水族館、シネコンプレックス、ビョルマダン図書館（P.37）など見どころも充実で、1日では遊び足りない！

Map 別冊P.21-D2 三成洞

9号線 奉恩寺駅
Bongeunsa Station
奉恩寺/奉恩寺駅

モール北側が地下鉄9号線奉恩寺駅

モール南側が地下鉄2号線三成駅

🏠 강남구 영동대로 513 ☎02-6002-5300 🕙10:30〜22:00（店舗により多少異なる）🈺無休 Ⓜ2号線三成（219）駅5・6番出口地下直結、Ⓜ9号線奉恩寺（929）駅7番出口直結 🔗starfield.co.kr

駅直結のショッピングパラダイス

LUCKY CHOUETTE

ブランドモデルはハン・ソヒ

東京原宿にも進出したエーランド（P.118）も

ÅLAND

Select Shop
WONDER PLACE

リーズナブルな価格で流行に敏感なスタイルが揃うWonder Place（ワンダープレイス）。スタジャン8万9900W、レオパード柄ミニスカート3万9900W

Designer's Brand

人気デザイナー、キム・ジェヒョンが手がけるLucky Chouette（ラッキーシュエット）。個性とスマートさを兼ね備えたコーデが揃う

ビョルマダン図書館から7方向に通路が延びている。2路線2駅に直結

SPA Brand

韓国発エスピーエーブランド（P.119）の、ミッソ、エイトセカンズ、トップテン、スパオも揃っている

ヨーロッパのストリートがテーマ
Famille Street
ファミールストリート

高速ターミナル駅に隣接する新世界百貨店へのアプローチにあるショッピングゾーン。国内外の注目ショップが集結し、地下街とは思えないおしゃれな雰囲気が女子に大人気！

Map 別冊P.20-A3 高速ターミナル

🏠 서초구 신반포로 176 센트럴시티B1F ☎02-6282-0114 🕙10:00〜22:00（店舗により多少異なる）🈺無休 Ⓜ3・7・9号線高速ターミナル（339・734・923）駅8番出口直結 🔗shinsegaecentralcity.com/famillie

モール内には韓国スタバ出店15周年を記念したゴージャスな特別店があることでも知られる。限定フードやグッズも！

大型書店チェーンのバンディ&ルニスも広々としたおしゃれなインテリア。韓国はもちろん外国書籍も充実

ヨーロッパのストリートをコンセプトにした造りで、通路も広く買い物しやすい

これさえあればおうちが韓国♡ステッチがかわいい

旅行から帰ってもずっと韓国を感じて暮らしたかったら、日常に溶け込むインテリアをお持ち帰り。
日本でブレイク中のキルティング布団イブルと韓屋カフェごっこが楽しめる食器は、多少かさばっても買っても後悔しないはず！

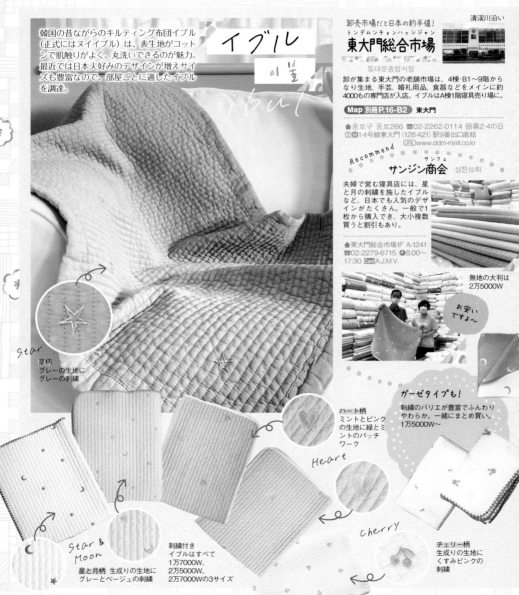

韓国の昔ながらのキルティング布団イブル（正式にはヌイイブル）は、表生地がコットンで肌触りがよく、丸洗いできるのが魅力。最近では日本人好みのデザインが増えサイズも豊富なので、部屋ごとに適したイブルを調達。

イブル
이불
ibul

Star
星柄
グレーの生地に
グレーの刺繍

ハート柄
ミントとピンク
の生地に緑とミ
ントのパッチ
ワーク

Heart

Star &
Moon
星と月柄 生成りの生地に
グレーとベージュの刺繍

刺繍付きの
イブルはすべて
1万7000W、
2万5000W、
2万7000Wの3サイズ

Cherry

チェリー柄
生成りの生地に
くすみピンクの
刺繍

卸売市場だと日本の約半値！
清渓川沿い

東大門総合市場
トンデムンチョンハッシジャン
동대문종합시장

卸が集まる東大門の老舗市場は、4棟・B1〜9階からなり生地、手芸、婚礼用品、食器などをメインに約4000もの専門店が入店。イブルはA棟1階寝具売り場に。

Map 別冊P.16-B2 東大門

🏠 종로구 종로266 ☎02-2262-0114 🈺第2・4の日 🚇M1・4号線東大門（128・421）駅9番出口直結 URL www.ddm-mall.co.kr

Recommend
サンフェ
サンジン商会 성진상회

夫婦で営む寝具店には、星と月の刺繍を施したイブルなど、日本でも人気のデザインがたくさん。一般で1枚から購入でき、大小複数買うと割引もあり。

🏠 東大門総合市場1F A-1241 ☎02-2279-6715 🈺8:00〜17:30 Card A.J.M.V.

無地の大判は
2万5000W

お安い
ですよ〜

ガーゼタイプも！
刺繍のバリエが豊富でふんわりやわらか。一緒にまとめ買い。1万5000W〜

▽ 洗うと最初は色落ちしますが、少し落ちたくらいの色合いがイブルらしくて気に入っています。（岐阜県・かなこ）

布団イブルと普段使いのすてき食器

青い鳥のフタ付き
マグカップ
3万5000W

アヒルの
ボウル
3万5000W

韓国伝統の鍮器（ユギ）から陶磁器の産地・利川の銘品まで、趣が異なる3ブランドを編集部が厳選。共通しているのは上質で実用的、美しくてかわいらしさも。食卓やデスクを彩り、韓国気分にどっぷり浸れる。

韓韓食器
식기

ステッチがかわいい布団イブルと普段使いのすてき食器

韓国優秀文化商品に選定
価値ある工房
가치있는공방

陶磁器の産地・利川市の工房が作る食器は、清楚な白磁と愛らしいモチーフが特徴。韓国優秀文化商品に選ばれた韓服の皿は見つけたら即買い。⑥kachi_pottery

韓服皿1万8000W〜

国立古宮博物館文化商品館（販売店）
Map 別冊P.14-B3 景福宮

🏠서울시 종로구 효자로 12 ☎02-720-0381 🕘9:00〜18:00（水・土21:00）🈺無休 Card A.J.M.V. Ⓜ3号線景福宮（327）駅5番出口すぐ URL www.gogung.go.kr ※ソウルではKCDFギャラリー（P.142）、徳寿宮・昌徳宮のショップ、仁川空港などでも販売。

光の反射がきれいな
白磁の菊の花シリーズ

tableware

ハングルのグラス7500W

ハングルをおしゃれにアレンジ
ソロシ
Sorosi

ハングルや朝鮮時代の風景画をデザインしたカジュアルな食器は、普段使いに最適。ソウル市とのコラボシリーズやトート、ランチョンマットなどのファブリックもかわいい。

Map 別冊P.7-D2 君子

🏠광진구 용마산로1길 59 ☎070-7724-9190 🕘12:00〜18:00 🈺土（営業日・時間は頻繁に変更あり。事前にInstagramで要確認）Card A.J.M.V. Ⓜ5・7号線君子（544・725）駅4番出口から徒歩約10分 URL sorosi.co.kr ⑥sorosi_living ※国立古宮博物館文化商品館（上記）、仁川空港などでも販売。

マグカップ
1万8000W

ハングルのポット
3万5000W

丸い皿
1万9000W

四角い皿
2万8000W

ハングルのカップ&ソーサー3万2000W

フラワープレート
19万8000W

フタ付き
マグカップ
19万8000W

韓国ドラマにたびたび登場
ノッダム
Notdam

上質の真鍮を溶かして作った韓国伝統の鍮器ブランド。伝統を生かしモダンにアレンジされた食器は、どれも美しく贅沢な逸品ばかり。

Map 別冊P.22-B3 江南区庁

🏠강남구 선릉로 729 ☎02-540-6266 🕘10:30〜20:00 🈺日 Card A.J.M.V. Ⓜ水仁・盆唐・7号線江南区庁（K213・730）駅3-1番出口から徒歩約5分 URL notdam.com

スプーン&フォーク
セット10万
8000W、プレート
12万5000W〜

フラワーピンスボウル
17万6000W

東大門総合市場ではイブルの生地だけの販売をしているので、オリジナルのサイズやデザインを自作することも可能。

独断 裏aruco 取材スタッフの TALK

「予算別☆私のリアル買いアイテムはコレ!」

取材スタッフが仕事の合間にリアルに購入したおみやげのなかから
特にお気に入りのアイテムをそれぞれ価格帯もあわせて公開。日本へようこそ〜!

1個 1800W

「ちっちゃい巾着に サプライズを忍ばせて」

韓布に刺繍をあしらったソウルらしいおみやげの定番。バラマキならこれだけでもいいけれど、中にネイルやお菓子を入れてあげるとさらに喜ばれます。自分用にも買って時計やアクセなどの収納に使用中。(ライターM)

仁寺洞 → P.142

1万 8000W

「スタバのグッズには手を出さない! と決めていたのにまさかのペンケース」

しかもギターがかわいすぎた。これはスターバックスコーヒー韓国の2022年秋の「音楽会」がテーマのコレクション。もともと韓国のグッズが優秀なのはツウには周知の事実で、渡韓のたびにグッズが増強。てことで、今回こそはと思っていたのに、文房具好きのココロが負けました……。(編集K)

1万 7000W〜

「フルーツ焼酎が最短1週間で できる手作りキット」

もちろん焼酎だけでなく好きなお酒を瓶の中へ入れ、1週間。ドライフルーツがお酒をどんどん吸収して元の姿に戻りつつ熟成したらできあがり。季節を問わず好みのフルーツが楽しめ、しかも手間いらず。韓国らしさなら6年根の高麗人参がいいかも。(ライターN)

アートボックス → P.120

↙ イチジクが いち押し

各 2万W

「大好きなボマーケットの 環境に優しいフェルトバッグ♪」

生活雑貨のセレクトショップのオリジナルで、6つの仕切りがあるワイン収納バッグ。仕切りは移動可能だから普段使いでき、軽量なのに安定感があるのもナイス。今回は緑と紫を購入したけれど、黄色と大きいトートも買えばよかったと後悔。ピンクも青もかわいかった……。(編集S)

ボマーケット → P.31

折りたたみ →

各 1000W

「あのヴァセリンの シートマスクがダイソーに!」

↖ パケが ヴァセリン!

スキンケアでおなじみのヴァセリンがシートマスクになって登場。しかも100均で買えるとあって大量買いは必至。効果も期待以上でなかなかです。取材時は青(保湿)と茶色(栄養)しか売ってなかったけれど、緑(水分)もあり全3種類。(フォトI)

ダイソー → P.121

6万 9000W

「ライアンとシュガーベアが合体? 斬新すぎるコラボアイテム」

実は売り切れで買えなかったもの(涙)。カカオフレンズとノッティド(P.68)のコラボで誕生した江南店限定アイテム。でも、よく見て。茶色いライアンがうっすらピンクになってほおの点々も。シュガーベアがライアンに憑依したホラー感はあるけれど、やっぱりかわいい♡ちなみに誕生日の曲が流れたり止まったりするそうです。きゃ〜。(編集K)

カカオフレンズ江南フラッグシップストア → P.59

都会の真ん中に
世界遺産？

魅力がギュッと凝縮され
全部濃厚☆どこから
歩いても歓喜の街案内

「歓喜」なんて大げさだけれど、ソウルの街を歩いているとホントに楽しくて
うれしくて喜びがあふれてくる感じ。カフェに入ったり買い物したり、適当に
おさんぽしているだけなのに世界遺産に遭遇したり。何もない、がないソウルの
街歩き。ここでは編集部お気に入りの街とちょこっと遠足気分の「水原」を紹介。

アーティスティックな感性全開！
芸術大学のおひざ元弘大（ホンデ）をパワフルに遊び尽くそう！

韓国有数の芸大·弘益大学を中心に広がる学生街。人気のファッションブランドやデザイン雑貨のショップ、カフェ、カラオケと若さあふれるプレイスポット満載！

最寄り駅はここ！
[M]京義·中央·2号線弘大入口（K314·239）駅9番出口
[M]6号線上水（623）駅1番出口

TOTAL 約5時間

弘大おさんぽ TIME TABLE

13:30 ノルディ
↓ 徒歩約1分
14:00 ライズアンドミルクココア
↓ 徒歩約5分
14:30 ネマウムデロフォンケース
↓ 徒歩約5分
15:30 ハッピーベアデイ
↓ 徒歩約5分
16:30 KT&Gサンサンマダン
↓ 徒歩約1分
17:30 ラグジュアリー秀ノルバン

1 オーアイオーアイ O!Oi
人気アパレルからスタート！ 13:00

日本にもファンの多いブランドのフラッグシップストア。ストリートに愛らしさをプラスしたテイストが揃う。ユニセックスのセカンドライン5252 By O!Oiも人気。

※フラッグシップストアは閉店しました。新世界免税店明洞店、現代百貨店免税店東大門店、新世界百貨店江南店などに店舗があります。

1. 女性デザイナーのチャン·イェスルが立ち上げたブランド 2. セカンドライン5252 By O!OiのTシャツ3万9000W 3. ショルダーバッグ3万1000W 4. チェックのミニスカート6万5000W

2 ノルディ NERDY
K-POP御用達ストリートブランドへ 13:30

アイドル陸上大会（通称アユクデ）の公式ユニホームとして知られるブランド。K-POPアイドルとのタイアップなど巧みなマーケティング戦略で韓国ストリートカジュアルの代名詞的存在。

1. シグネチャーのトラックトップは素材やデザインのバリエで3万2900W〜9万5000W 2. エコファーのバケットハット5万5000W 3. フーディ8万9000W 4. カフェを併設している。2019年に東京原宿にも出店

Map 別冊P.18-B2 弘大

🏠마포구 어울마당로 94-12 ☎02-2135-5471 🕘11:00〜21:00（金·土〜22:00）[休]無休 [Card]A.J.M.V. [英] [図][M]京義·中央·2号線弘大入口（K314·239）駅9番出口から徒歩約5分 [URL]whoisnerdy.com 🏪明洞、新村ほか

3 ライズアンドミルクココア Lize and Miklcocoa
格安フェミニンスタイルが揃う 14:00

1. メインブランドのオンリーミルクココアとセカンドラインのアメリアがある 2. 地下ではアウトレットアイテムを扱う

オンライン販売からスタートしたブランドのオフラインショップ。ガーリーから大人フェミニンまで幅広い年齢の女性が美しく見えるスタイルがコンセプト。値段はリーズナブル。

Map 別冊P.18-B2 弘大

🏠마포구 어울마당로 94-3 ☎02-6085-0575 🕘13:00〜20:00 [休]無休 [Card]A.J.M.V. [英] [図][M]京義·中央·2号線弘大入口（K314·239）駅9番出口から徒歩約5分 [URL]milkcocoa.co.kr

3. ワンピース6万4900W 4. バッグ5万5900W 5. ブラウス3万9900W 6. スカート1万5900W

ピンセットで並べて！

1. 基本料金1万900Wで上段1個、中段5個、下段は個数制限なしにパーツが選べる 2. 追加パーツや特別なパーツは+4000W〜 3,4. 色も種類も豊富

4 ネマウムデロフォンケース 내마음대로폰케이스
思いどおりのデコケースを作ろう！ 14:30

スマホケースやトレカケースを自分好みにデコレーションできるユニークなスポット。店内にはさまざまなデザインのパーツ、ホイップデコなどのツールがいっぱい。BLACKPINKジェニーも番組で体験。

Map 別冊P.18-B2 弘大

🏠마포구 와우산로19길 21 ビッグママビル3F ☎02-322-6682 🕘12:00〜L.O.19:50（月14:00〜）[休]無休 [Card]M.V. [図][M]京義·中央·2号線弘大入口（K314·239）駅9番出口から徒歩約10分 [Wi-Fi]○ [URL]blog.naver.com/decodencafe

✉ 弘大にはSNS映えするスイーツがたくさんあって、ショッピングよりカフェ巡りになってしまいました。（東京都・甘党）

Map 別冊 P.18-19

かわいいベアが
出迎えてくれる

天井が高く居心地のいい空間

1. クリームメロンソーダ6500W 2. レタリングケーキ1万8000W〜 3. ベアクッキー（上）各4300Wとクッキーシュー（下）各4800W

ペアだらけのカフェでブレイク **15:30**

5 ハッピーベアデイ
Happy Bear Day

童話のなかのような空間がコンセプト。同じく弘大にあるセンイルケーキなどのオーダーを受け付けているケーキ店が運営している。ホールケーキのサイズは2人分からある。

Map 別冊 P.18-B3 弘大

🏠 마포구 와우산로 13길 49-6 ☎010-2477-2211 ⏰12:00〜21:00（金〜日10:00〜22:00）⊛無休 Card A.J.M.V. 🚇M6号線上水（623）駅1番出口から徒歩約3分 Wi-Fi ○ Ⓘ@happybearday.cafe 🏠弘大、汝矣島ほか

弘大をパワフルに遊び尽くそう！

フォークにもベア！

弘大の雑貨といえばココ！ **16:30**

雑貨好きの心をくすぐる！

6 KT&Gサンサンマダン
KT&G상상마당

若手アーティスト創造の場として生まれた弘大のランドマーク。1・2階のデザインスクエアには新進作家の個性的な雑貨がズラリと並ぶ。

Map 別冊 P.18-B3 弘大

🏠 마포구 어울마당로 65 ☎02-330-6200 ⏰11:00〜21:00 ⊛無休 Card A.J.M.V. 🚻有 🚇M京義・中央・2号線弘大入口（K314・239）駅9番出口から徒歩約10分 URL sangsangmadang.com

1. ハングルのメッセージカードがずらり 2. 商品は定期的に入れ替わる

ラストはカラオケでK-POPを熱唱！

7 ラグジュアリー秀ノレバン **17:30**
ラグジュアリースノレバン／Luxury 秀노래방

派手な外観が目を引くカラオケボックスチェーン。部屋ごとにインテリアが異なり、どれもゴージャス。テンションMAXで歌唱力も上がるかも！

Map 別冊 P.18-B2 弘大

🏠 마포구 어울마당로 67 ☎02-322-3111 ⊛無休 ⏰24時間 1時間1万4000W、2人1時間1万8000W、3人1時間2万W Card A.J.M.V. 🚻有 🚇M京義・中央・2号線弘大入口（K314・239）駅9番出口から徒歩約10分 Wi-Fi ○

裏通りもチェックしよ

弘大には個人経営のブティックが多いので、ほかにはないショッピングが楽しめる。

ソウルの中心地 明洞 (ミョンドン)
買い物もグルメも楽しめる街が
フルスピードで再生中!

以前はたくさんの観光客でにぎわっていたソウルいちの繁華街。
今でも個性が特化しているスポットは変わらず健在!
外国人観光客も戻ってきた今、大きく変貌しそうな予感。

最寄り駅はここ!
Ⓜ4号線明洞 (424)
駅6〜8番出口
Ⓜ2号線乙支路入口
(202)駅5〜7番出口

TOTAL 約5.5時間

明洞おさんぽ
TIME TABLE

14:00	明洞駅地下ショッピングセンター	
↓徒歩約1分		
14:30	ネイチャーリパブリック	
↓徒歩約3分		
15:00	スタイルナンダピンクホテル	
↓徒歩約5分		
15:30	明洞聖堂	
↓徒歩約1分		
16:00	モルト	
↓徒歩約7分		
17:00	ロッテヤングプラザ	
↓徒歩約5分		
18:30	ジェイムスチーズトゥンカルビ	

1 14:00
まずは明洞駅ナカショッピング
明洞駅地下ショッピングセンター
ミョンドンヨッチハショッピングセンター／
명동역지하쇼핑센터

明洞駅の改札を出ると数十軒ほどのショップ
が並ぶショッピングセンターになっている。
おすすめは、明洞最安値といわれるCTレコー
ド。ポスターも充実でT-moneyなど
レアなスターグッズも扱っている。

Map 別冊P.11-D3 明洞

🏠 中区 退渓路 地下 124 ◷10:00〜22:00
(店舗により多少異なる) 🏠店舗による
Ⓜ4号線明洞 (424) 駅直結

1. CTレコードは
改札を出てすぐ
右手前にある 2
洋服やファッショ
ン雑貨を売る
ショップが並ぶ

写真映え
する店内♡

2 14:30
駅前のコスメ店でショッピング
ネイチャーリパブリック
Nature Republic

NCT127がモデルを務
める自然派のスキン
ケアブランド。明洞
駅近くの店舗は韓国
内最大規模を誇り、外
国人観光客には店内
でタックスリファンド
の手続きも行って
いる。

Map 別冊P.11-C3
明洞

🏠 中区 명동길 52
☎02-753-0123 ◷
9:00〜24:00 (日）
Card A.J.M.V. ⑰無
Ⓜ4号線明洞(424)
駅6番出口から徒歩
約1分 URL naturere
public.com ⑭狎鴎
亭駅、聖水駅ほか

1. グリーンに覆われた外
観が目印 2 グリーンダー
マCICAのトナー1万
9000Wとセラム2万
2000W 3. ダメー
ジ肌を集中ケアする
ビタペアC美容液2
万4900W

3 15:00
ピンクの世界で映え写真を撮る
スタイルナンダ ピンクホテル
Stylenanda Pink Hotel

人気ブランドの旗艦店。ピンク
ホテルをイメージした店内には、
フロント、客室、バスタブなど
ユニークなディスプレイが。5階
にはプール風カフェもある。

1. アパレルコーナーの壁には客室
ドア 2 本物のバスタブもある
3. ホテルのプールを思わせるカフェ
4. 1階は3CEコスメのコーナー

Map 別冊P.11-C3 明洞

🏠中区 명동8길 37-8 ☎02-752-4546 ◷11:00〜22:00
🏠無休 Card J.M.V. Ⓜ4号線明洞 (424) 駅7番出口から
徒歩約3分 URL stylenanda.com ⑭弘大、ロッテヤングプラ
ザ (明洞)

4 15:30
明洞の歴史文化財を見学
明洞聖堂
ミョンドンソンダン／명동성당

1898年に完成した韓国初のれんが
造りのゴシック様式の聖堂。
高い天井とステンドグラスが美
しい荘厳な造りが特徴。ミサ中
以外は観光客でも見学可能だけ
れど、信仰の場なので節度ある行動を。

ドラマロケ地
としても有名

クリスマスには盛大
なミサが行われる

聖堂の地下
には聖母グッ
ズを販売す
るショッ
プやギャラリーがある
1898広場がある

Map 別冊P.11-D2 明洞

🏠 中区 명동길 74 ☎02-774-3890 ◷6:30〜
21:00 ⑰無休 🆓無料 Ⓜ2号線乙支路入口
(202) 駅5番出口から徒歩約8分 URL mdsd.or.kr

5 モルト Molto 🕙16:00

明洞聖堂を見渡すテラスカフェへ

2021年にオープンした広いテラスのあるカフェ。明洞聖堂とNソウルタワーが見渡せる絶好のロケーション。本格的なイタリアンエスプレッソやティラミスなどのデザート、ブルスケッタなどが楽しめる。

Map 別冊P.11-D2 明洞

🏠 中区 明洞길 73 3F ☎02-778-7779
⏰10:30～L.O.19:00（ブルスケッタL.O.18:30）
休日 CardA.J.M.V. 英 M2号線乙支路入口（202）駅5番出口から徒歩約8分 Wi-Fi○
@molto_espressobar

1. 心地よいテラス席はいつも人でいっぱい 2. オーダーは中のカウンターで 3. エスプレッソにミルクとチョコをプラスしたショコラート5000W

ナンタ NANTA

明洞で毎日開催！

大迫力のノンバーバルエンタメステージ

厨房を舞台に、実際に料理を作りながらキッチン道具が楽器に早変わりするリズミカルなショー。迫力満点のエンディングは感動間違いなし。

Map 別冊P.11-C2 明洞

🏠 中区 明洞길26 ユネスコビル3F ☎02-739-8288（予約・問い合わせ／日本語可）⏰20:00（土14:00、17:00、20:00、日14:00、17:00）休無休 VIP席6万6000W、S席5万5000W、A席4万4000W CardA.J.M.V. 英望ましい M2号線乙支路入口（202）駅6番出口から徒歩約5分 URLnanta.i-pmc.co.kr

1. 観客が参加する場面も 2. 韓国初のノンバーバルエンタメとして海外でも大人気 3. 公演後にサイン会が行われることも

6 ロッテヤングプラザ Lotte Young Plaza 🕔17:00

トレンド最先端のデパートへ

若者をターゲットに約100店が集まるデパート。ポップアップストアなど話題のテナントをいち早く取り入れる感度のよさが魅力。

Map 別冊P.10-B2 明洞

🏠 中区 南大門路 67 ☎02-1577-0001 ⏰10:30～20:00（金～日～20:30）休月1回不定休 CardA.J.M.V.（店舗により多少異なる）M2号線乙支路入口（202）駅7番出口から徒歩約5分

1. ラップやナニング9などヤングカジュアルファッションが充実 2. 書店兼カフェのケネクティッドブックストアが1階にオープン

7 ジェイムスチーズトゥンカルビ 제임스치즈등갈비 🕕18:30

ディナーは大好きなチーズ焼肉

韓国チーズグルメの先駆け的存在。トロトロに溶けたチーズに、骨付きカルビをからめて手づかみでかぶりつこう。シメのポックンパもしっかりチーズ風味♡

Map 別冊P.11-C2 明洞

🏠 中区 明洞10길 10 2・3F ☎02-318-0192 ⏰11:00～23:00 休無休 1万5000W CardA.J.M.V. 英 M4号線明洞（424）駅8番出口から徒歩約3分 Wi-Fi○ 弘大

ポックンパは+2000W。濃厚チーズが加わって深みのあるおいしさ！

1万5000W～。チーズは大盛りで2000W、特盛りで+4000Wに変更可。チーズにコーン、ピクルス、唐辛子が入っている

チキン通り

どの店も大盛況！

チキン通りは明洞で働く人の憩いの場

明洞の裏通りに並ぶ飲食店のほぼすべてがチキン店という一角。どの店も間口は狭いけれど、夜になると軒先にテーブルと椅子が置かれ、チキンとビールを楽しむ人でいっぱい！

Map 別冊P.11-C1 明洞

⏰12:00～24:00頃 休無休 M2号線乙支路入口（202）駅6番出口から徒歩約3分

仕事帰りはチキン×ビール（メクチュ）のチメクに限る！

ロッテヤングプラザと並ぶロッテ百貨店や新世界百貨店は夜のライトアップが有名。クリスマスは特に美しい。💡

多国籍な雰囲気が魅力
漢南洞（ハンナムドン）～梨泰院（イテウォン）～経理団（キョンニダン）で プチワールドツアー

大使館が集まる漢南洞には海外コンセプトのカフェが多いのが特徴。かつて米軍基地がありドラマの舞台になった梨泰院・経理団とともにソウルでプチ世界旅行気分を味わってみて。

最寄り駅はここ！
[M]6号線漢江鎮（631）駅1・3番出口
[M]6号線梨泰院（630）駅1～3番出口
[M]6号線緑莎坪（629）駅2番出口

TOTAL 約7時間

漢南洞～梨泰院～経理団
おさんぽ
TIME TABLE

13:00 オールドフェリードーナツ
↓ 徒歩約5分
14:00 ワンインアミリオン
↓ 徒歩約3分
15:00 エムエスエムアール
↓ 徒歩約3分
16:00 オージーヒル
↓ 徒歩約10分
17:00 フェララ
↓ 徒歩約7分
18:00 パダ食堂
↓ タクシー約13分
19:00 ナムサンケミストリー

ミニドーナツを浮かべたチューブラテ各6500W。アイスかホットか選べる

1 オールドフェリードーナツ Old Ferry Donut

漢南洞ワールドカフェツアーに出発！ 13:00

オーナーがアメリカで出会ったドーナツを韓国で伝えたいと2016年にオープン。研究を重ねたドーナツは味だけでなく見た目にもこだわった傑作揃い。韓国ドーナツブームの先駆け的存在。

Map 別冊P.17-D2 漢南洞

🏠용산구 한남대로27길 66 2F ☎02-6015-2022 🕘11:00～L.O.20:00 [休]無休 [Card]A.J.M.V. [英] [交][M]6号線漢江鎮（631）駅3番出口から徒歩約2分 [Wi-Fi]○ ◎oldferrydonut [支]新沙洞、龍山ほか

1.ドーナツ2900W～5000W。ピーナッツバターなどアメリカンな味が人気 2.スタイリッシュな店内

2 ワンインアミリオン Oneinamillion

ヨーロッパの片田舎を思わせる店構え 14:00

2016年にオープンしたカフェ激戦区の漢南洞で長く愛されている一軒。その理由は、居心地のよい空間づくりとこだわりの豆を使ったおいしいコーヒー。韓国にいることを忘れそう。

Map 別冊P.17-D2 漢南洞

🏠용산구 이태원로54길 31 ☎02-794-2414 🕘11:00～23:00 [休]無休 [Card]A.J.M.V. [英] [交][M]6号線漢江鎮（631）駅3番出口から徒歩約6分 [Wi-Fi]○ ◎oneinamillion_cafe_hannam

木や鉢植えの植物が無造作に置かれたテラス席

看板メニューのホワイトティラミス7000Wとバニラアイスをトッピングしたアフォガート風ベビーラテ7500W

3 エムエスエムアール MSMR

デザインソックス専門店へ 15:00

漢南洞で立ち寄りたいのが、ここでしかゲットできないポップでおしゃれなオリジナルソックスの専門店。ビルの3階にある隠れ家感のあるショップは白を基調とした広々とした空間。

Map 別冊P.17-D2 漢南洞

🏠용산구 대사관로11길 49 3F ☎070-8888-0321 🕘11:00～20:00 [休]月 [Card]A.J.M.V. [交][M]6号線漢江鎮（631）駅3番出口から徒歩約8分 [Wi-Fi]○ [URL]msmrseoul.com

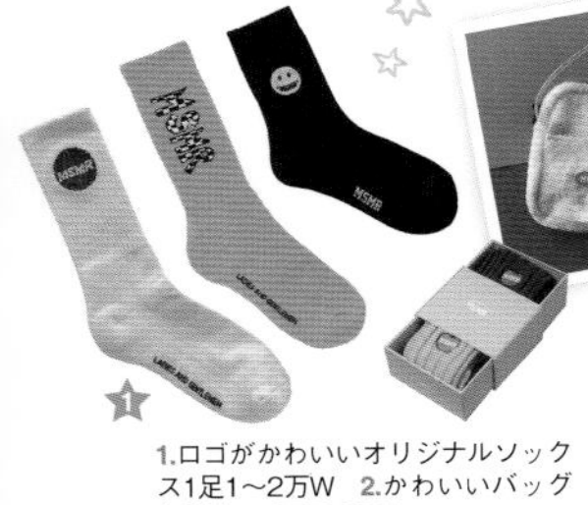

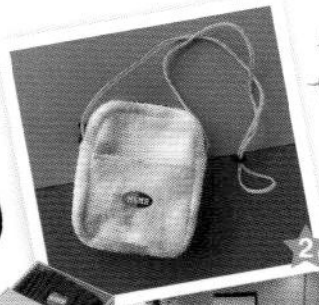

1.ロゴがかわいいオリジナルソックス1足1～2万W 2.かわいいバッグも販売。4万5000W

4 オージーヒル Aussie Hill

南半球へ一気にワープしよう 16:00

オーストラリアのデザートが味わえるカフェ。特にメレンゲをベースにしたパブロバが人気で、これを目当てに多くの人が訪れる。住宅街の一角にある2階建ての素朴な雰囲気もいい。

Map 別冊P.17-D2 漢南洞

🏠용산구 대사관로11길 9-9 ☎02-790-7178 🕘11:30～L.O.20:30 [休]無休 [Card]A.J.M.V. [英] [交][M]6号線漢江鎮(631)駅3番出口から徒歩約10分 [Wi-Fi]○ ◎aussie_hill_

奥まった裏通りにある

オーストラリアの国民食ミートパイ各5500W

焼いたメレンゲに生クリームとフルーツでデコレーションしたパブロバ1万3000W

✉ 梨泰院は夜遊びするにも楽しい街。多国籍レストランやパブもあり、外国人が多いから不思議な気分に♪（富山県・メクチュ）

Nソウルタワー
漢江
漢南洞～梨泰院
～経理団

[Map 別冊P.17]

デザインの
相談してください

社長のユンさん（右）と日本語スタッフのキムさん

5 17:00

梨泰院で良心価格のレザーをゲット

フェララ Ferrara

格安で革製品を売る店が多い梨泰院。なかでも日本人観光客から信頼のあつい店がここ。上質のイタリア産レザーとスペイン産ファーがリーズナブルに揃う。自社工場でオーダーにも対応するので仕上がりが迅速。

[Map 別冊P.17-C2] 梨泰院

🏠용산구 이태원로 169 ☎02-797-5117 🕘10:00～19:30 [休]無休 [Card]A.J.M.V. [日] [交][M]6号線梨泰院（630）駅1番出口から徒歩約1分

FERRARA

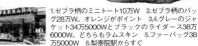

1.ゼブラ柄のミニトート10万W 2.ゼブラ柄のバッグ28万W。オレンジがポイント 3,4.グレーのジャケット34万5000Wとブラックのライダース38万6000W。どちらもラムスキン 5.ファーバッグ38万5000W 6.梨泰院駅からすぐ

6 18:00

夕食はちょっと変わった鍋料理の店

パダ食堂

パダシッタン／바다식당

プデチゲをアレンジしたジョンスンタンの超人気店。ハムやソーセージでコクを出した特製スープでとろとろに煮込んだキャベツやジャガイモが美味！

[Map 別冊P.17-D2] 漢南洞

🏠용산구 이태원로 245 2F ☎02-795-1317 🕘11:30～22:00 [休]第1･3･5月 [Card]M.V. [交][M]6号線漢江鎮（631）駅1番出口から徒歩約4分

辛ウマに
中毒性がある

1.ジョンスンタン2人分2万4000W。チーズが辛さをマイルドにする 2.ソカルビバーベキュー1人分3万2000W（注文は2人分から）も絶品！

Nソウル
タワーの夜景

7 19:00

ラストは絶景ビアパブで乾杯！

ナムサンケミストリー

Namsan Chemistry

1.映画のセットのような屋上 2.クラフトビール5000W～、フライドポテト9000W

南山へ続く坂道の途中にあるビアパブ。廃墟のような雰囲気のある建物で、屋上からはNソウルタワーが見渡せる。世界各国の30種類以上のビールが楽しめる。

[Map 別冊P.17-C2] 経理団

🏠용산구 회나무로 33 ☎02-797-2227 🕘14:00～23:00（金～24:00、土12:00～24:00、日12:00～23:00）[休]月 [Card]A.J.M.V. [英] [英] [交][M]6号線緑莎坪（629）駅2番出口から徒歩約10分 [Wi-Fi]○ @namsanchemistry

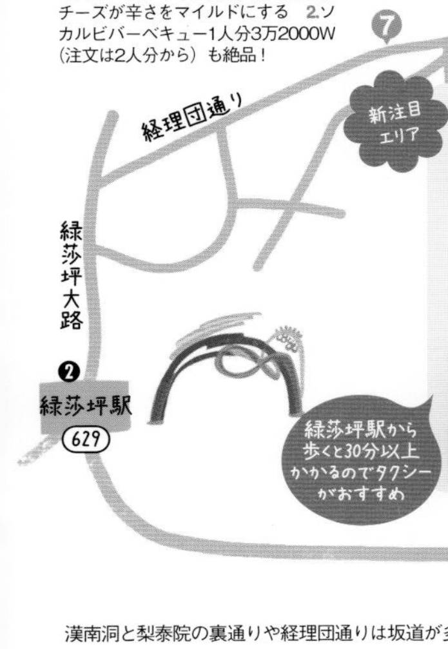
経理団通り
緑莎坪大路
緑莎坪駅
629
漢江鎮駅
631
梨泰院駅
630
梨泰院路
緑莎坪駅から歩くと30分以上かかるのでタクシーがおすすめ
ソウルの街並みが一望できる

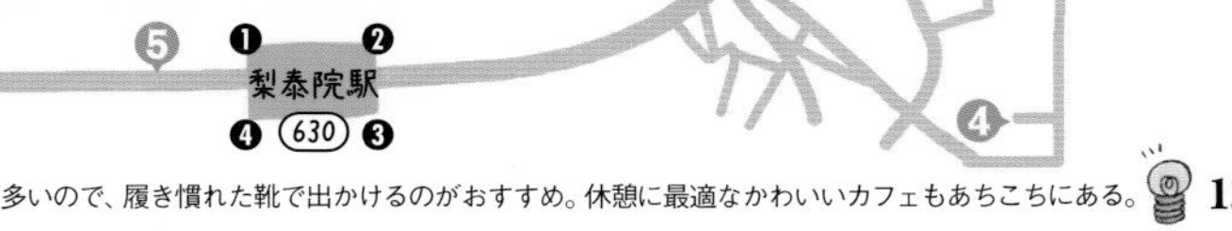

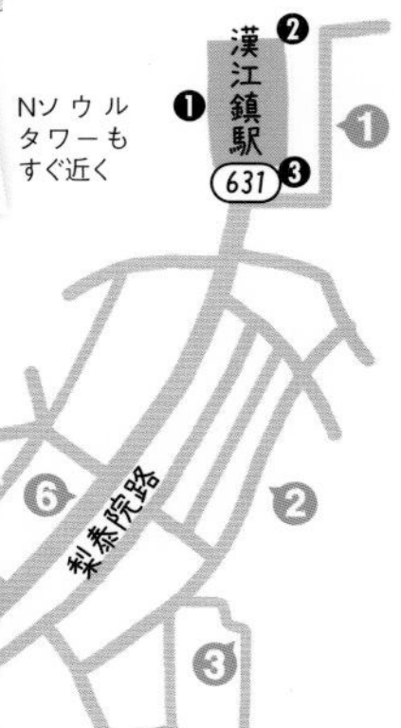

新注目エリア

解放村の名物カフェで眺望を楽しむ

南山の中腹にある古い街。数年前から、街の特徴である高台と傾斜を生かした眺望カフェがちらほらとオープン。特に、レトロな窓越しに眺望が楽しめるこちらのカフェが人気。

ROYAL

Nソウルタワーもすぐ近く

ザ・ロイヤル・フード&ドリンク The Royal Food & Drink

[Map 別冊P.8-B3] 解放村

🏠용산구 신흥로20길 37 ☎070-7774-4168 🕘10:00～L.O.17:15 [休]無休 [Card]J.M.V. [英] [英] [交][M]6号線緑莎坪（629）駅2番出口からタクシーで約8分 [Wi-Fi]○ @theroyalfad

漢南洞と梨泰院の裏通りや経理団通りは坂道が多いので、履き慣れた靴で出かけるのがおすすめ。休憩に最適なかわいいカフェもあちこちにある。

掘り出し物がザックザク！迷路のような南大門市場（ナンデムンシジャン）はガヤガヤ楽しいラビリンス

最寄り駅はここ！
Ⓜ4号線会賢（425）
駅5番出口

ソウル最古の城門・崇礼門（南大門）のお隣に広がる2万坪に及ぶ南大門市場。入り組んだ場内には約1万2000軒の店が並び、不思議で楽しいスポットの宝庫！

TOTAL 約4.5時間

南大門おさんぽ
TIME TABLE

12:30 ハン・スンジャハルモニ・ソンカルグクスチプ
↓ 徒歩約10秒
13:00 カメゴル・イェンナル・ソンワンマンドゥ&ソンカルグクス
↓ 徒歩約30秒
13:15 ココ・アクセサリーモール
↓ 徒歩約3分
14:00 テドジュエリー
↓ 徒歩約3分
14:30 大都総合商街
↓ 徒歩約30秒
15:00 ドケビ
↓ 徒歩約5分
15:30 トップディスプレイ
↓ 徒歩約2分
16:00 南大門コーヒー

1 名物おばあさんの激安うどん　12:30
ハン・スンジャハルモニ・ソンカルグクスチプ
한순자할머니손칼국수집

自家製うどん・カルグクスはのど越しつるつるで、魚介だしが効いたスープもおいしい。うどんをオーダーするとミニビビン冷麺と麦飯がサービスで付いて1万W。

おかずも付いてくる

Map 別冊P.10-A3　南大門

🏠中区 南大門市場4ギル 39-1 ☎02-777-9188 ⏰24時間 休無休 Card不可 Ⓜ4号線会賢（425）駅5番出口から徒歩約1分

1. 麺に麺のサービスというのがユニーク
2. 高く積まれたデリバリー用のトレイが目印

2 蒸したてを狙いたいホカホカ肉まん　13:00
カメゴル・イェンナル・ソンワンマンドゥ&ソンカルグクス
가메골옛날손왕만두&손칼국수

お待たせしました！

おなかいっぱいでも絶対食べたい南大門の行列のできる肉まん。小ぶりでも具がぎっしりで食べ応え満点。1日1万7000個も売れるという。

Map 別冊P.10-A3　南大門

🏠中区 南大門市場4ギル 42 ☎02-755-2569 ⏰8:00～20:00 休日 CardA.J.M.V. Ⓜ4号線会賢（425）駅5番出口から徒歩約1分 URLgamegolfood.modoo.at

1. 普通と辛口の2種類でテイクアウト1個1000W～。ほんのり甘くモチモチ食感の皮と具だくさんのあんが絶妙 2. 次々と蒸し上がる 3. イートインはキムチ、たくあん付きで4個4500W

3 ビルの中のアクセサリー問屋へ　13:15
ココ・アクセサリーモール
Coco Accessories Mall

ヘアアクセが充実の問屋さん。ひとつからでも買える店が多いので、スタッフに気軽に声をかけてみて。

デザインいろいろ！

Map 別冊P.10-A3　南大門

🏠中区 南大門市場4ギル 32 ⏰7:00～20:00（土～14:00）※店舗により多少異なる 休日（店舗により異なる）Card不可 Ⓜ4号線会賢（425）駅5番出口から徒歩約3分

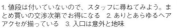

1. 値段は付いていないので、スタッフに尋ねてみよう。まとめ買いの交渉次第でお得になる 2. ありとあらゆるヘアアクセが揃っている 3. 入口は意外と地味

4 14:00
テドジュエリー　대도쥬얼리
卸価格の最旬アクセサリーがずらり

狭いスペースでアクセサリーを手作りする職人がずらり。卸売り専門だけど、まとめ買いなら小売りに対応してくれる店もあるのでスタッフに聞いてみて。

1. ピアスは10個以上の購入で1個3000W～ 2. 人気のセレクトショップも買いつけにくる 3. ビルの1階。入口は裏通りに面している

黙々と作業する職人

Map 別冊P.10-A3　南大門

🏠中区 南大門市場4ギル 21 ☎店舗により異なる ⏰6:30～17:30（土～14:00）※店舗により多少異なる 休日 Card店舗により異なる Ⓜ4号線会賢（425）駅5番出口から徒歩約8分

Map 別冊P.10-A3 南大門

6 クールな靴がたくさん見つかる
ドケビ 도깨비 `15:00`

スニーカー、サンダル、ブーツなどあらゆる種類のシューズがラインアップ。デザインも多彩でお手頃価格。日本語ができるスタッフも常勤し、値引き交渉もOK！

Map P.10-A3 南大門

南大門市場4길 9 ☎02-753-8023
7:00～22:00 休日 Card A.J.M.V. 休日 M4号線会賢（425）駅5番出口から徒歩約5分

日本にも卸してます

1. ビーズのデコがかわいいスニーカー7万5000W 2.スタッズのスリッポン4万5000W 3.ローヒールパンプス9万8000W。トレンドをおさえた商品が随時入荷する

迷路のような南大門市場

7 季節やイベントの包装資材が豊富 `15:30`
トップディスプレイ Top Display

包装紙や紙袋、リボン、シールなどラッピング用品を豊富に扱う専門店。バラマキみやげを入れて渡すのにも使えそう。韓国らしい伝統モチーフのカードもある。

Map 別冊P.10-A3 南大門

中区 남대문시장길 13 ☎02-757-1400 8:00～20:00 無休 Card A.J.M.V. 休日 M4号線会賢（425）駅5番出口から徒歩約8分 URL topdisplay.co.kr

1. 韓服デザインのカード各1000W 2. 韓国で大人気のファンファンダックのラッピングバッグ20枚入り3000W～ 3. ハングルメッセージのミニバースデイカード各500W 4. リボンのデザインもサイズも豊富

5 `14:30`
生活雑貨専門ビルでおみやげ探し
大都総合商街
テドチョンハブサンガ／대도종합상가

オレンジ色の外観が目印の通称D棟。地下1階は輸入食品、1階はファッション雑貨、2階は伝統工芸品、3階は食器やキッチン道具などの生活雑貨を扱っている。

Map 別冊P.10-A3 南大門

中区 남대문시장4길 9 ☎02-753-6016
9:00～17:00 休日 M4号線会賢（425）駅5番出口から徒歩約5分

1. 伝統柄のポーチ3000Wはポケットが2個あって使いやすい 2. アクセケースにも最適な巾着袋3000W 3. 布ケース付きの箸セット4000W 4. パッピンスなどを入れる器8万W 5. ビビンバ用の器9万8000W

ランチの配達中だよ！

南大門地下商街

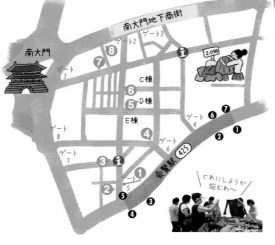

南大門

C棟
D棟
E棟

ゲート1 ゲート2 ゲート3

会賢駅 425

どれにしようか悩むわ～

8 ラストは市場の名物コーヒー `16:00`
南大門コーヒー
ナンデムンコーヒー／남대문커피

テイクアウト専門のコーヒースタンド。南大門のイラストが描かれたベパーミントグリーンのカップがかわいいとSNSで評判。南大門市場に来たら、ぜひ立ち寄りたい。

Map 別冊P.10-A3 南大門

中区 남대문로 10 ☎02-318-1133
8:00～17:00（土9:00～15:00）休月 Card A.M.V. M4号線会賢（425）駅5番出口から徒歩約10分 namdaemun coffee_ 永登浦ほか

1.アメリカーノ2500W、ラテ3500Wと値段もお手軽 2 ドアもかわいいミントグリーン

ソウル路7017（P.63）の完成により、ソウル駅から遊歩道を歩いて南大門市場にアクセスできるようになった。

旧屋敷町三清洞（サムチョンドン）は伝統×モダンが絶妙おしゃれな韓屋スポット巡り

最寄り駅はここ！
Ⓜ3号線安国（328）駅1・3番出口

朝鮮王朝時代の伝統的な街並みが今も残るレトロなエリア。伝統家屋・韓屋を利用したカフェやショップが点在し、街を散策するだけで現在と過去を行き来しているみたい。

TOTAL 約4.5時間

三清洞おさんぽ TIME TABLE
- 13:00 カフェオニオン
- ↓ 徒歩約3分
- 14:00 ミオリ
- ↓ 徒歩約1分
- 14:30 ウンナム
- ↓ 徒歩約30秒
- 15:00 グランハンド
- ↓ 徒歩約5分
- 15:30 閶房都監
- ↓ 徒歩約1分
- 16:00 ソグノリングス
- ↓ 徒歩約3分
- 16:30 チャマシヌントゥル

---

1 三清洞らしい韓屋からスタート 13:00
カフェオニオン Cafe Onion

韓屋をリノベーションしたベーカリーカフェ。広い中庭を囲むように縁側があり、店内は靴を脱いでくつろげる座敷になっている。カフェに併設された工房で焼き上げるパンが自慢。

Map 別冊P.15-D3 三清洞

🏠 鐘路区桂洞길 5 ☎070-7543-2123 ●7:00〜L.O.21:30（土・日・祝9:00〜）無休 Card A.J.M.V. 変Ⓜ3号線安国（328）駅3番出口から徒歩約1分 Wi-Fi ○ URL onionkr.com 聖水洞ほか

1. 韓屋でマルと呼ばれる縁側が中庭を囲む
2. 焼きたてのパンが並ぶ 3. インジョルミ（きな粉）パンドール5500W、アボカドサンド6000W、あんバター4500W、カフェラテ5500W、バニララテ6000W

歴史を感じる門構え

---

2 一点物のバッグに出会えるショップ
ミオリ Mee*ori 14:00

オーナー自らがデザインするバッグ専門店。機能性とデザイン性に優れ日本にもファンが多い。生地に動物性素材を使わないなど環境にも配慮した製品作りも高く評価されている。

Map 別冊P.15-D3 三清洞

🏠 鐘路区 尹潽善길 65 ☎02-722-7660 ●11:00〜16:00（変動あり）休不定休 Card A.J.M.V. 変Ⓜ3号線安国（328）駅1番出口から徒歩約4分 @meeori_bag

1. ポーチ3万3000W 2. 週末しか営業していないこともあるのでインスタグラムで営業日時の確認を 3. トートにもなるクラッチ7万9000W 4. スノウドロップバッグ11万9000W

青瓦台（旧大統領府）

北村韓屋村

何を買おうかな♪

---

3 和み系ゆるかわアクセ 14:30
ウンナム 은나무

3人の女性作家が手がけるハンドメイドアクセサリーの店。天然石を使い、伝統美を取り入れたゆるかわデザインがキュート！

Map 別冊P.15-C3 三清洞

ディスプレイもかわいい！

🏠 鐘路区 栗谷路3길 72 ☎02-730-2867 ●10:30〜20:00 休無休 Card A.J.M.V. 日変Ⓜ3号線安国（328）駅1番出口から徒歩約5分 URL eunnamu.com 仁寺洞

1,4. 変色しない加工シルバーを使用 2. 自然モチーフで優しい印象 3. 白が基調の店

景福宮

三清洞キル

安国駅

❶❷❸❹❺❻(328)

4 韓国発フレグランス専門店 `15:00`

グランハンド Granhand

アロマキャンドル、ルームスプレー、ディフューザーなど天然素材を使ったハンドメイドのフレグランスが勢揃い。ミニマルなパケもナチュラルでおしゃれ。

Map 別冊P.15-C3 三清洞

🏠 鍾路区栗谷路3キル69 ☎02-333-6525
🕐11:30～20:30（金・土12:00～21:00）❌無休
💳A.J.M.V. 🚇M3号線安国（328）駅1番出口から徒歩約5分 **URL**granhand.com 🏠弘大、狎鴎亭ほか

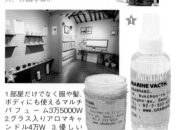

1.部屋だけでなく服や髪、ボディにも使えるマルチパフューム3万5000W
2.グラス入りアロマキャンドル4万W
3.優しい香りに癒やされる

Map 別冊P.15

5 `15:30`

繊細で美しい刺繍にウットリ♡

閨房都監 キュバントガム／규방도감

韓屋を利用した趣ある店内でオーナーのウ・ヨンミさんが手作りする刺繍リネンのショップ。花や植物がモチーフでどれも優しく繊細。

Map 別冊P.15-C2 三清洞

🏠 鍾路区北村路5ガキル44-5 ☎02-732-6609 🕐10:00～19:00 ❌日 💳A.M.V. 🚇M3号線安国（328）駅1番出口から徒歩約13分 📷@kyubangdogam

1. スリッパ4万W　2. コーン形の鍋つかみ各1万5000W　3. 築70余年の韓屋を利用　4. ワインバッグ6万5000W　5. オーナーのヨンミさん

> 愛情を込めてます

6 三清洞生まれのジュエリーブランド

ソグノリングス Sogno Rings `16:31`

デザイナーのソン・ヒギョンさんが三清洞で開いた小さなアクセサリーショップが始まり。現在はリングを中心としたジュエリーブランドに成長し、同じ三清洞に一軒家のアトリエも構えている。

Map 別冊P.15-C2 三清洞

🏠 鍾路区 三清路75-1 ☎02-723-1423 🕐11:00～13:00、14:00～20:00 ❌月・火 💳J.V. 🚇M3号線安国（328）駅1番出口から徒歩約15分 **URL**sogno-rings.com 🏠三清洞

> 布ラベルがおしゃれ

1. カップルリングとして購入する人も多い。価格は30万W～　2. グリーンのドアが目印

> バス通りに面している

タイムスリップ 伝統建築が見られる 北村韓屋村

景福宮に近い北村は朝鮮王朝時代の貴族・両班の人々が暮らしていたエリア。現在も約900軒の伝統韓屋が残っており、実際に住居として保存している。

北村韓屋村
プッチョンハノクマウル／북촌한옥마을

Map 別冊P.15-D2 三清洞

7 伝統家屋でほっこりティーブレイク `16:30`

チャマシヌントゥル 차마시는뜰

> シナモンが効いてる！

韓屋を改装した伝統茶カフェ。五味子茶、百花茶など種類豊富なお茶のほか、スイーツもおすすめ。どの席からも美しい中庭が眺められる。

Map 別冊P.15-C2 三清洞

🏠 鍾路区北村路11ナキル26 ☎02-722-7006 🕐12:00～21:00（土・日11:00～）❌月 💳A.J.M.V. 🚇M3号線安国（328）駅1番出口から徒歩約13分 📶○ 📷@cha.teul

1. 韓国風おしることのタンパッチュ1万W、甘・辛・苦・塩・酸の5つの味を感じられる五味子茶8000W　2. 中庭を囲む造りになっている　3. 韓菓をアレンジしたもっちり食感のカボチャの蒸し餅と百花茶、各1万W

 旧屋敷町 三清洞

2022年5月に一般公開された青瓦台（P.20）の東門から出ると三清洞に近い

朝鮮王朝時代の伝統と歴史に彩られたヒストリカルタウン 仁寺洞（インサドン）でキュートな雑貨探し

朝鮮王朝時代に王宮で働く人々が住んでいた街。当時の古きよき面影が残る通りには韓国らしい伝統工芸や雑貨の店が並ぶ。この街らしい雑貨たちをお持ち帰りしよう。

最寄り駅はここ！
[M]3号線安国（328）駅6番出口
[M]1·3·5号線鍾路3街（130·329·534）駅5番出口
[M]1号線鐘閣（131）駅3番出口

TOTAL 約3.5時間

仁寺洞おさんぽ TIME TABLE
- 11:00 チョンウォンピョグ
- ↓ 徒歩約10秒
- 11:15 国際刺繍院
- ↓ 徒歩約1分
- 11:30 KCDFギャラリー
- ↓ 徒歩約2分
- 12:00 トンインカゲ
- ↓ 徒歩約1分
- 12:30 トマ
- ↓ 徒歩約2分
- 13:30 ポンウォンピルパン
- ↓ 徒歩約3分
- 13:45 クァンソンピルパン
- ↓ 徒歩約1分
- 14:00 アルムダウン茶博物館

伝統を感じる韓布巾着！

1 チョンウォンピョグ　11:00

カラフル雑貨探しならココ！

정원표구

軒先に大量に並ぶ伝統雑貨や韓国アイドルグッズなどバラエティ豊かな品揃えに驚き！ 色柄も豊富なので、宝探し感覚でのぞいてみて。

1.小物入れにちょうどよいサイズでバラマキみやげに◎ 各1000W 2.マチが広くたっぷり収納できるマルチカラーポーチ4000W～ 3.食卓を華やかに彩る、5色セットのカラフルコースター8000W

Map 別冊P.13-C1　仁寺洞

🏠종로구 인사동길 44 サムジキル1F ☎02-738-9798 🕘8:00～21:30 [休]無休 [Card]A.J.M.V. [交][M]3号線安国（328）駅6番出口から徒歩約3分

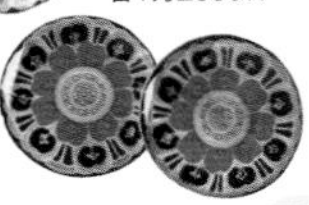

伝統文様柄アクセは上品コーデの仕上げにぴったり。各1万2000W

伝統柄のピアス

2 国際刺繍院　11:15

華やかで繊細な手刺繍がズラリ

クッチェジャスウォン／국제자수원

韓国刺繍はカラフル＆繊細で愛らしいデザインが魅力。刺繍も縫製もハンドメイドで、すべて一点物！ ちょっと差がつく雑貨を選ぼう。

Map 別冊P.13-C1　仁寺洞

🏠종로구 인사동길 41 ☎02-723-0830 🕘10:00～20:30 [休]無休 [Card]A.J.M.V. (日) [交][M]3号線安国（328）駅6番出口から徒歩約3分 [URL]suyeh.co.kr

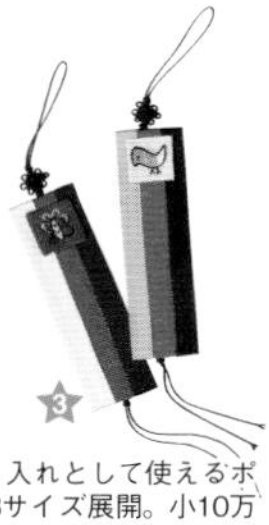

1.コスメ入れとして使えるポーチは3サイズ展開。小10万W～ 2.鮮やかなブルーの地に植物モチーフの刺繍をあしらったクラッチ35万W～ 3.韓国テイストのブックマーク各7000W 4.緻密で繊細な刺繍を施しためがねケース6万5000W

3 KCDFギャラリー　11:30

巨匠から新人の作品まで集結

KCDF Gallery

伝統工芸品から骨董品、最旬のデザイナー作品まで展示されるギャラリー。鑑賞するだけでなく気に入れば購入もOK！ 韓国デザインの神髄に触れるならココ。

Map 別冊P.13-C1　仁寺洞

🏠종로구 인사동11길 8 ☎02-732-9382 🕘10:00～12:00、13:00～18:00 無休 [Card]A.J.M.V. [交][M]3号線安国（328）駅6番出口から徒歩約3分 @kcdf_insta

画像提供／KCDFギャラリー

韓刺繍キーホルダー

1. 韓国で幸運を呼ぶといわれる亀モチーフ。各8万500W～ 2. ご祝儀を包む袱紗、各3万5000W 3. ムクゲデザインの韓布ヘアゴム各1万W 4. ポシャギのコースター3万5000W 5. 韓紙のトレイ1万3000W～

4 トンインカゲ　12:00

工芸作家の秀作を探しにいこ！

통인가게

1924年に創業した老舗で、ビル1棟がすべて伝統工芸のショップ＆ギャラリー。新進作家の発掘にもひと役買っている。

Map 別冊P.13-C1　仁寺洞

🏠종로구 인사동길 32 ☎02-733-4867 🕘10:30～18:30（日12:00～17:00）[休]火 [Card]A.J.M.V. (日) [交][M]3号線安国（328）駅6番出口から徒歩約5分

仁寺洞はレンタルの韓服に着替えて観光すると雰囲気が出ていい感じです♡（宮城県·AYA）

仁寺洞
Nソウルタワー
漢江

Map 別冊P.13

328 安国駅
サムジキル
仁寺洞ギル
130 329 534
鍾路3街駅 →
スターバックスコーヒー
タプコル公園
← 131 鐘閣駅
伝統柄のポーチだ!
バラマキにぴったり!

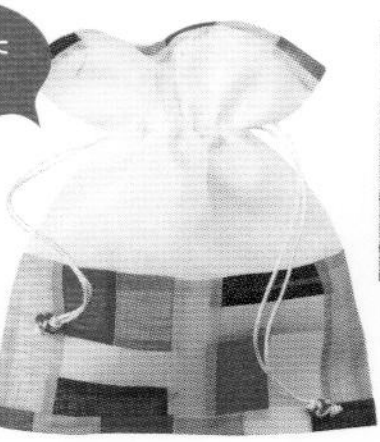

ポジャギの色合いとシャリ感のある麻素材がナイス！5000W

仁寺洞でキュートな雑貨探し

5 ランチはテンジャンチゲ定食 トマ 도마 12:30

仁寺洞の裏通りにある行列のできる人気店。豚しゃぶしゃぶやチヂミなどの韓国料理が楽しめる。観光客におすすめなのは豚首肉の炭火焼きの釜飯セット。テンジャンチゲやおかずも付いてくる定食スタイル。

Map 別冊P.13-C1 仁寺洞

住 종로구 인사동8길 6-1 ☎02-733-9376 🕘11:30～14:30、17:00～L.O.20:00 休月 Card A.J.M.V. 交Ⓜ3号線安国(328)駅6番出口から徒歩約5分 ◎doma_insa

1.カルビ釜飯定食2万1000W。唐辛子たっぷりのテンジャンチゲが付いてくる 2.店内は韓屋造りになっている

トラの看板が目印

6 雑貨も揃う筆の専門店 ポンウォンピルパン 13:30

봉원필방

店内の天井から下がる筆の様子は圧巻。老舗の風格が漂い、思わず1本買ってしまいそう。色合いキュートな雑貨はまとめ買い必至！

Map 別冊P.13-C1 仁寺洞

住 종로구 인사동길 39 ☎02-739-9611 🕘9:30～20:00(土～19:30)、5～10月9:30～20:30(土～20:00) 休無休 Card M.V. 交Ⓜ1・3・5号線鍾路3街(130・329・534)駅5番出口から徒歩約6分

7 手頃な伝統雑貨が勢揃い クァンソンピルパン 13:45 관성필방

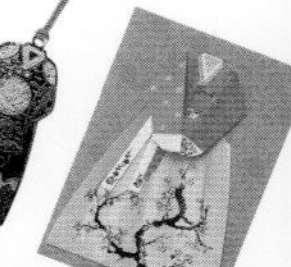

1.韓服ブックマーク2000W 2.韓服をかたどったキュートなカード各3000W

筆の専門店の軒先には、筆と関連が深い紙類の雑貨がズラリ。韓服モチーフのメッセージカードやブックマークなど、プチギフトにぴったりな伝統雑貨をリーズナブルにゲットできる！

Map 別冊P.13-C2 仁寺洞

住 종로구 인사동길 11 ☎02-735-7100 🕘9:00～20:00 休無休 Card A.J.M.V. 交Ⓜ1·3·5号線鍾路3街(130·329·534)駅5番出口から徒歩約3分

伝統的な建物も必見

8 韓国のお茶文化を体感！ アルムダウン茶博物館 14:00

アルムダウンチャパンムルグァン／아름다운차박물관

お茶文化を広めることを目的につくられた、韓屋造りの博物館。伝統とモダンが共存する空間にカフェやショップ、ギャラリーを併設し、ゆっくりと巡りながらお茶について知ることができる。

Map 別冊P.13-C2 仁寺洞

住 종로구 인사동길 19-11 ☎02-735-6678 🕘11:30～20:00 休無休 Card A.J.M.V. 交Ⓜ1・3・5号線鍾路3街(130・329・534)駅5番出口から徒歩約5分

1.カフェを利用しなくても、ショップやギャラリー(無料)だけの利用もOKという気軽さも◎ 2.世界各国の上質な茶葉も展示されている

仁寺洞のランドマーク ソウルっこたちに人気のデートスポット

有名建築家が手がけた地下1階地上4階、回廊式の構造がユニークなショッピングスポット。伝統雑貨にモダンテイストを加えた雑貨などのショップが集まっている。

サムジキル 쌈지길

Map 別冊P.13-C1 仁寺洞

住 종로구 인사동길 44 ☎02-736-0088 🕘10:30～20:30 休無休 Card 店舗により異なる 交Ⓜ3号線安国(328)駅6番出口から徒歩約3分 ◎ssamzigil_official

1.SNS映えするスポットも多い 2.柳の木が建物の周囲を囲んでいる 3.ウインドーショッピングにぴったりの内部

韓屋タウン·益善洞(P.38)は仁寺洞の隣の区画に位置している。徒歩で約10分ほどなので、つなげて散策するのがおすすめ。

スターもお気に入り♡
狎鴎亭洞（アックジョンドン）〜清潭洞（チョンダムドン）をセレブ気分で街歩き

最寄り駅はここ！
Ⓜ水仁・盆唐線狎鴎亭ロデオ
（K212）駅1〜7番出口
Ⓜ3号線狎鴎亭
（336）駅2・3番出口

TOTAL
約6時間

狎鴎亭洞〜清潭洞おさんぽ TIME TABLE

- **14:00** プラスビュー
  - ↓ 徒歩約1分
- **14:30** ピアシングマインド
  - ↓ 徒歩約3分
- **15:00** コンテドゥトゥロアー
  - ↓ 徒歩約3分
- **15:30** トサンマンマ
  - ↓ 徒歩約3分
- **16:30** 雪花秀フラッグシップストア
  - ↓ 徒歩約15分
- **17:30** ディエチコルソコモソウル
  - ↓ 徒歩約10分
- **18:30** エスエスジーフードマーケット
  - ↓ 徒歩約1分
- **19:00** 清潭コル

ロデオ通りを中心にショップやカフェが点在する狎鴎亭洞。
高級デパートや海外の一流ブランドが軒を連ねる清潭洞。
ソウルいち芸能人出没率の高いエリアをドキドキさんぽ！

1 ロデオ通りのブティックからスタート！ 14:00
プラスビュー Plusbeau

韓国のえりすぐり新進ブランドが約25ラインアップ。ソウルのトレンドが一目瞭然で、最旬ファッションの動向をキャッチできる。

Map 別冊P.22-A2 狎鴎亭洞

🏠강남구 압구정로 50길 22 ☎02-516-3549 ⏰11:00〜21:00 休無休 Card A.J.M.V. 英 Ⓜ水仁・盆唐線狎鴎亭ロデオ（K212）駅5番出口から徒歩約3分

エッジの効いたデザイン

1. DRESSDENのトップス8万9000W
2. Man.Gのコート24万8000W
3. ブランドがズラリ
4. JARRETのショーパン17万8000W

2 K-POPスター愛用ピアス店へ 14:30
ピアシングマインド Piercing Mind

オーナーのオリジナルデザインを扱う。キュートからハードまでバラエティに富んだピアスが人気で、K-POPスターにも愛用者が多いことで有名。

Map 別冊P.22-A2 狎鴎亭洞

🏠강남구 압구정로 50길 27 ☎02-542-4005 ⏰12:00〜21:30 休無休 Card M.V. 英 Ⓜ水仁・盆唐線狎鴎亭ロデオ（K212）駅6番出口から徒歩約5分

1. 星形ピアス2万4000W
2. シルバーのネックレス50万W
3. クロスのピアス6万W
4. ボディ用ピアスも豊富

3 ナチュラルアロマ店をチェック 15:00
コンテドゥトゥロアー Conte de Tulear

植物から生まれたフレグランスブランドのショップ兼カフェ。一軒家を利用した店内はフレッシュアロマの優しい香りに包まれている。ビンテージ家具を配した店内やテラスも居心地抜群。

Map 別冊P.22-A2 狎鴎亭洞

🏠강남구 도산대로49길 39 ☎070-8846-8490 ⏰11:00〜24:00（日〜23:00）休無休 Card A.J.M.V. 英 Ⓜ水仁・盆唐線狎鴎亭ロデオ（K212）駅5番出口から徒歩約5分 Wi-Fi Ⓘcontedetulear

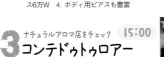

1. カフェではブランチやデザートが楽しめる
2. さりげないディスプレイがおしゃれ
3. ソイキャンドル各4万6000W
4. マルチスプレー120mℓ 1万8000W
5. ゴムの木の樹液から作られるアラビアガムにアロマを染み込ませたルームフレグランス13万5000W

1. クリーム入りクロワッサン各6500〜7000W、フレッシュフルーツジュース各8500W
2. チョコクレープタルト2万5000W
3. 緑に囲まれたテラス席
4. 素通りできないほど派手な外観がユニーク

4 デザートカフェでスイーツタイム 15:30
トサンマンマ Dosan Mamma

ピンクの外観が目を引く名物カフェ。店内はたくさんの花と緑に囲まれている。ケーキやタルト、クロワッサンなど、ショーケースには見た目もかわいいデザートがずらりと並ぶ。

Map 別冊P.22-A2 狎鴎亭洞

🏠강남구 압구정로 42길 45 ☎02-511-0620 ⏰10:00〜23:00 休無休 Card A.J.M.V. 英 Ⓜ水仁・盆唐線狎鴎亭ロデオ（K212）駅5番出口から徒歩約7分 Wi-Fi Ⓘmammamiadosan

 狎鴎亭でのスターの遭遇率は高いので、いつも道行く人をさりげなくチェックしています。（沖縄県・ちゅらら）

5 雪花秀フラッグシップストア

優雅な空間でコスメ探し **16:30**

ソルファスフラッグシップストア／
Sulwhasoo Flagship Store

大手メーカー、アモーレパシフィックが展開する韓方の高級コスメブランド。6フロアにショップのほかスパも併設。

Map 別冊 P.22-A2 狎鴎亭洞

🏠 강남구 도산대로45길 18 ☎541-9270
🕐10:00～19:00（スパ～20:00）休第1月
Card A.J.M.V. 🚇水仁·盆唐線狎鴎亭ロデオ
（K212）駅5番出口から徒歩約7分 URL sulw
hasoo.com

1. お試しやカウンセリングも受けられる　2. フルラインが揃い、限定品も

6 ディエチコルソコモソウル

ハイセンスなアイテムに会える **17:30**

10 Corsocomo Seoul

ミラノ生まれのマルチショップ。アパレルのほか、コスメ、雑貨、アートなど選びぬかれた逸品だけを扱っている。

スターの常連も

Map 別冊 P.22-B1 清潭洞

🏠 강남구 압구정로 416 ☎02-2118-6095 🕐11:00～20:00（カフェ・レストラン～22:30）休無休 Card A.J.M.V. 🍴🚇水仁·盆唐線狎鴎亭ロデオ（K212）駅3番出口から徒歩約2分 URL 10corsocomo.com

ボトルもおしゃれ

Map 別冊 P.22-23

7 エスエスジーフードマーケット

セレブ御用達スーパーマーケット

SSG Food Market **18:30**

新世界グループが運営する高級スーパー。厳選された良質の食材のみを扱っている。SSGオリジナルラベルのプレミアム食材は特に注目。韓国芸能人御用達店として有名。

Map 別冊 P.22-B2 清潭洞

🏠 강남구 도산대로 442 B1F ☎02-6947-1234 🕐10:00～22:00 休第2·4日 Card A.J.M.V. 🚇水仁·盆唐線狎鴎亭ロデオ（K212）駅4番出口から徒歩約10分 URL ssgfoodmarket.com

1. オリジナルラベルのドライペッパー　2. 食品ブランド、オットギのドレッシング

8 清潭コル

韓国家庭の味を提供する定食屋

チョンダムコル／청담골 **19:00**

山菜のナムル、煮物、卵焼き、チゲなど日替わりのおかずが2人分で13種類も並ぶ定食が人気。どれも野菜たっぷりで栄養バランスも満点。混雑するランチタイムを外して訪れるのがおすすめ。

Map 別冊 P.22-B2 清潭洞

🏠 강남구 선릉로148길 48 ☎02-543-1252 🕐10:30～16:00、17:00～L.O.21:50 休無休 Card A.J.M.V. 🚇水仁·盆唐線狎鴎亭ロデオ（K212）駅4番出口から徒歩約10分

1. 家庭料理韓定食1万W～
2. セレブにもファンが多い

狎鴎亭洞～清潭洞をセレブ気分で街歩き

まずは、ロデオ通り行こっか！

狎鴎亭駅 336

ロデオ通り

ギャラリア百貨店

WEST

狎鴎亭ロデオ駅 K212

EAST

彦州路

鳥山公園

鳥山大路

一流ブランドが並ぶ通り

ブランドの新作チェックに行こ♪

清潭駅 729

狎鴎亭洞から清潭洞はエリアが広いので、目指す場所によって地下鉄の駅も使い分けるのがおすすめ。

立ち並ぶ街路樹が美しい
ソウル屈指のおしゃれストリート
カロスキルでおしゃれハント

全長約700mの街路樹通り（カロスキル）を中心に
交差する路地にもショップやカフェが点在するエリア。
おさんぽにぴったりの街を気ままに歩いてみよう。

最寄り駅はここ！
Ⓜ新盆唐3号線新沙
（D04・337）駅8番出口

TOTAL 約4時間

カロスキルおさんぽ
TIME TABLE

13:00	カロコルモッ
↓徒歩約1分	
13:30	チェリーココ
↓徒歩約3分	
14:00	ジェントルモンスター
↓徒歩約3分	
14:30	3CEシネマ
↓徒歩約1分	
15:00	アラウンドザコーナー
↓徒歩約3分	
15:30	イレブンエーエム
↓徒歩約1分	
16:00	C27

カロコルモッは横町という意味

1 表通りの複合モールからスタート
カロコルモッ 가로골목 **13:00**

2019年オープン。5階建ての建物内部はらせん構造になった回廊で屋上スペースまでつながっている。おもにイベントスペースとして使われており、時期によってさまざまなポップアップストアが出店する。

Map 別冊P.24-A2 新沙洞

🏠강남구 도산대로13길 36 ☎02-3442-0901 ⏰11:00～21:00 休無休 Ⓜ新盆唐・3番線新沙（D04・337）駅8番出口から徒歩約6分 URL@garogolmok

1.イベント開催やポップアップストアが出店する1階広場 2.回廊沿いのスペースにもポップアップストアが出店する

2 裏通りのかわいいブティックへ **13:30**
チェリーココ Cherry Koko

日本でもオンラインショップを展開している韓国発アパレルブランドのオフラインショップ。大人かわいいスタイルが得意で値段はリーズナブル。ファッション雑貨も充実。着心地抜群。

Map 別冊P.24-A2 新沙洞

🏠강남구 가로수길 31-3 2F ☎02-545-7255 ⏰12:00～20:00 休月 Card A.J.M.V. Ⓜ新盆唐・3番線新沙（D04・337）駅8番出口から徒歩約6分 URL cherrykoko.com

1.ピアス6000W～ 2.店舗は建物の2階 3.ニット4万9000W、スカート2万5000W 4.ストラップパンプス4万2000W

1,2.デザイン豊富なサングラス25万9000W～ 3.クロゼットの中に商品がディスプレイされていたことも

3 ギャラリーのようなアイウエア店 **14:00**
ジェントルモンスター Gentle Monster

韓国発アイウエアブランドの直営店。斬新すぎるショップインテリアと商品ディスプレイが話題。そんな凝ったインテリアも定期的に完全に入れ替わるというのも驚き。

Map 別冊P.24-A2 新沙洞

🏠강남구 압구정로10길 23 ☎070-5080-0196 ⏰12:00～21:00 休無休 Card A.J.M.V. Ⓜ新盆唐・3番線新沙（D04・337）駅8番出口から徒歩約8分 URL gentlemonster.com 🏠弘大、狎鴎亭洞ほか

3CE寄ってみ！

←新沙駅 ③37 島山大路

狎鴎亭路
全長約700m カロスキル
ソナ

店舗ごとにコンセプトも異なるのでほかのショップも訪ねたくなる

✉ チェリーココは日本公式通販も利用していたので実店舗に行けてうれしかった。（茨城県・トモ）

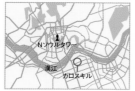

新作コスメを試してみて

1.1階は3CEの新作を中心にディスプレイ 2ブラックの外観が目印 32階のアパレルフロア。ターンテーブルに乗って撮影ができるゾーン

Map 別冊P.24

4 コスメとアパレルをチェック 3CEシネマ 3CE Cinema 14:30

スタイルナンダは店舗ごとにコンセプトが異なり、カロスキル店はシネマをイメージ。1階は3CEのコスメ、2階はアパレルフロアとなっている。仕掛けのあるフォトゾーンも楽しい。

Map 別冊P.24-A2 新沙洞

🏠江南区 狎鴎亭路8ギル 22 ☎02-544-7724 ⏰11:00～22:00 (❽月) Card A.J.M.V. 🚇M新盆唐・3号線新沙 (D04・337) 駅8番出口から徒歩約10分 URLstyle nanda.com 弘大、明洞ほか

5 15:00

カロスキルのランドマーク

アラウンドザコーナー

Around the Corner

韓国アパレルのセレクトショップ。レディス、メンズ両方が揃い、K-POPアイドルも通う人気店。新進デザイナーブランドの発掘に長けていて、ほかにはない個性的なセレクションが魅力。

Map 別冊P.24-A2 新沙洞

🏠江南区 狎鴎亭路12ギル 24 ☎02-545-5325 ⏰11:00～21:00 (❽)無休 Card A.J.M.V. 🚇M新盆唐・3号線新沙 (D04・337) 駅8番出口から徒歩約10分

1.カロスキルに面したコーナーにある 2.地下1階～地上2階の3フロアで展開 3.カラフルなレインボーカラーTシャツ16万5000W 4.ショップロゴ入りポーチ9000W

6 15:30

実店舗はここカロスキルのみ

イレブンエーエム

11am

オンライン発韓国ブランドの唯一のリアル店舗。一見シンプルなデザインに個性をプラスするスタイルが人気。値段はリーズナブルでソウル女子のデイリーウエアとして支持されている。

Map 別冊P.24-A2 新沙洞

🏠江南区 島山大路15ギル 45 ☎02-514-0502 ⏰11:00～20:00 (❽)無休 Card A.J.M.V. 🚇M新盆唐・3号線新沙 (D04・337) 駅8番出口から徒歩約10分 URL11am.co.kr

1.白を基調とした店内 2ニットワンピース8万8000W 3コーディネートの参考にしたい

食べるのをためらうほど美しいデザート

オーナーパティシエが考案した美しすぎるデザートが話題のカフェ。一番人気はシャンパンシュガーボール。イチゴのパンナコッタや食用花を透明の飴細工のボールに閉じ込めた繊細なひと皿。

ソナ Sona

Map 別冊P.24-A2 新沙洞

🏠江南区 江南大路162ギル 40 2F ☎02-515-3246 ⏰12:30～L.O.21:00 (❽火) Card A.J.M.V. 🚇M新盆唐・3号線新沙 (D04・337) 駅8番出口から徒歩約7分 @sona_seoul

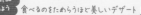

1.シャンパンシュガーボール1万8000W。飴細工を割って土台のチーズケーキと一緒にいただく 2.デザートコースメニューもある

7 おしゃれカフェでチーズケーキ C27 C27 16:00

開放された窓からのぞくのはフロアで異なるユニークなインテリア。通常の2倍のチーズを使用したチーズケーキはどれも濃厚でしっとり。

Map 別冊P.24-A2 新沙洞

🏠江南区 島山大路15ギル 39 ☎02-544-1527 ⏰10:00～L.O.21:00 (❽)無休 Card A.J.M.V. 🚇M新盆唐・3号線新沙 (D04・337) 駅8番出口から徒歩約8分 WIFI 🚬 URL c27.co.kr 弘大ほか

1.チーズケーキ各8900W。27種類を販売する 2ブラックの外観の一軒家カフェ 3観覧車やキッチンなど店内ディスプレイがユニーク

街のど真ん中に世界遺産？ 4王宮&廟巡りでタイムスリップ

ソウルの原点がココに！

世界遺産に登録されている王宮や廟が市内に点在するソウル。お買い物途中にちょっと立ち寄って、華やかなりし朝鮮王朝時代へしばし時間旅行してみない？

景福宮
キョンボックン／경복궁

所要時間 約90分

朝鮮王朝第一の宮殿は真っ先に訪問したい

1395年、朝鮮王朝の創始者・李成桂が創建した正宮。山を背にした宮殿は大都市とは思えないほど雄大な環境にあり、リラックス効果も抜群。日本の植民地時代に撤去されてしまった多くの建物も一部復元され、見応えたっぷり！

Map 別冊P.15-C2 景福宮

住 종로구 사직로 161 ☎02-3700-3900
時 9:00〜18:00（6〜8月〜18:30、11〜2月〜17:00）入場は閉宮1時間前まで 日本語案内10:00、14:30 休火
料 3000W（韓服着用者は無料→P.51） 交 M3号線景福宮（327）駅5番出口からすぐ
URL www.royalpalace.go.kr

START!

ファンファムン
光化門
メインストリート世宗路にあるソウルのシンボル。ここが入場門

クンジョンムン
勤政門
古代東洋以来、正宮には3つの大門があり、そのうちのいちばん内側

クンジョンジョン
勤政殿
景福宮の正殿。内部の屏風絵「日月五峰図」は1万W札の絵柄

1万W札と見比べてみて！

キョンフェル
慶会楼
国家の祝事や宴のときに使用された池上の楼閣

ハンファダン チッギョンダン
咸和堂と緝敬堂
咸和堂は高宗が修養、政務で利用。緝敬堂は経書を読んだ場所

咸和堂

緝敬堂

色彩に注目！
陰陽五行に基づく丹青と呼ばれる鮮やかな色彩も見逃さないで！

ヒャンウォンジョン
香遠亭
人工池の中央にある島に立つ東屋。宮内一の美観スポット

北岳山も入れてパチリ

コンチョングン
乾清宮
高宗皇帝と明成皇后が暮らした宮。両班家屋造りの内部も観覧可能

GOAL!

テウォンジョン
泰元殿
歴代王の御真影を奉り、葬儀や祭祀を執り行った神聖な場所

博物館前にある十二支像。マイ干支と記念撮影すれば運気上昇！

敷地内にはふたつの博物館も！

クンニッコグンパンムルグァン
国立古宮博物館
朝鮮王室の遺物を約4万点所蔵。華やかな衣装や家具なども展示。

Map 別冊P.14-B3 景福宮

☎02-3701-7500
時 10:00〜18:00（水・土〜21:00）入場は閉館1時間前まで 休無休
料無料 URL www.gogung.go.kr
文化商品館（P.129）

クンニッミンソッパンムルグァン
国立民俗博物館
先史時代から朝鮮王朝時代までの人々の生活や文化を垣間見られる。

Map 別冊P.15-C2 景福宮

☎02-3704-3114 時 9:00〜18:00（11〜2月〜17:00、6〜8月の日・祝〜19:00、水・土〜21:00）入場は閉館1時間前まで 休無休 料無料
URL www.nfm.go.kr

春から秋にかけて慶会楼の内部が見学可能！
国宝224号に指定されている2階建ての楼閣。見学は4〜10月で、四季折々の美しさを内部からも楽しむことができる。

時 10:00、14:00、16:00（6〜10月は11:00追加）休火 料無料（景福宮のチケット必要）所要約40分

URL www.royalpalace.go.kr でオンライン予約（英語）

絵のような絶景！

景福宮でパワーチャージしたあとは孝子洞や西村散策が最近のお約束！（静岡県・そらち）

徳寿宮
トクスグン／덕수궁

所要時間 約45分

Map 別冊 P.12-A3　市庁

🏠 中区 世宗大路99　☎ 02-771-9951
🕐 9:00～21:00　入場は閉宮1時間前まで
日本語案内 9:30、16:00（祝日は休み）
🗓 月　💴 1000W（韓服着用者は無料→P.51）
🚇 M1・2号線市庁（132・201）駅
2・12番出口から徒歩約2分
URL www.deoksugung.go.kr

朝鮮王朝最後の王宮は西洋の雰囲気も五大古宮のひとつで1470年の建造。19世紀後半には第26代高宗が移り住み、大韓帝国成立の公布など歴史の舞台にもなった。敷地内には韓国の伝統建築のほか西洋風の建物もあり、ほかの王殿とは違う独特の趣。

任務中は笑いません

韓国時代劇でもよく聞くけど……
両班ってなぁに？
ヤンバン

もともとは、王宮に仕える文官と武官を指す官僚機構のこと。身分制度ができたあとは、最上位に位置する貴族階級を指す。

交代儀式で刀を持つ役人は両班の武官に当たる

START!
テハンムン
大漢門
1900年代から徳寿宮の正門として利用。門前では勤務交代式も開催

中和殿の内部
御座や透刻曲屏を見ることができる。天井に描かれた7つ爪の龍もチェック！

中和殿

チュンファジョン
中和殿
国の公式行事などを司った正殿。往時の姿がよく保存されている

チョンガンホン
静観軒
1900年建造の王の休息所。西洋風の優美なたたずまいがすてき

トクンジョン
徳弘殿
王が賓客の接見を行っていたところ。内部装飾には西洋の影響が

ひと際存在感のある建物

ソクチョジョン
GOAL!
石造殿とイギリス式庭園
韓国初の西洋式庭園と石造殿。西館の国立現代美術館徳寿宮館と東館の大韓帝国歴史館に分かれている

迫力ある儀式！

役柄も衣装も忠実
凛々しい姿にホレボレ
大漢門で行われる守門軍の交代儀式は、伝統衣装に身を包んだ守門将が粛々と儀式を進める姿に目が釘付け！

🕐 11:00、14:00　🗓 月、雨天時、酷暑時、極寒時　@seoulroyalguard

KOREAの文字も珍し~

王宮仕様のスタバ!?
徳寿宮からも近いスタバ。なんとココ、王宮と同じ韓国式のカラフルな屋根付き！

場所はウェスティン 朝鮮ソウルの隣
Map 別冊P.10-B2

うれしくないジンクスも……

徳寿宮脇の石垣道
徳寿宮南側の石垣沿いにある通りは、美しいイチョウ並木が続く雰囲気抜群の散歩道。しかし、カップルでここを訪れると別れるというジンクスがある……。

1．紅葉スポットとしても有名。デートにぴったりの雰囲気なのに……
2．昼時は歩行者のために車両通行止めになる

忠実に再現された豪華な衣装や装飾品にも注目したい

景福宮、徳寿宮、昌慶宮、宗廟、昌徳宮（後苑含む）の統合観覧券「宮闕統合観覧券」は1万W（有効期間3ヵ月）。

昌慶宮
チャンギョングン／창경궁

所要時間 約45分

GOAL！

歴史的価値の高い建造物を見学
1418年、ハングルを制定した世宗が建てた寿康宮に始まり、1484年に王族の女性のために修繕し昌慶宮に名を改めた。国の宝物に指定された建築物もたくさん。

Map 別冊P.6-B1 鍾路

🏠 鍾路区 창경궁로185
☎02-762-4868 ⏰9:00～21:00 入場は閉宮1時間前まで 日本語案内10:00、14:00 🗓月 💴1000W（韓服着用者は無料→P.51）🚇4号線恵化（420）駅番出口から徒歩約10分 URL cgg.cha.go.kr

START！

ホンファムン
弘化門
1616年に再建された王宮の正門。歴史的価値の高い木造建築

ミョンジョンジョン
明政殿
大韓民国の国宝に指定された正殿。多くの公式行事が執り行われた

ミョンジョンムン
明政門
正殿である明政殿の正門。南と北側の行閣の一部は1986年の復元

ミョンジョンジョン
明政殿の前庭
明政門から三道でつながっており、両側に12個の石が立つ。即位式などが行われた場所

宗廟
チョンミョ／종묘

世界遺産

所要時間 約45分

Map 別冊P.13-D1 鍾路

🏠 鍾路区 종로 157 ☎02-765-0195 ⏰日本語ガイドツアー月・水～金・日9:40、11:40、13:40、15:40、自由観覧土・日・祝・最終水9:00～18:00（6～8月～18:30、11～1月～17:30）チケット販売は開場1時間前まで 🗓火 💴1000W（韓服着用者は無料→P.51）🚇M1・3・5号線 鍾路3街（130・329・534）駅11番出口から徒歩約3分 URL jm.cha.go.kr

静けさに包まれた朝鮮王室の霊廟
朝鮮王朝歴代の王と王妃などを祀る王室の霊廟で、1395年建造、1608年に再建された。敷地内は澄んだ空気にあふれ、ソウル随一のパワースポットでもある。

知的探訪で運気もUP！

風水地理説とパワースポット
王宮は南向きに建てられるのが一般的。でも、昌慶宮は、風水地理説上、南向きが不吉と判断されたため、門も殿も東向きに建てられている。一方、景福宮と並ぶ最強パワースポットとして知られる宗廟は、市内でも特に陰陽が調和している場所。よいパワーを受けるには、午前中に訪れるのが吉。

神々しい光に包まれる宗廟

START！

サムド
三道
3列に敷き詰められた石畳。中央列は神のための道とされる「神路」

チュンジダン
中池塘
中央にある円形の島は空を表し、周りの大地と調和する意味をもつ

シンムン
神門
三道はこの門に通じている。階段も3列あり、ここも中央は神のもの

ここでよい気を深呼吸

チョンジョン
正殿
横長の造りの正殿は、単一の木造建築物としては世界最大規模！

GOAL！

ヨンニョンジョン
永寧殿
正殿の西側にあり1421年の建立。こちらも横長の堂々たる建物

世界遺産

所要時間 約80分

昌徳宮
チャンドックン／창덕궁

自然豊かな庭園を備える離宮

景福宮の離宮として1405年に建造、17世紀に再建された。第15代光海君の時代から約270年にわたり正宮に。五大古宮のなかで最も保存状態がよく、自然も豊か。

Map 別冊P.6-B1 鍾路

🏠종로구 율곡로99 ☎02-3668-2300 🕘9:00～18:00（6～8月～18:30、11～1月～17:30）入場は閉宮1時間前まで 日本語案内11:00（水・金・日） [休]月 [料]一般観覧3000W（韓服着用者は無料→P.51）、後苑観覧付き8000W [交]Ⓜ3号線安国（328）駅3番出口から徒歩約5分 [URL]www.cdg.go.kr

START!

トンファムン 敦化門
1412年建造の王宮の正門は、韓国に現存する最古のものといわれる

クムチョンギョ チンソンムン 錦川橋と進善門
1411年に架けられた現存するソウル最古の石橋。進善門は王宮の入口

ソンジョンムン ソンジョンジョン 宣政門と宣政殿
青い瓦屋根が目を引く宣政殿は王の執務所。宴会なども催された

インジョンジョン 仁政殿
正殿。1910年には日韓併合条約がここで結ばれ朝鮮王朝が終焉した

西遊記 全員集合！

屋根の上に西遊記の雑像が。前から三蔵法師、孫悟空、猪八戒、沙悟浄。見過ごしてしまいがちなので注意！

オチャゴ ヒジョンダン 御車庫と熙政堂
御輿などを保管した御車庫と、おもに応接室として使用された熙政堂

デジョジョン 大造殿
王と王妃のプライベート空間。建物は景福宮から移築されたもの

ナクソンジェ 楽善斎
1847年に側室の処所として建造。ほかに比べて質素な雰囲気

GOAL!

フウォン プヨンジ チュハンヌ 後苑（芙蓉池と宙合楼）
自然の造形美をそのまま生かして造られた韓国を代表する庭園（要予約、チケット別途必要）

世界遺産

韓国9番目の世界遺産「朝鮮王陵40基」へお墓参り

風水に基づいて位置が決まってるの！

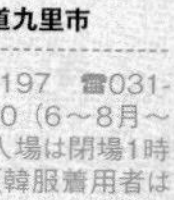

2009年に世界遺産に登録された朝鮮王陵のひとつで、広大な丘陵地帯に9つの陵と27代の王と王妃などの陵墓が点在する。風水的パワースポットでもある。

東九陵（朝鮮王陵）
トングルン（チョソンワンルン）／동구릉（조선왕릉）

Map 別冊P.4-B2 京畿道九里市

🏠경기도 구리시 동구릉로 197 ☎031-563-2909 🕘9:00～17:50（6～8月～18:20、11～1月～17:20）入場は閉場1時間前まで [休]月 [料]1000W（韓服着用者は無料→P.51）[交]京義・中央線久里（K123）駅からタクシーで約5分 [URL]royaltombs.cha.go.kr

王をお守りしてます

陵墓の前にはさまざまな石像が。これは武官の形に彫った武人石

ここは気持ちいい場所だよ

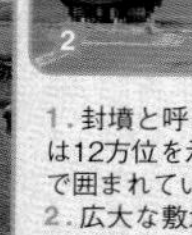

こちらは、執務などを行う文官の形に彫った文人石

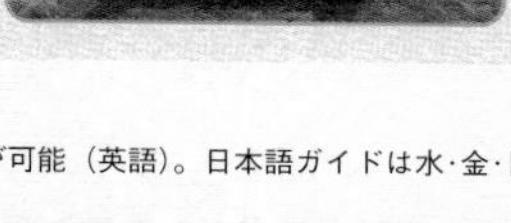

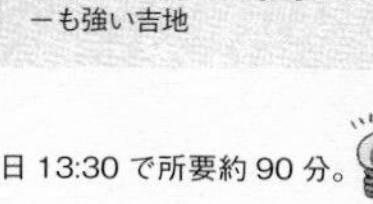

1. 封墳と呼ばれる円形の墓は12方位を示す12の屏風石で囲まれている
2. 広大な敷地内に陵墓が点在。この一帯は風水的パワーも強い吉地

全長約5.7kmにも
及ぶ城壁が
城と都を囲む
金浦国際空港
ソウル特別市
仁川国際空港
京畿道
水原市

ソウルからたった1時間!

韓国エンタメ界が今最も注目する街・水原(スウォン)を先取り

最寄り駅はここ!
[M]水仁·盆唐·1号線水原（K245·P155）駅
[交]ソウル駅からセマウル号·ムグンファ号·ヌリロ号で約30分 [M]1号線で約60分

Map 別冊P.4

ソウルのすぐ隣に位置するベッドタウン・京畿道水原は
人混みを避けたいソウルっこやドラマロケ地として業界人に大人気。
街もそれにともない、世界遺産の水原華城を中心におしゃれに進化中！

所要時間
120分～

徒歩

韓国ドラマ『イ・サン』の舞台

世界遺産 水原華城

スウォンファソン／수원화성

李氏朝鮮第22代王・正祖（チョンジョ／イ・サン）が建てた機能性と造形美を兼ね備えた都城。1997年に世界遺産に登録され、水原きっての観光名所に。

Map 別冊P.4-B3　京畿道水原市

🏠경기도 수원시 팔달구 정조로 777번길 16 ☎031-228-2765 [休]無休 [料]無料 [Card]A.D.J.M.V. [交][M]水仁·盆唐·1号線水原（K245·P155）駅9番出口からタクシー約10分 [URL]www.swcf.or.kr/japan/

1. 水原華城4大門のひとつ八達門。近くでドラマ『梨泰院クラス』や『二十五、二十一』を撮影　2. 華城行宮は『宮廷女官チャングムの誓い』のロケ地としても有名　3. 練武台では韓国国弓の体験ができる

観光車両で華城を一周

華城御車

乗車時間
約20分

ファソンオチ／화성어차

東京ドーム約28個分の敷地を有する華城を観光するなら、御車が便利。純宗皇帝の車と朝鮮時代の王の輿をモチーフにした車両で、日本語案内のイヤホンジャックもある。

ちょっとガタゴト

練武台～
華虹門～
華西門～
華城行宮～
八達門～
水原華城博物館
などを巡る

練武台のチケット売り場でチケットを購入し乗車。運行時間:毎日10:00～16:50（約30分間隔で運行）[料]4000W

徒歩

水原の
城郭都市
ならではの
絶景

地上とケーブルでつないだ係留式気球

気球で上空から華城と街を一望

フライング水原

遊覧時間
約15分

플라잉수원

2016年にイベントの一環でスタートした観光用の気球で、約80mまで上昇。上空から眺めると、華城が庶民の暮らしまで守っていたことがよくわかる。

蒼龍門駐車場でチケットを購入し乗船。☎031-247-1300 🕘12:30～21:00（土·日11:00～21:30）[休]無休 [料]2万W [URL]www.flyingsuwon.com

✉ フライング水原は華城のライトアップが楽しめる夜景がおすすめです。昼間よりさらにスリリング！（静岡県・あやこ）

趣の異なるカフェが点在

カフェ通り

華城周辺にこだわりのコーヒー一店からビンス専門店、人気チェーンの韓屋バージョンなどがあり、進化する水原をカフェで体感するのも一興。

路地を探検しながらお気に入りを見つけて

徒歩

パターソンコーヒーでは自慢のコーヒーとカボチャケーキを

🏠経기도 수원시 팔달구 화서문로 33 2F @paterson coffee

ワッフルで有名なビーンズビンスの水原華城店

🏠경기도 수원시 팔달구 화서문로 19 URL www.beansbins.com

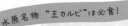

季節のビンスが楽しめる行宮ビンス

🏠경기도 수원시 정조로905번길 19 @the.bingsu

イマドキ☆ドラマのロケ地巡り

『その年、私たちは』

『パラサイト 半地下の家族』のチェ・ウシクと『梨泰院クラス』のキム・ダミが主人公のウンとヨンスを演じた2021年公開のラブコメディ。ふたりの家が水原にあり、周辺でも多数撮影。

ウンの家は元カフェで華城の向かい

🏠경기도 수원시 팔달구 화서문로31번길 22

ヨンスの家は池洞壁画村にあり、周りの壁画もドラマにたびたび登場。

🏠경기도 수원시 팔달구 창룡문로 75-5

1話でウンたちがバスケしたコート。ヨンスの家から徒歩5分くらい

ウンがヨンスの落としたナツメを拾う小道は水原伝統文化館の前。水原伝統文化館はさまざまな文化体験が楽しめる施設

🏠경기도 수원시 팔달구 정조로 893

城壁沿いの長安公園は大学時代のふたりが過ごした場所。『私のIDはカンナム美人』のロケ地にも

🏠경기도 수원시 장안구 영화동 349-86

今最も注目する街・水原を先取り！

水原名物 "王カルビ" は必食！

佳甫亭

カボジョン／가보정

遊んだあとに絶対に食べて帰りたいのが水原名物の巨大骨付きカルビ。ここはその専門店として名実ともにNo.1。正祖が好んだまさに王様のカルビが堪能できる。

タクシー

おかずもひとひねりした美食ばかり

韓牛骨付きカルビ6万7000W〜

Map 別冊P.4-B3　京畿道水原市

🏠경기도 수원시 팔달구 장다리로 282 ☎1600-3883 ⊙11:30〜21:30（土11:00〜22:00、日11:00〜）⊙無休 ¥4万W〜 Card A.D.J.M.V. 🚇수인·분당선 수원시청（K243）駅6番出口からタクシー約5分 URL kabojung.co.kr

3号館まである水原の超有名店

ゆったりした時間が流れる

池洞壁画村

ジドンビョッカマウル

アーティストや住人、ボランティアなどにより2011年にスタートした芸術文化プロジェクト。蒼龍門から歩き始めると巡りやすい。

🏠경기도 수원시 팔달구 지동

ユーモアのある作品が多く散策中もワクワク

恋の悩みも仕事の不満も解決!?

日本語通訳は、
事前予約が確実

よくおなか
壊す
でしょ?

ソウルっこに評判の占いカフェ

Eros

10月にキャリア
アップして
12月に運命の
男性との出会い
がありますよ

お茶を飲みながら気軽に占えちゃう!
結婚や転職、進路、運命の人まで、
未来の自分にシンクロしてみる?

よすぎじゃ
ないですか?
(汗)

ワクワク♡
ドキドキ♥

女子大生に大人気
の占いカフェ

Since 1991 Eros	
료싱 2체물	Tarot 10,000원
총합사주	20,000원
사주궁합	궁합소개 40,000원

四柱って?

生まれた年、月、日、時を
基に十干十二支に置き換え
たもので自身の気運や社会
的な運勢、結婚運などを導
き出す。生まれた時間もわ
かったほうがより正確に占っ
てもらえる。相性を占っ
てもらう場合は相手のぶん
も確認しておこう。

カフェで気軽に本格占いに挑戦
ソッテ四柱カフェ 솟대사주카페

お茶をしながら体験できる、堅苦しさゼロの占いカフェ。
占いの種類やキャラが異なる5人の占い師が在籍し、常連
ならお目当ての先生などの指名もOK。事前予約で女性の
日本語通訳がついてくれるので気兼ねなく相談できる。

Map 別冊P.22-A1 狎鴎亭洞

🏠 강남구 압구정로 334 2F ☎02-514-3307
⏰13:00〜22:00 休無休 👤1人(日本語通訳付
き)3万5000W、相性占い(日本語通訳付き)
10万W Card A.D.J.M.V. 🚇水仁・盆唐線狎鴎亭
ロデオ(K212)駅6番出口から徒歩約3分 Wi-Fi◯

1. メニューにはドリンク6000W〜のほか、ケー
キやお酒も 2,3,4.席はゆったりと隣を気にせず
体験できるのもうれしい

女子大生に大人気の占いカフェ
エロス Eros

以前女子大の近くにあり、移転した今も続けて通う学生など
でにぎわう占いカフェ。数人いる占い師は指名もでき、ドリ
ンクを飲みながら気軽な雰囲気で鑑定してもらえる。日本語
を話せる女性の社長が通訳してくれるので言葉の心配もなし!

Map 別冊P.19-C1 弘大

🏠 마포구 홍익로6길 30 3〜4F ☎02-363-1810
⏰12:00〜L.O.21:00 休無休 総合占い2万W、
相性占い4万W、タロット占い1万W(ド
リンクのみ。占いはカード不可)日月 🚇京義・中
央・2号線弘大入口(K314・239)駅9番出口か
ら徒歩約3分

1. ドリンク5000W〜 2. ゆとりある空間でリラッ
クスできる 3. 価格が表示されているので安心

益善洞の
ガチャは
干支占い

弘大の
ガチャは
MBTI診断

街なかで見つけた占いガチャ!

最近、干支やMBTI診断(16タイプの性格
診断)などで占う自販機がソウルっこに大
人気。基本は1000Wを備え付けの交換機
でコインに換え、自分に適した自販機に投入
して回転式レバーを回すだけ。出てきたカ
プセルから紙を取り出し開いてみると、韓
国語が書かれている。総合から月別に1年間の
運勢がびっしり。たった1000Wで意
外に当たると評判なので、ぜひ試してみて。
ちなみに、取材で引いた運勢には「4月結
婚詐欺で騙される」と書かれていました。

🏠 종로구 돈화문로11길 38 🚇1・3・5号線鍾路3
街(130・329・534)駅4番出口から徒歩約1分

駐車場通り沿い 🚇京義・中央・2号線弘大入口
(K314・239)駅9番出口から徒歩約3分

聖地に本物♡
ワタシ生きてる？

推しは推せるときに！
ヲタクゴコロ全開で
楽しむエンタメガイド

ステイホーム中に推しに出会い、キラキラした日常を楽しんでいるヲタクの方々。
その程度のキラキラに甘んじていてはいけません。推しが撮影した場所、
推しが行った店、推しのコンサートにミュージカル。ソウルでの推しは知っている
推しより100倍輝いている。人生がさらに変わる推しのホームグラウンドへいざ！

ENTERTAINMENT

ココロ震えるあのシーンのあの場所へ
大好きな韓国ドラマの世界へ没入！

名作が次々に誕生する韓国ドラマの撮影は、ロケが中心。そのためソウルや近郊に見覚えのある場所がいっぱい。実際にその地に立つと名シーンがよみがえり、テンション上がること間違いなし！

2022年最高傑作！

『ウ・ヨンウ弁護士は天才肌』 2022年

STORY

自閉スペクトラム症を抱えた新人弁護士ウ・ヨンウ（パク・ウンビン）がさまざまな困難に立ち向かい、成長していく法廷ヒューマンドラマ。

ハンバダ法律事務所

ウ・ヨンウが勤める法律事務所はドラマの設定と同じ駅三駅にあるオフィスビル、センターフィールドウエスト。

Centerfield West

[Map] 別冊P.21-C3 駅三

🏠강남구 테헤란로 231 🚃Ⓜ2号線駅三（221）駅8番出口から徒歩約8分

回転扉には名シーンがたくさん
CENTERFIELD
WEST

2話でヨンウがウエディングドレスを試着

複合施設パークワンにあるホテル、フェアモントアンバサダーソウルで撮影。6話でスヨンと買い物した百貨店ザ・現代ソウルもあり、撮影によく使われる。

赤い線が目印

Parc.1

[Map] 別冊P.6-A2 汝矣島

🏠영등포구 여의대로 108 🚃Ⓜ5号線汝矣ナル（527）駅1番出口から徒歩約7分 [URL] www.parc1.com

百貨店も同施設内

看板が現存！

お父さんのキムパ屋さん

毎回登場する「ウ・ヨンウキムパ」は、京畿道水原（P.152）にある和食店かざぐるまで撮影。メニューにはキムパも。

카자구루마

[Map] 別冊P.4-B3 京畿道水原市

🏠경기도 수원시 팔달구 신풍로23번길 61 🕘11:30～15:00、17:00～L.O.21:00 [休]月 🚃Ⓜ水仁・盆唐・1号線水原（K245・P155）駅9番出口からタクシーで約10分 @kajaguruma

ヨンウがハマった間違い探しゲーム

レトロなコムコムゲームセンターのHidden Catch5。『椿の花咲く頃』でヨンシクとピルグが遊んだ場所もここ。

콤콤오락실

[Map] 別冊P.13-D2 益善洞

🏠종로구 수표로28길 23-6 🕘24時間 [休]無休 🚃Ⓜ1・3・5号線鍾路3街（130・329・534）駅4番出口から徒歩約3分

これに3時間没頭
Hidden Catch5

ヨンウとジュノが歩いた道

「徳寿宮の石垣道を歩いた恋人は別れるそうです」と10話でヨンウが伝えるシーン。徳寿宮の石垣道で実際に撮影し、言い伝えも本当だとか。

徳寿宮 → P.149

『トッケビ』にも登場

『女神降臨』ではここに座っているシーンが！

ジュギョンは転校初日に友達と益善洞へ

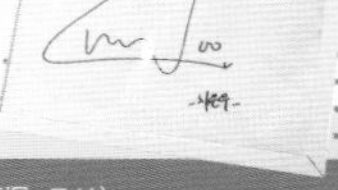

チャウヌのサインも！

 ✉ ウ・ヨンウ弁護士は駅三駅4番出口を利用していますが、実際は地下道の入口で撮影したそうです。（埼玉県・テリ）

最強コンビのラブコメディ

『気象庁の人々：
社内恋愛は予測不能?!』

STORY 2022年

パク・ミニョンとソン・ガン主演の社内恋愛ドラマ。メインロケ地の韓国気象庁（ボラメ公園隣）は見学不可。

Addio

Netflix

『九尾狐＜クミホ＞伝～不滅の愛～』の撮影でも使用

最終回の
初雪キス

4話の冒頭と最終回のキスシーンは国立気象博物館で。1932年に建てられた気象観測所を2020年に博物館として開館。

冷酷で笑えるダークヒーロー誕生

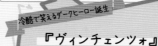

『ヴィンチェンツォ』

STORY 2021年

イタリアマフィアの顧問弁護士ヴィンチェンツォ・カサノ（ソン・ジュンギ）が韓国の巨悪と戦う痛快ヒューマンドラマ。

コンテナ型複合施設で食べたのは？

チャヨンがカサノとホットドッグを食べたのはコモングラウンド、ジュヌとアイスを食べたのはアンダースタンドアベニュー。

キスはここ

国立気象博物館
Map 別冊P.8-A1　西大門

종로구 송월길 52 ☎070-7850-8493 ⏰10:00～17:00 休月 M5号線西大門（532）駅4番出口から徒歩10分
URL science.kma.go.kr/museum

恋愛のもどかしさに共感の嵐

『わかっていても』

STORY 2021年

小悪魔ジェオン（ソン・ガン）に翻弄されるナビ（ハン・ソヒ）のイマドキ青春ラブストーリー。

カサノとチャヨンが
訪れたカフェ

広々とした店内には4つのエリアに分かれ、4話では中庭のテーブル、5話では1階奥のテーブルで撮影。

ハラボジ工場 ▶ P.45

Common Ground
Map 別冊P.17-D1　建大

광진구 아차산로 200 M2・7号線建大入口（212・727）駅6番出口から徒歩約3分 URL common-ground.co.kr

Under Stand Avenue
Map 別冊P.17-C1　ソウルの森

성동구 왕십리로63 M水仁・盆唐線ソウルの森（K211）駅3番出口から徒歩約2分 URL www.understandavenue.com

3話でカサノが
歩いていた歩道

カラフルなライトアップが幻想的なソウル路7017。撮影はブルーのライトアップで。

ソウル路7017 ▶ P.63

韓屋スタイルの米麺店。チャドルバギサルククス9800W～

ナビが誕生日に
訪れる店

幼なじみのドヒョクが働く店ミオクは、龍山のミミオクが舞台。ドラマでは実際のメニュー、チャドルバギサルククスも登場。

Mimiok
Map 別冊P.6-B2　龍山

용산구 한강대로15길 27 ☎02-6954-0819 ⏰11:00～15:30、17:00～21:30 休無 M京義・中央・1号線龍山（K110・135）駅1番出口から徒歩約6分 @mimiok_official

ここで連続ビンタ

すべてはここから始まった！

主人公のソン・ギフン（イ・ジョンジェ）がこの駅でコン・ユ扮する謎の男にめんこで勝利。それがデスゲーム参加へのきっかけに。

94ヵ国で1位獲得の大ヒット

『イカゲーム』

STORY 2021年

困窮した生活を送る大人が巨額の賞金と命を懸け、子供のゲームに挑むサバイバルスリラー。

良才市民の森駅
Map 別冊P.7-C3　良才市民の森

종로구 송월길 52 M新盆唐線良才市民の森（D09）駅江南方面のホーム

日本リメイク版もヒット

『梨泰院クラス』

STORY / 2020年

理不尽な目に遭いながらも信念を貫くセロイ（パク・ソジュン）の15年にわたる復讐サクセスストーリー。

Netflix

タンバムと同じメニュー

スンドゥブチゲ
1万8000W

서울밤

Map 別冊P.17-C2 梨泰院

🏠용산구 녹사평대로40길 57 ☎02-797-8485 🕘18:00～23:00（土・日～24:00）[休]無休 [交]Ⓜ6号線緑莎坪（629）駅1番出口から徒歩約6分

タンバム1号店

セロイが長年の夢をかなえオープンした店は、現在ソウルバムという名の居酒屋に。

ツタや屋上もそのまま

ドラマのカギとなる歩道橋

セロイが見ていたNソウルタワー

セロイが悩み、考え、決意する緑莎坪歩道橋。イソと語り合うシーンも。

녹사평보도육교

Map 別冊P.17-C2 梨泰院

[交]Ⓜ6号線緑莎坪（629）駅1番出口から徒歩約1分

ルーフトップバー

Je vous aimerai toujours

看板もまだある

タンバム2号店

再起をかけ立ち上げた2号店は、スアの家として登場したフォトスタジオのすぐそばにあるカフェバー、オリオール。

Oriole

Map 別冊P.8-B3 解放村

🏠용산구 신흥로20길 43 ☎02-6406-5252 🕘11:00～L.O.21:30（バー17:00～L.O.24:00）[休]バーのみ月・火 [交]Ⓜ6号線緑莎坪（629）駅からタクシー約6分 📷oriole_hbc

JACK'S
BAR & GRILL

デートで撮影した羽の壁画

最終回でセロイとイソがセルカを撮った場所はジャックスバーの階段。

Jack's Bar

Map 別冊P.17-C2 梨泰院

🏠용산구 이태원로27가길52 [交]Ⓜ梨泰院（630）駅1番出口から徒歩約2分

このあとセロイが酔ってダウン

Netflix

イソがセロイにキスしたバー

4話でセロイとイソがお酒を飲んだルーフトップバーはザ・ファイネスト。入口は3階にあり、ふたりが座ったカウンターは4階。

The Finest

Map 別冊P.17-C2 経理団

🏠용산구 회나무로 41 ☎02-6406-5252 🕘18:00～翌1:00（金・土～翌3:00）[休]無休 [交]Ⓜ6号線緑莎坪（629）駅2番出口から徒歩約12分 📷thefinest_lounge

セロイとイソのイラストが目印

原作者の居酒屋もファンの聖地

ロケ地ではないけれど、外せないのが居酒屋クルバム。料理対決の番組で挑んだタコスンドゥブチゲが食べられる！

꿀밤

Map 別冊P.17-C2 梨泰院

🏠용산구 이태원로27가길 45 ☎010-3291-1276 🕘18:00～L.O.翌4:00 [休]無休 [交]Ⓜ6号線梨泰院（630）駅1番出口から徒歩約1分 📷honeynight_itaewon

『梨泰院クラス』最終回にカメオ出演したパク・ボゴムが採用面接を受けたレストラン・クイーンズパークも必訪！（福岡県・M）

ドラマから新たなドラマが♡

『愛の不時着』

STORY 2019年

韓国の財閥令嬢（ソン・イェジン）がパラグライダーで北朝鮮に不時着し、堅物将校（ヒョンビン）と暮らすことに……。

ホントに結婚したよ

Netflix

ソン・イェジンはCMもここで撮影

2022年11月時点では垂れ幕が

大好きな韓国ドラマの世界へ没入！

▶ セリとジョンヒョク 奇跡の再会

11話でソウルにやってきたジョンヒョクとセリが雪のなか再会するシーンは、清潭洞ではなく亭子駅エムコヘリッツ4団地。

정자역엠코헤리츠4단지
Map 別冊P.4-B2 京畿道城南市

▶京畿道 성남시 분당구 정자일로 ⓜ水仁・盆唐線・新盆唐線 亭子（K230・D12）駅3番出口から徒歩約3分

隊員4人が張り付いていたのは手前のガラス

▶ 第五中隊が外から眺めたBBQチキン

スポンサーだったので何度も登場。郊外の店舗での撮影が多かったけれど11話はソウルのBBQオリーブチキンカフェ梨大店。

BBQ Olive Chicken Cafe
Map 別冊P.6-A1 梨大

▶서대문구 이화여대5길 35 ☎02-363-4236 ⓣ12:00～24:00 ⓜ2号線梨大（241）駅1番出口から徒歩約4分 URL www.bbq.co.kr

▶ セリと芸能人の彼がパパラッチされた場所

1話の冒頭で追いかけてきたパパラッチに写真を撮られた密会場所は、日本にも店舗があるウルフギャング・ステーキハウス。

Wolfgang's Steakhouse
Map 別冊P.22-B2 清潭洞

▶강남구 선릉로152길 21 ☎02-556-8700 ⓣ11:00～L.O.21:00 ⓗ無休 ⓜ水仁・盆唐線狎鴎亭ロデオ（K212）駅4番出口から徒歩約5分 URL www.wolfgangssteakhouse.co.kr

ドラマではWの部分が大型ビジョンに

▶ セリ経営のブティック

セリズチョイスとして外観が使用されたドイツのジュエリーブランド、アクレード。

Acredo
Map 別冊P.22-B1 清潭洞

▶강남구 압구정로 410 ☎02-541-2121 ⓜ水仁・盆唐線狎鴎亭ロデオ（K212）駅3番出口からすぐ

オングンダル → P.45

▶ トッケビが寄りかかっていた壁

ウンタクがスルメを燃やしてトッケビを呼んでしまったシーン。現在は寄りかかっていた壁画部分を残し、カフェとして営業。

Dal.Komm Coffee
Map 別冊P.13-C3 鍾路

▶종로구 종로12길 16 ☎02-733-3535 ⓣ8:00～22:00（土曜日11:00～20:00）ⓗ無休 ⓜ1号線鍾閣（131）駅4番出口から徒歩約3分 URL www.dalkomm.com

優しくてあたたかいラブファンタジー

『トッケビ』
〜君がくれた愛しい日々〜

STORY 2016年

トッケビ（コン・ユ）が900年の時を経て、自身にかけられた呪いを解くため花嫁（キム・ゴウン）を探す壮大なラブロマンス。

マダンフラワーカフェ → P.40

▶ 死神がサニーを思う路地

死神がすれ違う女性をサニーと見間違えてしまうシーンはここ。『女神降臨』『2人の恋は場合の数』『黒騎士〜永遠の約束〜』の撮影も。

dal.komm COFFEE

▶ 死神とサニーがデートしたカフェ

ダルコムコーヒー鍾路鐘閣店で、放送後しばらくは「イ・ドンウクとユ・インナが座った席」と書かれたテーブルがあったけれど現在は撤去。

▶ サニーが死神に別れを告げた街角

新世界百貨店のクリスマスイルミネーション。『青い海の伝説』や『ピノキオ』にも登場。

新世界百貨店 → P.101

▶ トッケビとウンタクが帰ってきた場所

ふたりがカナダから帰ってきたときに歩いていたのは景福宮の正門、光化門の前。

景福宮 → P.148

韓国で観ると感動ケタ違い！大興奮のコンサート

CONCERT

フェスも単コンも会場の一体感がスゴイ！

家族や事務所の先輩後輩、友人が集結する地元でのコンサートは推しがリラックスしている反面、会場の高揚感はマックス！身近で応援しているファンとの絆も感じられ、ずっと感動と絶叫しっぱなし！

シズニ〜ノムノムサランヘヨ

会場の周りにはフォトスポットが点在。オリンピック主競技場はソウルオリンピックのメインスタジアムで、収容人数10万、座席数7万規模

NCT127のセカンドツアー

『NEO CITY : SEOUL-THE LINK+』

2022年10月22・23日にオリンピック主競技場で開催されたK-POPグループNCT127のコンサート。ライブの前後や会場周辺にコンサートやアーティストにちなんだアトラクションが用意されているのも楽しみのひとつ。

2021年12月から続くワールドツアーのソウルでのアンコン（アンコールコンサートの略）。巨大スクリーンに推しが映ると地響きまで！

会場の最寄り駅にはファンが贈ったアーティストの広告がたくさん

EVENT

ファンを大切にする韓国スターたちはファンサービスも多彩に用意。狙いを定めて渡韓

推しとの濃密な時間も♡

韓国での心臓バクバク

イベントはほかにも！

エキシビション

メンバーの音声案内付き！

『NCT DREAM "DREAM VIBE"』

NCT DREAMが2022年夏に開催した展示会。メンバーのパネルと撮影できたり、曲にちなんだディスプレイに直筆サインやイラストなどがちりばめられた夢の空間。

空間共有だけでもドキドキ♡レアな展示会

期間限定の展示会はこのときしか見られない特別感やアーティスト本人がこのためだけに準備した作品など、ファン垂涎イベント。レアなグッズ販売も！

鑑賞方法

オフィシャルで発表があったら、ファンクラブ経由、または大手ショッピングサイト（P.161）などでチケットを購入。無料でも予約が必要な場合が多いので、事前に確認を。

　免税店主催のファンミーティングは高額なツアーもありますが、思い出に残る内容に感涙しました！（福井県・ユノユノ）

&ミュージカル

MUSICAL

ロングランなら何度でも！ 観るごとに新たな魅力発見

ドラマ同様の感情表現とK-POP同様の歌唱力に加え、ストーリー展開のおもしろさから韓国ミュージカルのファンが急増。K-POPアイドルも多くキャスティングされているので、初心者は韓国でデビュー。

アイドルがアンドロイドに？
『人間の法廷』

現役弁護士チョ・グァンヒの長編小説が原作のSF法廷ミュージカル。主人を殺害したアンドロイドが人間の法廷に立つというユニークな作品で、アンドロイド役にVIXXケンとSF9のユテヤンが抜擢。

演劇の聖地・大学路のアートワンシアターで2022年9〜12月上演。

300席弱の劇場で観賞するミュージカルは臨場感たっぷり

歌唱力に定評のあるVIXXケンは大小さまざまな作品に出演

ミュージカル出演が続くSF9ユテヤンは新鋭俳優として注目株

チケットの購入方法

コンサートやミュージカル、演劇などのチケットは一部を除き、大手ショッピングサイトなどで日本でも購入できる。インターパークは日本語、YES24は英語でオンライン予約、決済まで可能。チケットは当日会場で受け取れるので安心！

グローバル・インターパーク
[URL]www.globalinterpark.com

YES24チケット
[URL]ticket.yes24.com

今やミュージカル界を代表するアーティスト、キム・ジュンス

演じて歌ってたくさん踊るよ〜

『ロミオとジュリエット』をもとにしたNYが舞台のラブロマンス

WEST SIDE STORY

토니｜김준수
2022.11.17 OPEN！출이아트센터대극장
㈱SHOWNOTE

VIXXレオはチョン・テグンの名で敵グループのリーダーを好演

ジュンスの新境地
『ウエストサイドストーリー』

主役のトニー役をキム・ジュンス、パク・ガンヒョン、コ・ウンソンが演じ、2023年2月まで忠武アートセンター大劇場で上演。ダンスがメインとなる名作にはK-POPグループVIXXのレオもベルナルド役で出演している。高難易度のダンスを堪能して！

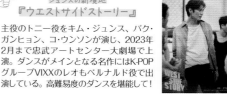

大興奮のコンサート&ミュージカル

推しと見つめ合って会話も！ 接近度No.1

サイン会

マンツーマンで推しとお近づきになりたかったら、サイン会がベスト。新譜や写真集、広告を務める企業などのPRの一環で実施するので告知が出たら即行動！

参加できなくても近くで見られる〜

参加方法

主催するCDショップや書店で対象商品購入時に必要事項を記入してその場で応募、またはオンラインが一般的。開催は発売前1ヵ月くらいの間で、締め切りは開催日の数日前なので少し早めに渡韓すれば応募可能な場合も。

俳優ファンは授賞式や舞台挨拶&試写会が狙い目

コンサートやファンミーティングをする俳優もいるけれど、それ以外では各種レッドカーペットを狙うのがテ。前列確保できればサインや自撮りも夢じゃない!?

キャ〜！一緒に自撮りできるかも！

参加方法

オフィシャルやファンサイト、SNSで情報をキャッチしたら、参加要項に沿って応募、または大手ショッピングサイト（上記）などでチケットを購入。レッドカーペットは事前申請なく当日先着順で見られる場合が多い。

レッドカーペット

推しや先輩の血、汗、涙の結晶 ✨
韓国4大芸能事務所HOPPING

韓国の芸能事務所は、大手になるとコンサートのリハができるほどのレッスン室やレコーディングスタジオまであり、所属アーティストの出入りも頻繁。遭遇・目撃情報も多いので、参拝がてら巡ってみて。

ここから監視！

1. 総床面積6000坪の新社屋は旧社屋の約10倍の広さ　2. YGの形になっている旧社屋

所属アーティスト
BLACKPINK・WINNER・TREASURE・AKMU・BABYMONSTER ほか

3. 2階にはMVが流れる巨大スクリーンが　4. BLACKPINKをイメージしたドリンクも

5,6. 公式グッズのフルラインが揃うショップ

7. 事務所周辺のセンイル（誕生日）広告　8. TREASUREの直筆サイン

YG ENTERTAINMENT
YGエンターテインメント

目の前にファンのための監視塔まで！

1996年設立で、旧社屋の隣に約77億円かけて建てられた新社屋は地下5階、地上9階。向かいにあるザ・セイムもYGの経営で地下に公式グッズショップ、1・2階にカフェがあり、ファンが常に張り込み、入口付近をチェック。

Map 別冊P.6-A2　合井

🏠 마포구 희우정로1길 7　Ⓜ2・6号線合井（238・622）駅8番出口から徒歩約7分　URL www.ygfamily.com

公式グッズはYG PLACEでも！

街なかの好立地でお宝に出会える！

アンニョン仁寺洞4階にあり、ここも充実の品揃え。

YGプレイス　YG PLACE

Map 別冊P.13-C1　仁寺洞

🏠 종로구 인사동길 49 4F　📞02-6954-2891　🕙10:30〜20:00　休無休　Ⓜ3号線安国（328）駅6番出口から徒歩約2分　@ygplace.insa

ザ・セイム　the SameE

Map 別冊P.6-A2　合井

🏠 마포구 희우정로1길 6-3　📞カフェ02-336-0536、ショップ02-332-2030　🕙カフェ10:00〜21:00、ショップ10:30〜20:00　休無休　Ⓜ2・6号線合井（238・622）駅8番出口から徒歩約7分　@thesamee_official

奇跡の7人が事務所の軌跡

バンPDの愛称で親しまれている音楽プロデューサーがJYPから独立し、Big Hitエンターテインメントを設立したのが2005年。BTSのヒットとともに業界を駆け上がり、2021年に地下7階、地上19階の新社屋へ引っ越し、社名変更。ミュージアムHYBE INSIGHT（P.26）も運営。

内部はYouTubeで公開

所属アーティスト
BTS・TOMORROW X TOGETHER・ENHYPEN・SEVENTEEN・fromis_9・ZICO・LE SSERAFIM・NewJeans・&TEAM ほか

Map 別冊P.6-B2　龍山

🏠 용산구 한강대로 42　Ⓜ4号線新龍山（429）駅2番出口から徒歩約8分　URL hybecorp.com

HYBE
ハイブ

リサとお揃い♡

SM ENTERTAINMENT
SMエンタテインメント

所属アーティスト
BoA·東方神起·
SUPER JUNIOR·少女時代·
·SHINee·EXO·
Red Velvet·NCT·
aespaほか

KWANGYAが新アドレスで本格始動

1989年設立で、BoAや東方神起の活躍で日本でも知られた存在に。2021年に清潭洞からソウルの森の地上33階建てのビルへ移転し、15フロアに関連施設が入居。2022年11月には公式グッズショップKWANGYAがオープン！

Map 別冊P.17-C1 ソウルの森

🏠 城東区 往十里路 83-21 Ⓜ 水仁·盆唐線ソウルの森（K211）駅直結 URL www.smtown.com

1. レセプション前の巨大スクリーンに所属アーティストが勢揃い　2. 居住棟には所属アーティストの住居も

カフェで推しを待ち伏せ♪

SM TOWN!

3. 駅名の表示にエスエムタウン（SMTOWN）
4. エントランスにも巨大スクリーン

クァンヤ@ソウル
KWANGYA@SEOUL

B1F 🕐10:30～20:00 🗓無休 📷 kwangya.official

JYP ENTERTAINMENT
JYPエンターテインメント

所属アーティスト
J.Y.Park·2PM·DAY6·
TWICE·Stray Kids·
BOY STORY·ITZY·
NiziU·Xdinary
Heroes·NMIXXほか

日本でもおなじみJ.Y.Parkが設立

NiziUのオーディションでも話題になったJ.Y.Parkが1997年に立ち上げ、2001年に現社名で始動。オーガニックにこだわった巨大な社食を作りたいとの思いから、2018年に地下4階、地上10階の新社屋へ引っ越し。1階にあったオーガニックカフェは現在閉店中だけれど、赤いカップは健在。

記念にパチリ♪

芸能事務所移転ブームの先駆け

Map 別冊P.7-D2 遁村洞

🏠 江東区 江東大路 205 Ⓜ 5号線 遁村洞（P549）駅3番出口から徒歩約15分 URL www.jype.com

K-STAR ROADのアートトイにも寄り道♪

2015年に設置されたK-POPグループをデザインした17体のアートトイ。押鴎亭ロデオ駅2番出口から清潭洞方面の歩道に点在し、BTSなどのトイには直筆サインも！

Map 別冊P.22-B1

サイン発見！

BTS | EXO | 東方神起 | SHINee | SUPER JUNIOR | 少女時代 | 2PM

BTOB·PENTAGON·(G)I-DLEなどが所属するCUBEエンターテインメントは聖水洞で、1階にカフェがある。

1. 97sのテーブルは入口のそば　2. フライドチキン2万W、モッテ1万6000W

単골가게

♡♡♡
今日はいない？
推しの行きつけで
大好物をシェア！

大好きなアイドルや俳優が実際にいた店で食べていたグルメに舌鼓。おなかと心が満たされ幸福に酔いしれていると、隣のテーブルにいる推しを見逃してしまうかも！

JUNG KOOKが97sとチメク！

チャンビウォ
잔비워

1997年生まれのアイドルが揃って来店。名物のフライドチキンに加え、モッテという干しタラのつまみを肴にビールと焼酎で大盛り上がり！

Map 別冊P.23-D2 清潭洞

🏠 강남구 도산대로 89길 17　☎02-540-3392　🕐17:30～翌4:30（日～翌3:00）　休無休　料2万W～　🚇M7号線清潭（729）駅13番出口から徒歩約15分

1. EXOベッキョン
2. Stray Kids8人のサイン
3. ミンギュ、ユギョムに代わってジェヒョン、バンチャンが参加　4. 韓牛カルビ5万6000W～、ユッケ4万5000W

97sメンバーチェンジで再集結！

ヨンチョンヨンファ
영천영화

コロナ禍前、チャンビウォに集まった97sが韓牛専門店へ場所を変え、2022年8月に来店。ここで必ず注文するのがユッケで焼肉はカルビ、ハラミがお約束。

Map 別冊P.23-C2 清潭洞

🏠 강남구 도산대로90길 3　☎02-3442-0381　🕐24時間　休無休　料2万W～　CardA.J.M.V.　🚇M7号線清潭（729）駅9番出口から徒歩約10分　URLwww.ycyh.co.kr

---

NCTマークがユウタのおごりでディナー

ゴセン Goshen

YouTube『NCT127 24hr RELAY CAM』でふたりが食事したダイニングカフェ。ほかのメンバーもよく訪れるらしく、2022年11月にはテイルがSNSにアップ。

Map 別冊P.22-B2 清潭洞

🏠 강남구 선릉로158길 18　☎02-515-1863　🕐11:00～翌5:00　休日　料2万5000W～　CardA.J.M.V.　🚇M水仁・盆唐線狎鴎亭ロデオ（K212）駅4番出口から徒歩約3分　URLｗｗｗ．i-goshen.com

きな粉でゴホゴホ

1. SHINeeテミンがSNSにアップした席
2. ユウタがマークにアーンしたボンゴレ2万7000W
3. マークがむせたインジョルミマウンテン2万W

ラム 肉屋 Lamb Nikuya

DAY6、Stray Kidsの後援会的愛が入口からあふれ出ているラム肉専門店。事務所のJYPから徒歩圏内に2店舗あり、アーティストはハシゴを。

来店STAR
DAY6
ソンジン・ヨンケイ、
Stray Kidsほか

やわらか
子羊肉！

Map 別冊P.4-B2 遁村洞

🏠 강동구 양재대로87길 23
☎010-9273-8385 ⏰12:00
～L.O.23:00 休無休 🪑2万W
～ Card A.J.M.V. 🚇M5号線遁村洞 (P549) 駅3番出口から徒歩約5分

2号店

外観にサインがある2号店は本店から徒歩約3分。STAY(Stray Kidsファン)のための個室がある

STAYからの
メッセージが！

ハイボールは
ノンアルで♥

推しの行きつけで大好物をシェア！

1. DAY6ソンジン、ヨンケイ (右) のカウンター席　2. ラム肉盛り合わせ3万4000W～。フィリックスが好きなカレースンドゥブ5000Wなど　3. 愛あふれる横断幕と写真　4. Stray Kidsのテーブル

SEVENTEEN
のサイン

NCTのサイン

RAIN
のサイン

AB6IX
のサイン

Stray Kids
のサイン

来店STAR
NCT、チャ・スンウォン、
RAIN、2AMチョ・グォン、
SEVENTEENジュン・ディエイト、
Stray Kidsバンチャン・フィリックス、
AB6IXイ・デフィほか

NCT DREAM
チョンロの親友が常連

テンパ麻辣湯麻辣香鍋新龍山2号店

マーラータンマーラーシャングオシンヨンサン　ゴウテン

텐파마라탕마라샹궈 신용산2호점

チョンロのおばさん経営の清潭店に次ぐおじさん経営の新龍山店。しびれる辛さが特徴の麻辣がメインの中国料理は、アイドルや俳優もトリコ。

※新龍山2号店は移転しました。移転先の龍山店の基本情報は以下のとおり。

🏠 용산구 한강대로 260　☎02-792-8886
⏰11:00～22:00　休日　🪑2万W～ Card A.J.M.V.
🚇M1号線南営 (134) 駅1番出口から徒歩約4分　📷@tenpa_spicyhotpot

1,2,3. 新龍山2号店の店内　4. 人気の鍋包肉

来店STAR
BLACKPINK、
BIGBANG G-DRAGON、EXOスホ・セフン、BTS JIMIN・V・JUNG KOOK、チャン・グンソク、チェ・ウシク、東方神起ユンホ、少女時代ユナ、SHINeeミンホ・テミンほか

BLACKPINKが
ソウルコンの打ち上げ！

クムテジ食堂

シッタン

금돼지식당

EXO、BTSなどのファンには知られた骨付きサムギョプサルの有名店。BLACKPINKは2022年10月のソウルでのコンサート後に来店。SNSにもアップ！

DATA→P.78

1. サムギョプサル1万9000W
2. BTS JUNG KOOKのサイン　3. SHINeeテミンとBTS JIMINのサイン

JUNG
KOOKは
2階のこの席

1997年生まれのBTS JUNG KOOKたちはクチルズ (97s) の呼称でファンに親しまれている。

1. サインがずらり 2. ブッチャーはペパロニ、ソーセージ、ベーコンのトッピング 3. 左奥がミンギュのテーブル

来店 STAR
> SEVENTEENミンギュ・バーノン・ジョシュア、チャン・グンソク、BTOBプニエル、EXIDハニ・ジョンファほか

ミンギュセット！

ピザはハーフ＆ハーフを注文！

ジノズニューヨークピザ
Gino's New York Pizza

SEVENTEENミンギュがSNSにアップし、バーノンとジョシュアもお気に入りの店。ミンギュが注文したのはブッチャーとマッシュルームのピザ、チキンウイング。

Map 別冊 P.22-A2 狎鴎亭洞

🏠 강남구 선릉로 155길 15 ☎02-3444-2234 🕐11:30～15:00、17:00～22:00（日12:00～21:00）🈺無休 2万5000W～ Card A.M.V. 🚇水仁・盆唐線狎鴎亭ロデオ（K212）駅5番出口から徒歩約5分 URL ginospizza

---

サイン多数の火鍋食べ放題！

玲玲 リンリン

JYPの事務所が近くにあった頃、2PMなど所属アーティストが頻繁に訪れていた店。Stray Kidsも練習生時代から通い、最近も懐かしい味を求め来店。

Map 別冊 P.23-C2 清潭洞

🏠 강남구 도산대로 521 ☎02-511-6862 🕐11:00～16:00、17:30～23:00（土・日12:00～22:00）🈺無休 1万9900W～ Card A.J.M.V. 🚇7号線清潭（729）駅9番出口から徒歩約10分

来店 STAR
> 2PM、Stray Kidsほか

1. Stray Kidsフィリックスとアイエンのサイン 2. 飾られたサインを見るだけでも楽しい 3. Stray Kidsが座ったテーブル。必ず注文するのは麻辣香鍋

TWICEサナ溺愛のスーパーアールグレイ

ピルマ Pyrma

SNSでTWICEサナが絶賛していたドーナツがここのスーパーアールグレイ。すぐに売り切れてしまうので、確実に味わいたかったら早めの時間に。

Map 別冊 P.24-B2 新沙洞

🏠 강남구 논현로153길 28 ☎010-9273-8385 🕐12:00～18:00（土13:00～）🈺月・日 Card A.J.M.V. 🚇3号線狎鴎亭（336）駅4番出口から徒歩約10分 @pyrma_donuts_bakery

1. TWICEの車にはこの箱が 2. スーパーアールグレイ3500W 3. ここ以外に新世界百貨店江南店にも店舗がある

ほかにも

MONSTA Xキヒョンの大好物

魔女キムパ マニョキムパ

素材にこだわる絶品キムパの専門店。

Map 別冊 P.23-C2 狎鴎亭洞

🏠 강남구 압구정로79길 32 ☎02-547-1114 🕐8:00～21:00 🈺無休 4000W～ Card A.J.M.V. 🚇水仁・盆唐線狎鴎亭ロデオ（K212）駅2番出口から徒歩約10分 URL witchgimbab.com

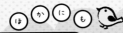
来店 STAR
> 東方神起、少女時代、EXO、MOSTA X、TWICEほか

NCTがハマった済州島産豚焼肉

エウォル食堂 エウォルシクタン

黒豚のオギョプサルなど熟成肉の宝庫。

Map 別冊 P.22-A2 狎鴎亭洞

🏠 강남구 도산대로51길 33 ☎02-545-8145 🕐11:30～14:30（土・日12:00～）、17:00～L.O.21:00 🈺無休 2万5000W～ Card A.J.M.V. 🚇水仁・盆唐線狎鴎亭ロデオ（K212）駅5番出口から徒歩約5分

来店 STAR
> NCTほか

BTSはプライベートと撮影で来店

サミュッカ 삼육가

花サムギョプサルで有名な予約必至の人気店。

Map 別冊 P.20-B3 新論峴

🏠 강남구 강남대로114길 8 ☎02-541-8055 🕐24時間（15:00～16:00、翌3:00～4:00は休み）🈺無休 2万5000W～ Card A.J.M.V. 🚇新盆唐・9号線新論峴（D06・925）駅3番出口から徒歩約3分 @3_6_ga

来店 STAR
> BTS J-HOPE・JIMIN、ユ・アイン、SHINeeミンホ、EXOチェンほか

アイドルの先輩はビジネスも上手？
家族経営のカフェに潜入リサーチ！

オッパに会えました〜

SUPER JUNIORやグンちゃんなど
アイドルの先輩たちは、家族や事務所が経営するカフェに
ちょこちょこ顔を出してしっかりサポート。
高遭遇率で、レアな情報収集ができるかも！

SUPER JUNIOR ドンヘ 兄経営

シックでおしゃれ♪

SUPER JUNIOR イェソン 弟経営

ここが入口？

ひっそりカウンターにいることも！

Haru & Oneday ハル&ワンデイ

ドンヘはもちろん、SJのメンバーやSMアーティストの目撃情報多数。撮影で使用することもあり、ドンヘは誕生日や記念日には来店してファンにサービス。

1. 季節のドリンクやユニークなメニューが揃う　2. 白が基調のシックなカフェ

Map 別冊P.17-C1 聖水洞

🏠 城東区 アチャ산로 92　☎ 02-499-9303　⏰ 8:00〜22:30（土・日 9:00〜）　🚫無休　💰5000W〜　Ⓜ2号線聖水（211）駅4番出口から徒歩約1分　📷 @cafe_haruoneday

Cafe Armoire カフェ アルムア

いきなりイェソンに遭遇♡

最初にオープンしたカフェ、マウスラビットに続き2店舗展開。調査日に入口でイェソンと弟さんを発見。カフェ内で打ち合わせしつつも、ファンサービスたっぷり。高遭遇率を実証！

スイーツがキュートすぎ♪

1. 右のクロゼットを開けるとカフェに　2. ビンテージインテリアのおしゃれな店内　3. 手前からストロベリースマイルケーキ、チーズケーキ各6800W

Map 別冊P.17-D1 建大

🏠 광진구 동일로22길 117-27　☎ 02-463-9981　⏰ 12:00〜23:00　🚫無休　💰5000W〜　Card A.J.M.V.　Ⓜ2・7号線建大入口（212・727）駅2番出口から徒歩約3分　📷 @cafe_armoire

推しの行きつけで大好物をシェア♪／家族経営のカフェに潜入リサーチ！

SJ先輩にはホテル経営のツワモノ家族も！

キュヒョンの家族が明洞で経営するゲストハウス・マムハウス。キュヒョンがライブをしたり、SUPER SHOW開催時には割引があるなど、特典満載。

Map 別冊P.11-D3 明洞

🏠 성동구 아차산로 92　☎ 02-779-0000　💰5万5000W〜　Card A.J.M.V.　Ⓜ4号線明洞（424）駅2番出口から徒歩約2分　🔗 mom2014.co.kr

1. お父さんとお母さんもユニーク
2. 長期滞在にも対応し1階にはカフェ&レストランも

マウスラビットも徒歩約1分

カフェアルムアのすぐそば。イェソンは時間のあるときは2店を行き来しているそう。

Map 別冊P.17-D1 建大

🏠 광진구 능동로11길 10　☎ 02-462-4015　⏰ 12:00〜23:00　🚫無休　💰5000W〜　Card A.J.M.V.　Ⓜ2・7号線建大入口（212・727）駅3番出口から徒歩約3分　📷 @mouserabbit_official

グンちゃんファンにはおなじみ

Café Pleno カフェ・プレノ

個人事務所なので、ほぼグンちゃんが経営。サンドイッチに韓国で話題の食パン・ミールを使用するなど、メニューにもこだわりが。センスのよさはさすが。

Map 別冊P.22-B3 江南区庁

🏠 강남구 선릉로 724　☎ 02-512-0804　⏰ 11:00〜20:00　🚫無休　💰5000W〜　Card A.J.M.V.　Ⓜ水仁・盆唐・7号線江南区庁（K213・730）駅4番出口から徒歩約4分　🔗 www.cafeplenojp.com

チャン・グンソク 事務所 経営

1. 店内ではよく撮影も。トイレまできれい　2. 事務所の2階がカフェ　3. フルーツサンド1万2000W

クリームはフランス産♪

後輩の家族も！

EXO チャンヨル 父経営
チョウンセサンマンドゥルギ
좋은세상만들기
チャンヨルもたまに演奏するライブミュージックカフェ。📷 @the_goodworld

EXO カイ 姉経営
カモン Kamong
お姉さんが接客してくれるワッフルが人気のカフェ。📷 @kamong.coffee

ASTRO ムンビン&Billlieムンスア 母経営
オフィシャルコーヒー 오피셜커피
兄妹のすてきなオンマが営む遊歩道沿いのカフェ。📷 @officialcoffee_

チョウンセサンマンドゥルギは2020年、カモンは2021年に移転したので要注意。

ぐっすり眠れる♪

スーペリアツインの客室は
バス・トイレ独立タイプ

1. ベッドは全室シーリー社製　2. 日本語対応セルフ
チェックイン機　3. ロビーにはコンセントも　4. 空
気清浄機　5. 衣類クリーナーを備えた部屋もある

もしものときも
頼りになる
日系ホテル

日系ならではの細やかな設備に感動

相鉄フレッサイン
ソウル明洞
Sotetsu Fresa Inn Seoul Myeong-dong／소테츠 프레사 인 서울 명동

3つ星 〔日〕 ▶ ⇥ 🔓 ⅲ 🌐

Map 別冊P.11-C2 明洞

明洞の中心にある相鉄グループのホテ
ル。便利なセルフチェックイン・アウ
ト機が導入され、支払いは完全キャッ
シュレス。客室には空気清浄機、洗浄
機能付きトイレ、110V対応コンセント、
着心地のよいパジャマを完備。

🏠 중구 명동길 48 ☎02-6377
-0203 🛏152 創業／2019年
💴8万5000W～ **Card** A.D.J.
M.V. 🚇M4号線明洞（424）
駅8番出口から徒歩約5分、
🚇2号線乙支路入口（202）
駅5番出口から徒歩約5分
Wi-Fi **URL** sotetsu-hotels.
com

東大門ショッピングの拠点にぴったり

相鉄ホテルズ　ザ・スプラジール
ソウル東大門
Sotetsu Hotels The Splaisir Seoul Dongdaemun
소테츠 호텔즈 더 스프라지르 서울 동대문

4つ星 〔日〕 ▶ ⇥ 🔓 ⅲ 🌐

深夜まで東大門で買い物を楽しみた
い派に人気。客室にはシモンズベッ
ドが配置され、ゆったりと洗練され
たインテリアが評判。駅から徒歩約
1分という立地も見逃せない！

Map 別冊P.16-B3 東大門

🏠 중구 장충단로 226 ☎02-2198-1212
🛏215 創業／2018年 💴10万W～ **Card** A.D.J.
M.V. 🚇M2·4·5号線東大門歴史文化公園（205·
422·536）駅9番出口から徒歩約1分 **Wi-Fi**
URL sotetsu-hotels.com

1. 日本語対応スタッフが多く安
心　2. 快適な広めのシャワー
ブース　3.3名まで宿泊できる
デラックスファミリーツイン

ベッドは
シモンズ

① かわいいが詰まった
ラウンツイン　② 開放感
いっぱいの明るいロビー
③ 約40種類の料理が並ぶ
朝食（有料）も評判

キュートなLINEフレンズルームが人気

相鉄ホテルズ　ザ・スプラジール　ソウル明洞
Sotetsu Hotels The Splaisir Seoul Myeong-Dong／소테츠 호텔즈 더 스프라지르 서울 명동

4つ星 〔日〕 ▶ ⇥ 🔓 ⅲ 🌐

コニーやブラウンなどLINEキャラク
ターの客室が話題のホテル。日系ら
しい行き届いたサービスも評判で、
明洞中心へも徒歩圏内。モノトーン
基調の通常客室は落ち着いた雰囲気。

Map 別冊P.10-A3 明洞

🏠 중구 남대문로5길 15 ☎02-772-0900 🛏428
創業／2018年 💴8万5000W～ **Card** A.D.J.M.V.
🚇M4号線会賢（425）駅7番出口から徒歩約7
分 **Wi-Fi** **URL** sotetsu-hotels.com

〔日〕…日本語 OK　▶徒歩3分以内にコンビニ　■電圧 110V コンセント or 変換器貸出　🔓客室に金庫あり　ⅲシャンプー＆リンス　🌐ヘアドライヤー
●つ星…各ホテルは、韓国観光公社により星の数で格付けされている。最上級の5つ星から1つ星まで5つの等級があります

遊び要素が
詰まったエリアの
快適ホテル

ZZz

プールサイドで一杯も♪

ほっとひと息♪

ロッテホテルのセカンドブランド、弘大に登場

L7弘大
L7 Hongdae／L7 홍대

明洞でも人気の、ロッテホテルが展開するL7。弘大のL7も駅チカでハイセンスな雰囲気。女子旅にうれしいトリプルルームもあり、21階のイタリアンレストランでは、夜景を楽しみながらのディナーも堪能したい。

4つ星

Map 別冊 P.18-B1 弘大

🏠마포구 양화로 141 ☎02-2289-1000 🏨336 創業／2018年 💰15万W～ **Card** A.D.J.M.V. Ⓜ京義・中央・2号線弘大入口(K314・239) 駅1番出口から徒歩約3分 **Wi-Fi** **URL** www.lottehotel.com

1. 館内はおしゃれで落ち着いた雰囲気 2. トリプルの客室 3. 眺めのよい21階のレストラン 4. 最上階にあるプール（夏季のみ）。横にはバーも

1. ハイセンスなインテリア 2. 洗浄機付きトイレがあるバスルームにはバスローブも用意されている 3.館内には4つのレストランを併設 4.くつろぎのスペースが点在するロビースペース

SNSにアップしよっ♪

クールなインテリアが話題！ 弘大初のマリオットブランド

RYSE, オートグラフコレクション
RYSE, Autograph Collection／라이즈 오토그래프 컬렉션

マリオットが世界展開する高級ライン、オートグラフが2018年弘大にオープンした。個性的なインテリアながらも全体にシックな色調で、大人の雰囲気。設備が調った快適な客室ではワンランク上の滞在が楽しめる。

4つ星

Map 別冊 P.18-B2 弘大

🏠마포구 양화로 130 ☎02-330-7700 🏨272 創業／2018年 💰25万W～ **Card** A.D.J.M.V. Ⓜ京義・中央・2号線弘大入口(K314・239) 駅9番出口から徒歩約3分 **Wi-Fi** **URL** www.marriott.co.jp

深夜まで遊びたい♪

1. ホテルには珍しく各階に共有キッチンがあり便利。館内にはコンビニも 2. 客室のバスルームは全室バスタブ付き 3. 14階にあるキングスガーデン

ホテルの下はアウトレットモール！

ホテルスカイパークキングスタウン東大門

Hotel Skypark Kingstown Dongdaemun／호텔 스카이파크 킹스타운 동대문

4つ星　日▶ＬＥ扉🔒🎵

Map 別冊P.16-B3 東大門

東大門の中心、現代アウトレットモール上層階に位置するホテル。全客室に洗浄機能付きトイレとバスタブが完備され、リピーターに支持されている。

♠중구 장충단로13길 20, 14층
☎02-6952-8991 室406 創業2016年 料10万8000W～ Card A.D.J.M.V. 図M2・4・5号線東大門歴史文化公園（205・422・536）駅14番出口から徒歩約5分 WiFi URL www.skyparkhotel.com

---

世界チェーンながら手頃に滞在可能

ラマダ by ウィンダム ソウル東大門

Ramada By Wyndham Seoul Dongdaemun／라마다 바이 윈덤 서울 동대문

3つ星　日▶ＬＥ扉🔒🎵

Map 別冊P.16-A3 東大門

2駅利用可能で東大門中心まで徒歩10分ほどの便利な立地でコンビニもすぐ。客室タイプが豊富で、4名利用（ベッド4台）できる部屋は女性グループに人気。

♠중구 동호로 354 ☎02-2276-3500 室154 創業／2011年 料8万8000W～ Card A.D.J.M.V. 図M2・4・5号線東大門歴史文化公園（205・422・536）駅7番出口から徒歩約4分、図M2・5号線乙支路4街（204・535）駅7番出口徒歩約6分 WiFi URL www.ramadaddm.com

1. バスローブやスリッパも用意 2. 明るいカフェでは朝食（有料）をサーブ 3. バスルームにはシャンプー＆リンスも

明るいインテリア

広め～♪

1. 全室バスタブ付きでゆっくりお風呂を楽しめる
2. 無料朝食付きも高ポイント！

無料朝食付きがうれしい日系チェーン

東横INN ソウル東大門2

Toyoko Inn Seoul Dongdaemun2／토요코인 서울동대문2

3つ星　日▶ＬＥ扉🔒🎵

Map 別冊P.16-B3 東大門

駅から徒歩約1分という至便さと日系チェーンならではの安心感が支持されている。白とブルーを基調にした明るいインテリアがポイントで、全室うれしいバスタブ付き。

♠중구 퇴계로 325 ☎02-2272-1045 室207 創業／2018年 料8万8000W～ Card A.D.J.M.V. 図M2・4・5号線東大門歴史文化公園（205・422・536）駅4番出口から徒歩約1分 WiFi URL www.toyoko-inn.com

---

龍山のホテルに泊まって毎日HYBEと聖地巡り！

BTSなどが所属する芸能事務所HYBE（P.162）が移転してきたことにより、ますます注目される龍山。駅直結のホテルがイビス スタイルズ アンバサダー、ノボテル アンバサダー、ノボテル スイート アンバサダー、そしてグランドメルキュール アンバサダーホテル&レジデンス ソウル龍山と4軒も揃い、推し活旅にもおすすめ！

日本語OK　徒歩3分以内にコンビニ　電圧110Vコンセントor変換器貸出　客室に金庫あり　シャンプー＆リンス　ヘアドライヤー

○つ星▶各ホテルは、韓国観光公社により星の数で格付けされている。最上級の5つ星から1つ星まで5つの等級があります

江南
→ P.126・144

ここでも
撮影♪

1. BTSが撮影で訪れた印象的な1階のカフェがおしゃれ！ 2. ダークカラーのインテリアが落ち着く客室。最上階のバーもかっこいい

BTSが撮影に使ったおしゃれホテル

ホテルカプチーノ

Hotel Cappuccino／호텔 카푸치노

`3つ星` `㉓日▶️⊞➡️🔒🛎️🍽️` **Map 別冊P.20-B3** 江南

清潔感あふれる客室と個性的なインテリアで女性に大人気のホテル。館内にはカフェ、レストランがあり17階にはルーフトップバーも！

🏠강남구 봉은사로 155 ☎02-2038-9611 ⊟141 創業／2015 ⱺ15万W～ **Card** A.D.J.M.V. Ⓜ9号線彦州（926）駅1番出口から徒歩約1分 Wi-Fi○ URLhotel cappuccino.co.kr

1. 駅近で周囲にはグルメな人気店も多く便利。館内にもレストランやカフェがあり、フィットネスジムも完備 2. 明るい雰囲気で快適に過ごせるスーペリアツインの客室

2022年開業、マリオットの
モダンラグジュアリーホテル

AC ホテル・ソウル江南

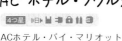

AC Seoul Gangnam／AC 호텔 서울 강남

`4つ星` `㉓日▶️⊞➡️🔒🛎️🍽️` **Map 別冊P.20-B3** 江南

ACホテル・バイ・マリオット韓国初のホテル。プライベート重視のプール付きの客室もあり、21階のルーフトップバーからは美しい夜景が満喫できる。

🏠강남구 테헤란로25길 10 ☎02-2050-6000 ⊟274 創業／2022年 ⱺ20万W～ **Card** A.D.J.M.V. Ⓜ2号線線三（221）駅4番出口から徒歩約2分 Wi-Fi○ URLwww.marri ott.co.jp

---

目の前はコエックスという好立地

グラッド江南コエックス　センター

GLAD Gangnam COEX Center／글래드 강남 코엑스 센터

`3つ星` `㉓日▶️⊞➡️🔒🛎️🍽️` **Map 別冊P.21-D2** 江南

シックなインテリアが印象的なホテル。館内にはカフェやジムもあり、客室のバスルームには個別アメニティも完備。ホテル裏手には飲食店も多い。

🏠강남구 테헤란로 610 ☎02-6474-5000 ⊟282 創業／2018年 ⱺ12万5000W～ **Card** A.D.J.M.V. Ⓜ2号線三成（219）駅1番出口から徒歩約1分 Wi-Fi○ URL www.glad-hotels.com

夜はゆっくり
リラックス

1. ツインの客室。3名まで宿泊できるジャンボツインルームも用意 2. カジュアルな1階のカフェ。ほかにレストラン、フィットネスジム、ランドリーも

バリアフリーで上品なインテリアが人気

ホテルペイト三成

Map 別冊P.21-D2 江南

Hotel Peyto Samseong／호텔 페이토 삼성

`4つ星` `㉓日▶️⊞➡️🔒🛎️🍽️`

コエックスの隣という至便な立地。ホテル周辺には人気飲食店やコンビニが揃い、ロビー一階にあるビジネスセンターは24時間利用可能。

客室内に段差がないという配慮がうれしい。バスルームは各種アメニティ完備

🏠강남구 테헤란로87길 9 ☎02-6936-9700 ⊟163 創業／2015年 ⱺ20万8000W～ **Card** A.D.J.M.V. Ⓜ2号線三成（219）駅5番出口から徒歩約4分 Wi-Fi○ URLpeytohotel.com

隣に
マクドナルドも

「目的別☆私のお気に入りステイはコレ！」

ソウルが大好きで、仕事はもちろんプライベートでも訪れることが多い取材スタッフ。
いつもどんなところに？　何を重視して泊まっている？　ここで大公開！

自分ご褒美

日頃がんばっている自分を甘やかせてあげたいときは迷わずココ！

最大の贅沢は、たま〜に憧れのホテルへ泊まること！　上質な空間でまったりする至福の時間……♡　おすすめはエグゼクティブラウンジが利用できる客室。新羅もマリオットもサーブされる軽食のレベルが高くワインが進みます♪（編集M）

ソウル新羅ホテル
The Shilla Hotel 서울신라호텔
Map 別冊P.9-D2 東大入口
🏠 중구 동호로 249 ☎02-2233-3131 ⌨ウェブで確認 🚇M3号線東大入口(332)駅5番出口から徒歩約3分 URL www.shilla.net/seoul

JW Marriott Dongdaemun Square Seoul
JWマリオット東大門スクエアソウル
JW메리어트 동대문 스퀘어 서울
Map 別冊P.16-B2 東大門
🏠 종로구 청계천로 279 ☎02-2276-3000 ⌨35万W〜 🚇M4号線東大門(421)駅9番出口から徒歩約1分 URL www.marriott.co.jp

---

真冬のソウル対策

外は極寒でもお部屋に帰れば足元からポッカポカ〜♪

ソウルの冬は本当に寒い！けれども真冬だってソウルに行かなくては、いや行きたい♡　そんなときは韓国伝統の床暖房・オンドルの客室があるホテルへ！　外から帰るとまずは靴を脱いで床の上にゴロン。あったか〜♪（編集Y）

韓国文化体験

お泊まりしながら韓国の伝統文化に触れられる一石二鳥の韓屋ステイ

昔ながらの韓屋を利用したゲストハウスに定期的に泊まりたくなります。韓屋にいるときは時の流れもゆったり感じるのは気のせい？北村にある楽古斎は、おいしい朝食が楽しみな1軒で、夕食(有料)もリクエストOK。（ライターG）

楽古斎 락고재
Map 別冊P.15-D2 三清洞
🏠 종로구 계동길 49-23 ☎02-742-3410 ⌨19万W（朝食付）🚇M3号線安国(328)駅2番出口から徒歩約7分 URL rkj.co.kr

---

なりきりソウルっこ

キッチンはもちろん、洗濯&乾燥機が意外と使える広々レジデンス

1回の取材で10日以上ソウルに滞在するので、客室内に洗濯機があるレジデンスはとっても便利！キッチンや冷蔵庫も完備しているので、暮らす気分が楽しめるのも◎　便利なのでプライベートでも利用する回数が増えています。（編集S）

SNS映え

益善洞でおしゃれすぎるホテル発見！

ここ数年、取材でもプライベートでも目が離せない益善洞。駅前に気になるホテルを見つけて早速泊まりました！　外観もカッコいいけど、館内のインテリアが大好きなスタイルで、ず〜っとテンションが上がりっぱなし（笑）（編集O）

メイカーズホテル Makers Hotel 메이커스호텔
Map 別冊P.13-D2 益善洞
🏠 종로구 돈화 문로 11길 33 ☎02-747-5000 ⌨10万W〜 🚇M1・3・5号線鍾路3街(130・329・534)駅4番出口から徒歩約1分 ※予約は電話または各予約サイトで

住みたくなる！

コスパもセンスも優秀ソウルはゲストハウスも充実

プライベートの宿泊はゲストハウスへ。長期滞在のときは特に予算がおさえられて、暮らしている気分も満喫。好みのインテリアはもちろん、個人的には駅近、至近距離のコンビニも重要。SNSでかわいいゲスハを見つけたときも必ず保存しています。（編集T）

弘大の有名ゲストハウス、オルビッツは駅から徒歩約3分
@orbit_guesthouse

隣の国だもん
初めてでも大丈夫♪

でも心配だったら
ソウルの基本情報を
ココでしっかり予習

飛行機に乗ったらたった2～3時間で着いちゃう隣の国。知っている漢字や
食べ慣れたグルメがあって、気張らずに過ごせるのも韓国のいいところ。
とはいっても、やっぱり海外。ソウルでの必需品や万が一のときの対処法など
出発前から滞在中、帰国するまで、アナタをarucoががっちりサポート！

INFORMATION

おすすめ旅グッズ

aruco

「何を持っていこうかな♪」……そう考えるだけでワクワク、すでに旅はスタートしている。
arucoでは必需品以外にも、女子旅をより楽しく、快適にするための便利グッズを
韓国ツウのスタッフが厳選してご紹介。ぜひ参考にして、旅をパワーアップさせてね。

arucoも持ってこっ！

旅のお役立ちアイテム

eco. bag

□ 折りたたみバッグ

ソウルのスーパー、コンビニではレジ袋をくれない。購入もできるが、エコバッグやショッピングバッグを持参しよう。

□ マスク

ソウルでも購入できるけれど、数枚は持参したほうが安心。お気に入りのもの、デザインや大きさなどにこだわりがある場合は、滞在日数分持って行くことをおすすめ。

□ 除菌シートなど

店やホテルの入口などでは消毒液が用意されているところも多いけれど、すべての場所ではないので除菌シートやスプレー、ジェルなどは携帯しよう。

□ シャンプー＆リンス

韓国では、シャンプー＆リンスを置いていないホテルもあり、自動販売機で購入するようになっている場合も。持参がおすすめ。

□ 歯磨きセット

歯ブラシが用意されていないホテルが多いので、持っていこう。機内に持ち込む場合、歯磨き粉は機内持ち込み制限（→P.176）の対象なので規定を守って。

□ 下痢止め＆胃腸薬

普段はあまり辛いものを食べないのに、ソウルではついつい食べすぎちゃって、おなかを壊す旅行者も多い。持っていけば安心！

K-ETA（電子旅行許可制）
申請登録について

コロナ禍で中止されていた韓国入国時の日本人に対する査証（ビザ）免除措置（観光や知人訪問、商用など、90日以内の短期滞在目的で韓国に入国する場合はビザが不要）が2022年11月に再開された。韓国へビザなしで入国するには、入国前（航空機・船舶搭乗の72時間前まで）にK-ETA（電子旅行許可制）へ登録申請が必要（2023年4月1日～2024年12月31日は一時免除→P.176）。また、Q-CODE（検疫情報事前入力システム）への登録も強く推奨されている。
出典：在大韓民国日本国大使館
URL www.kr.emb-japan.go.jp/itprtop_ja/index.html

基本の持ち物チェックリスト

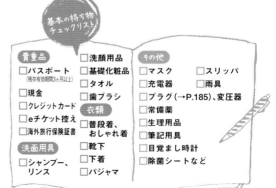

貴重品
- □ パスポート（残存有効期間3ヵ月以上）
- □ 現金
- □ クレジットカード
- □ eチケット控え
- □ 海外旅行保険証書

洗面用具
- □ シャンプー、リンス

- □ 洗顔用品
- □ 基礎化粧品
- □ タオル
- □ 歯ブラシ

衣類
- □ 普段着、おしゃれ着
- □ 靴下
- □ 下着
- □ パジャマ

その他
- □ マスク
- □ 充電器
- □ プラグ（→P.185）、変圧器
- □ 常備薬
- □ 生理用品
- □ 筆記用具
- □ 目覚まし時計
- □ 除菌シートなど
- □ スリッパ
- □ 雨具

真冬のソウル旅は絶対に使い捨てカイロを持参します。靴の中にも入れてショッピングへ！（埼玉県・さわちゃん）

知って楽しい！ 韓国・ソウルの雑学

これから旅する国の文化や習慣など、ちょっぴりカタく思うかもしれないけれど、
出発前にほんの少〜し勉強していくだけで、観光はもちろん、買い物や食事のとき、
現地の人々とのコミュニケーションがぐんと楽しくなっちゃうこと間違いなし！

韓国の基礎知識

正式国名	大韓民国（テハンミングッ）
国旗	太極旗（テグッキ）
国花	無窮花（ムグンファ／むくげ）
面積	約100,033km²
人口	約5163万人（2022年現在）
首都	ソウル特別市
政体	民主共和国
宗教	キリスト教、仏教、儒教など

出典：韓国観光公社／外務省

韓国の歴史年表

紀元前〜	朝鮮半島に高句麗、百済、新羅が建国し三国時代へ
676年	新羅が朝鮮半島を統一（〜935年）
1443年	世宗大王によりハングルが作られる
1894年	朝鮮半島が日清戦争の戦場となる
1948年	大韓民国樹立（半島北部に北朝鮮が成立）
1950年	朝鮮戦争開戦、3年後、板門店で休戦協定
1987年	大韓航空機爆破事件
1988年	ソウル五輪開催
2002年	サッカーW杯、日韓で共同開催
2018年	板門店首脳会談

Q 韓国の恋愛、結婚ってどんな感じ？

A カップルは、「出会って100日目」に男性が女性に花を贈るなど、さまざまな記念日で盛り上がり、愛情表現は日本よりハデ。また、結婚は「家同士のこと」という観念も強く残っているが、結婚後、女性の姓は変わらない。

Q 男性は全員兵役が義務ってホント？

A 特に免除される理由がない場合、19歳以上の男性は18〜22ヵ月（所属による）の兵役に就くことが義務とされている。よく話題になる人気芸能人の入隊。芸能人も一般の人と同様なので、入隊時期については本人はもちろん、ファンの大きな関心事となる。

♥ 恋愛絡みのイベント・デイ ♥

2月14日　バレンタイン・デイ
日本同様、女性から男性にチョコを贈り愛の告白をする日。この時期のチョコ商戦はスゴイ！ ラッピングにも凝る

3月14日　ホワイト・デイ
こちらも日本同様、男性がバレンタインのお返しをする日。アクセサリーや花、レストランでのディナーなどが多い

4月14日　ブラック・デイ

2ヵ月続いた恋愛イベントでも恋人ができなかったシングルが集まり、チャジャンミョン（ジャージャー麺）を食べる日

5月14日　イエロー・デイ
さらに1ヵ月が過ぎても恋人ができなかった男性が、黄色い服を着てカレーを食べながら、シングル脱出を願う日

11月11日　ペペロ・デイ

ペペロはスティック状のお菓子。恋人同士、友達同士がペペロを贈り合い、バレンタイン・デイ以上に盛り上がる日

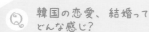

韓国入出国かんたんナビ

まずは飛行機でソウルへ！
韓国入国も日本入国も、コロナ禍により大きく手続きが変化している。
渡航が決まったら、必ず最新情報を確認してしっかり準備しよう。

いよいよ
ソウルへ

日本からソウルへ

入国申告書、税関申告書などに記入

機内で配布される「入国申告書」、申告するものがある場合は「税関申告書」（右ページ参照）の記入を済ませる。

↓

到着／入国審査

入国審査を受ける。提出する必要書類は、パスポートと「入国申告書」のふたつ。この際、17歳以上の外国人は指紋と顔写真の登録が必要。

↓

荷物を受け取る

入国審査が終わったら、日本で預けた荷物を受け取りに移動。自分が乗ってきた飛行機の便名表示があるターンテーブルで、荷物をピックアップ。もしも、荷物が出てこないなどがあれば、空港スタッフにバゲージクレームタグを提示し、相談。

↓

税関の申告

荷物をピックアップしたら、税関で「税関申告書」を提出する（1名につき1枚、ただし家族の場合は代表者の1枚でいい）。特に申告するものがない場合は必要ない。韓国に免税で持ち込めるものは右表のとおり。

↓

到着ロビー

税関を抜けると、いよいよそこが到着ロビー。両替カウンターなどもここにある。市内への交通手段は鉄道、リムジンバス、タクシーなどがある（→P.178～）。

K-ETA（電子旅行許可制）

ビザなしで韓国に入国するには、入国前（航空機・船舶搭乗の72時間前まで）に **K-ETA（電子旅行許可制）** へ登録申請を行い、許可を得る**必要がある**。登録は下記サイトまたはアプリで行う。申請手数料は1万300₩、有効期間は2年間または旅券の有効満了日いずれか早い日。
● K-ETA URL www.k-eta.go.kr/portal/apply/index.do （日本語あり）
※ K-ETAは2023年4月1日～2024年12月31日の間、日本を含む22ヵ国・地域は一時的に適用を免除。この間に韓国に渡航する場合はK-ETAの申請は不要。

荷物について

★液体機内持ち込み制限
国際線の機内に手荷物で液体類（ジェル、エアゾールを含む）を持ち込む場合、次のような制限がある。●すべての液体物は100㎖以下の容器に入れる●それらをジッパー付きの容量1ℓ以下の透明プラスチック製袋に余裕をもって入れる●旅客1人当たりの袋の数は1個のみ。詳しくは下記サイトで確認を。
URL www.mlit.go.jp/koku

★無料預け荷物
無料で預けられる荷物の大きさ、重量などの制限は航空会社や搭乗クラスによりかなり異なるので事前に確認を。大韓航空のエコノミークラス（日韓線）の場合、縦・横・高さ3辺の合計が158cm以下で、重量が23kg以下の荷物1個。

韓国入国時のおもな免税範囲　韓国関税庁 URL customs.go.kr/

韓国に入国する旅行者の携帯品免税範囲はUS$800以下であり、下記を満たすこと。

品名	数量、価格
酒類	2ℓ以下、US$800以下の酒類2本
たばこ	紙巻きたばこ1カートン（200本）
香水	60㎖（約2オンス）
農林水産物（漢方薬）	総量40kg以内、海外取得価格が10万ウォン以内で、検疫に合格したもの

＊現金US$1万以上所持の場合は要申告
＊19歳未満の酒類、たばこの持ち込みは免税にならない

久しぶりの渡韓は以前の3倍ほど時間に余裕をもって空港へ。精神的な余裕もできよかったです。（千葉県・ゆう）

入国申告書

ARRIVAL CARD
入国申告書（外国人用）
※ Please fill out in Korean or English.
※ 韓国語又は英語で記入して下さい。

Family Name / 氏	Given Name / 名	③ □ Male / 男 ✓ Female / 女
① CHIKYU	② AYUMI	
Nationality / 国籍	Date of Birth / 生年月日	Occupation / 職業
④ JAPAN	⑤ 1988 08 08	⑥ OFFICE WORKER

Address in Korea / 韓国の連絡先　（☎ 02-2233-3131）

⑦ THE SHILLA SEOUL

※ 'Address in Korea' should be filled out in detail. (See the back side)
※ '韓国の連絡先'は必ず詳しく作成して下さい。（裏面参照）

Purpose of visit / 入国目的		Signature / 署名
⑧ ✓ Tour 観光	□ Visit 訪問	⑨ 地球 歩
□ Business 商用	□ Employment 就業	
□ Others その他 ( )		

①姓（ローマ字）
②名（ローマ字）
③性別にチェックを入れる
④国籍
⑤生年月日（西暦、月、日）
⑥職業（会社員ならOFFICE WORKER）
⑦韓国での滞在先（ホテル名などと電話番号）
⑧渡航目的にチェックを入れる
⑨パスポートと同じサイン

税関申告書 （携行品が免税範囲を超える渡航者のみ作成・申告）

大韓民国 税関申告書

⑨ 地球 歩

THE SHILLA SEOUL
02 (2233-3131)

税関申告事項

2019年 9月 1日　地球 歩

①フルネーム（漢字）②生年月日（西暦／月／日）③パスポート番号④職業（会社員ならOFFICE WORKER）⑤旅行期間⑥旅行目的にチェック⑦搭乗機の便名⑧同伴家族の人数⑨韓国入国前に立ち寄った国があれば記入⑩韓国での滞在先（ホテル名など）⑪滞在先電話番号⑫該当する項目にチェック⑬記入日を書き、署名
※2023年5月1日より免税範囲内の携行品しかもたない入国者は作成・申告の義務が廃止された

重要 日本入国時に必要なワクチン接種（3回）証明書または出国前72時間以内に検査を受けた陰性証明書は、2023年5月8日以降の入国より不要となった。詳細は厚生労働省で確認を。URL www.mhlw.go.jp/stf/seisakunitsuite/bunya/0000121431_00209.html　また、事前登録で入国手続きがスムーズになるVisit Japan Web入国手続きオンラインサービスURL vjw-lp.digital.go.jp/ja/ が推奨されている。

ソウルから日本へ

1 チェックイン

利用航空会社のカウンターで、チケットとパスポートを提示。大きな荷物はここで預け、引換証（バゲージクレームタグ）を受け取ろう。

2 手荷物検査

出国ゲートに入り手荷物検査とボディチェックを受ける。

3 出国審査

外国人専用窓口に並び、順番がきたら搭乗券とパスポートを係官に提示する。カバーなどは外しておこう。

4 搭乗

出国審査が終われば免税店などで買い物ができる。出発の30分前には搭乗ゲート前に行くようにしよう。

★化粧品やキムチは機内預け荷物へ！

韓国から出発する飛行機の客室内にも、日本出国時と同じように液体の持ち込み制限がある。特に注意したいのがBBクリームや化粧水。これらも液体なので、機内預け荷物へ入れよう。汁を含む食品類も預け荷物に。

旅行者の免税制度について

韓国では免税店以外の買い物に10%の付加価値税（VAT）がかかるが、外国人が指定店で3万W以上の買い物をした場合は還付を受けられる。購入時に申請書とレシートをもらい、空港のタックスリファンドカウンターで申請し、還付を受ける（グローバル・タックスフリーURL https://global-taxfree.jp/ など）。また、一度の支払額が30万W未満であれば、買い物の支払いの際すぐに還付が受けられる場合も。

日本入国時の免税範囲 税関URL customs.go.jp

品名	内容
酒類	3本（1本760mℓのもの）
たばこ	紙巻きたばこのみ…200本、加熱式たばこのみ…個装など10個　葉巻きたばこのみ…50本、その他の場合…250g
香水	2オンス（1オンスは約28mℓ。オードトワレは含まれない）
その他	20万円以内のもの（海外市価の合計額）
おもな輸入禁止品目	・麻薬、向精神薬、大麻、あへん、覚せい剤など ・けん銃などの鉄砲・爆発物、火薬類 ・貨幣、有価証券、クレジットカードなどの偽造品、偽ブランド品、海賊版など

※免税範囲を超える場合は追加料金が必要。海外から自分宛に送った荷物は別送品扱いになるので税関に申告する

渡航手続きについては、旅程に合わせた最新情報を必ず確認しよう。

空港からソウル市内への交通

さあ、いよいよソウルに到着！
ソウルの空の玄関は仁川国際空港と金浦国際空港のふたつ。空港から市内への移動手段はいろいろあるので、予算と時間、好みに応じて選ぼう。

手段はいろいろ！

Map 別冊P.4-A2

仁川国際空港
URL www.airport.kr

4つの滑走路があるアジア有数の規模でありハブ空港。ソウルの中心部から西に約50kmの仁川市沖に位置する。国際空港評議会（ACI）の空港ランキング総合評価部門で、連続して世界最優秀空港にも選ばれている。ターミナルは第1と第2があり、市内への移動はリムジンバス、ソウル駅まで直通があるA'REXが便利。

第1,第2ターミナルのどちらにもPCR検査センターが開設されている

リムジンバス

路線も本数もいっぱい

高級リムジンバスと一般リムジンバスの2種類がある。高級リムジンバスは座席が広く、日本語のアナウンスもある（一部除く）。路線は主要な地域、ホテルを網羅している。もし宿泊するホテルに停まるのなら、とても便利だ。一般リムジンバスは料金が安いのが魅力だけど、停留所が多く時間がかかる。

空港鉄道A'REX

仁川国際空港とソウル市内を結ぶために開通された空港鉄道・A'REX。第2ターミナルが始発で第1ターミナルにも停車する。一般列車（各駅停車）と直通列車があり、仁川国際空港第2ターミナル駅からソウル駅まで、一般で66分（5050W）、直通は51分（1万1000W）。一般列車の停車駅には弘大入口などの繁華街もある。詳しい運賃や時刻表などはウェブ（日本語あり）で確認を。URL www.arex.or.kr

タクシー

最もラクな交通手段だけど、ソウル市内までは距離があるので、ほかの交通手段よりは割高。一般タクシー、模範タクシーのほか、予約可能なインターナショナルタクシー（→P.179）があり、料金はそれぞれ違う。到着ターミナルの外に出ると、すぐにタクシー乗り場がある。ソウル市内までの所要時間は約60分。

仁川空港から市内へのタクシー

行き先	所要時間	料金の目安		
		一般	模範	インターナショナルタクシー（定額）
ソウル市庁周辺	約60分	4万9000W〜	8万W〜	8万5000W（中型）
ロッテワールド（蚕室）周辺	約75分	5万9000W〜	9万W〜	9万5000W（中型）

仁川空港から市内へのおもなリムジンバス

行き先	所要時間	種類（路線など）	おもな停留所	乗り場	料金
明洞方面	約75分	6015	ソウルガーデンホテル（麻浦駅）、忠正路駅、南大門市場、イビスソウル明洞、忠武路駅、明洞駅など	5／32	1万7000W
東大門方面	約90分	6702	ソウルガーデンホテル（麻浦駅）、ロッテシティホテル、グランドハイアットソウル、東大門デザインプラザ（DDP）など	3／11	1万8000W
ソウル市庁方面	約70分	6701	ソウルガーデンホテル（麻浦駅）、ザ・プラザソウル、ロッテホテルソウル、光化門、西小門 KAL ビルなど	4／11	1万8000W
江南方面	約80分	6703	ノボテルアンバサダー江南、三成駅、インペリアルパレスホテルなど	3／20	1万8000W
COEX方面	約80分	6103	三成駅、コエックス	7／21	1万8000W
蚕室方面	約90分	6705	ロッテワールドタワー＆モール	4／20	1万8000W

※運休の場合があります。利用時は運行状況の確認を

※乗り場は上が第1、下が第2ターミナルです

空港からホテルへ荷物を運んでくれるサービスを利用しました。そのまま遊びにいけてすごく便利！（東京都・のん）

Map 別冊P.4-B2

金浦国際空港

JRL www.airport.co.kr/gimpojpn/main.do

仁川国際空港よりもソウル市内に近く、バスや地下鉄でソウル中心部まで約45分で着く。また、空港鉄道A'REX利用ならソウル駅まで約25分。現在、羽田からの便はほぼ金浦国際空港に到着する。国際線ターミナルは地下1階、地上4階。大型ショッピングモール「ロッテモール」も隣接し、ショッピングや食事も楽しめる。

空港には旅行者が利用できるPCR検査センターが開設されている

🚌 リムジンバス

仁川国際空港と同じく、高級リムジンバスと一般リムジンバスの2種類があるが、高級リムジンバスの路線は、仁川国際空港に比べると少ない。三成洞やロッテワールド方面に運行し、料金は7500W〜。宿泊するホテルの近くまでリムジンバスで行き、タクシーに乗り換えるという手も。

🚕 タクシー

仁川国際空港と同じく最もラクな交通手段だけど、料金は最も高い。料金、所要時間の目安は、明洞までが、模範タクシー4万W、一般タクシー3万W、所要時間は約40分。江南までが、模範タクシー3万5000W、一般タクシー3万W、所要時間は約30分。日本で予約できるインターナショナルタクシーもある。

🚇 地下鉄

いちばん安くて渋滞もなし

最も安くソウル市内に移動できるのが地下鉄。5・9号線、金浦ゴールドラインの3路線が乗り入れている。ただし、途中の乗り換えや、階段での移動もあるので、荷物が多い場合は不便に感じることも。乗り換え、所要時間は下記を参照。

金浦空港から市内へのおもなリムジンバス

行き先	所要時間	種類	おもな停留所	乗り場	料金
明洞方面	約50分	一般(6021)	麻浦駅、忠正路駅、ソウル駅、明洞駅など	6	7000W
ロッテワールド	約60分	KAL(6706)	ロッテワールド（直行）	6	7500W
三成方面	約80分	一般(6000)	三成駅、ロッテワールドなど	6	7000W

※運休の場合があります。利用時は運行状況の確認を

金浦空港から市内への空港鉄道と地下鉄

行き先	金浦空港（512・902・A05）駅での乗車路線と乗り換え駅	所要時間	料金（現金）
明洞駅	空港鉄道→［ソウル（A01）駅で4号線に乗り換え］→明洞（424）駅	約40分	1800W
乙支路入口駅	空港鉄道→［弘大入口（A03）駅で2号線に乗り換え］→乙支路入口（202）駅	約35分	1700W
ソウル駅	空港鉄道→ソウル（A01）駅	約25分	1700W
三成駅	9号線→［総合運動場（930）駅で2号線に乗り換え］→三成（219）駅	約70分	1900W
蚕室駅	空港鉄道→［弘大入口（A03）駅で2号線に乗り換え］→蚕室（216）駅	約60分	2000W

※経路は一例です。経路によっては料金が変わる場合もあります

日本で予約もOK
インターナショナルタクシーとは？

ソウル市公式指定のタクシーサービスで、外国人観光客を対象に語学に堪能な運転手で構成されている。特に仁川国際空港からソウル市内へはエリアごとの定額制になっているので、わかりやすくて安心。
URL www.intltaxi.co.kr

車体は黒やオレンジ。ふたつの空港には案内デスクがある

金浦国際空港隣接のモールにはロッテマートがあり、帰国前最後のおみやげ、日用品購入に便利。

ソウル市内の移動手段

旅行者が利用する交通手段としては、地下鉄、タクシー、バスの3つ。
言葉の問題もなく、値段も安く、利用しやすいのは地下鉄。
目的地まで直接行ける便利さではタクシー。ちょっと難しいけど、慣れたらバスもおすすめ。

予習すれば
安心ね

지하철

地下鉄

人気のエリア、主要な観光地には、だいたい地下鉄で行くことができる。
乗り方はとっても簡単なので、すぐに乗りこなせるようになるはず。
別冊P.2〜3の「ソウル地下鉄路線図」を見ながら、さあ、乗ってみよっ♪

路線は色分け、駅には番号

ソウル市内は1〜9号線があり、それが国鉄中央（チュアン）・盆唐（ブンダン）・京義（キョンイ）線などと接続し、首都圏の鉄道網を形成している。路線はそれぞれのシンボルカラーで区別され、駅には番号が付けられているので、とてもわかりやすい。

初乗りは1500W

地下鉄には、「1回用交通カード」か「T-moneyカード」（右ページ参照）などを購入する。運賃は、初乗り1500Wで、10〜50kmは5kmごとに100W追加、50km以上は8kmごとに100W追加。T-money利用なら初乗りは1400W。

ホームの行き先表示はハングルのほか、英語、漢字も

ちょっと注意したいコト

●上下線で改札が異なる駅がある　●T-moneyなら乗る方向を間違えて改札を通る場合も10分以内で同じ路線なら運賃は引かれない　●エスカレーターは両側立ち推奨だが右側立ちが多い　●1回用交通カードは下車駅で換金（500W）を忘れずに。

日本同様、駅にはトイレがあるところも。トイレットペーパーの有無は確認を

出発！

地下鉄の入口を見つけよう！ 地下鉄のマーク、駅名、駅の番号が書いてあり、わかりやすい

地下鉄を乗りこなそう！

❶ 券売機を見つける

地下鉄の駅に着いたら、まずは券売機を見つけよう。一部の駅では、有人の切符売り場もあるが、ほとんどの駅では、自動券売機で1回用交通カードを購入する。券売機は、画面を直接タッチして操作する方式。

❷ 日本語を選ぶ

画面の表示は韓国語、日本語、英語などがあるので、「日本語」にタッチすると日本語表示になる。1回用カードは紫色の「目的地の選択」にタッチする。※T-moneyのチャージは、いちばん右のカードの絵をタッチ。

❸ 行き先を選ぶ

「駅コード検索」「駅名検索」「路線検索」が選べる画面になる。「駅名検索」は乗車する路線をタッチすると画面に駅名が表示されるので、そのなかから自分の行き先の駅名を選び、タッチする。

❹ 枚数を選ぶ

買いたい枚数をタッチすると、購入金額に保証金の500Wが加算された金額が表示されるので、お金を投入口へ入れる。この500Wは下車駅で精算すると戻ってくる。T-moneyでの初乗りは100Wお得。

「1回用交通カード」エコ化を目指してソウル市が導入。カード式で再利用される

地下鉄乗車は1回用カードかT-moneyカードなど

ソウルの地下鉄は、「1回用交通カード」と、チャージして何回も使える「交通カード」の2種類がある。1回用の買い方、使い方はこのページの下で詳しく紹介。おもな交通カードであるT-moneyは、まず2500W〜で購入し、そこへチャージして使用する。2500Wはカード代なので、カードの返却による返金はないが、チャージ残金は返金できる（金額などにより手数料あり）。

T-moneyカードは地下鉄構内の販売機やコンビニで購入できる。観光施設などの割引があるM-PASSカード（1日券1万5000W）などもある

「T-moneyカード」一度購入すればチャージしてずっと使える

こちらも交通カードのcash bee（キャッシュビー）。釜山を中心に利用されているがソウルでも利用できる

改札を出てすぐのところに設置されている。カードを入れるだけ！

ソウル市内の移動手段　地下鉄

マナーに気をつけましょう

韓国は儒教の国。目上の人を敬うという意識が高く、地下鉄やバスの車内でも、優先席であるないにかかわらず、お年寄りや妊婦などに席を譲るのが当たり前。旅行者も当然見習おう。また、大きな荷物を持って乗車するときは、特に周囲に気を配ろう。ちなみに、地下鉄1〜9号線の駅構内は、すべて右側通行となっている。

到着！

目的の駅で下車したら、1回用カードの保証金換金機で、500Wの換金を忘れないように！

カンタンだよ♪

⑤料金を払う

料金を投入（5000W札、1万W札にも対応）すると、券売機の下の出口からカードが出てくる。旅行者に多いのが、おつりの取り忘れ。カードのほかにおつりも忘れないように。改札は、だいたい券売機のすぐ近くにある。

⑥改札を通る

改札は日本と同じように自動改札が導入されている。ただし、日本とはちょっと形式が違い、カードを入口にかざし、（T-moneyも同様）、一人ひとりバーを押し、回転させながら通る。案内表示を確認してホームへ進もう。

⑦行き先を確認

ホームには、あちらこちらに路線の表示や、次の駅名の表示があるので、迷わずに乗車できるはず。ただ、路線は合っていても、逆方向に向かう電車に乗らないよう、次の駅名を必ずチェックしよう。

⑧電車に乗る

電車に乗車。車内はほとんど日本の電車と同じ感じ。車内アナウンスは韓国語、英語。また、車内には電光掲示板があって、次の停車駅がハングルと英語で表示される。路線図も貼ってあるので、下車駅を確認しよう。

地下鉄の乗り換え、所要時間が簡単にわかるアプリ、Subway Korea（→ P.185）が使いやすい。もちろん日本語対応。

택시

タクシー

日本に比べると少し割安感があり気軽に利用できる。
模範、一般など、種類があるので、ここでは、その違いを紹介。
タクシーを上手に使って、旅の移動時間を短縮しましょ。

模範タクシー

一般タクシーより料金は割高だけど、日本語が話せる運転手も多く、サービスもしっかりしているとされている。車体に「FREE INTERPRETATION」(無料通訳)のステッカーが貼ってあるタクシーでは、携帯電話を使っての通訳サービスが無料で受けられる。初乗り7000W(3km)。

黒塗りのセダンに黄色いランプが目印。車内は広め

一般タクシー

サービスは以前に比べてかなり向上しているので、模範タクシーとの差が感じられなくなってきている。乗車時に必ずメーターが付いているかを確認し、もしなかったら違法タクシーなので乗車しないように。また、メーターが付いていても、走りだしたら作動しているか要チェック。初乗り4800W(1.6km)。

オレンジ色のタクシーのほか、白やシルバーの車体も

そのほかのタクシーなど

8人まで乗車できる大型タクシーやインターナショナルタクシー(→P.179)がある。大型タクシーの初乗りは、模範タクシーと同じ7000W(3km)なので、大人数での旅行にはとっても便利でお得。また、タクシー利用は流しのタクシーを拾うほか、アプリも使いやすい。カカオタクシー(→P.185)やUber(ウーバー)などがある。

車両が似ているコールバン(CALL VAN)のぼったくりに注意!

タクシーを乗りこなそう!

やっぱりラクチン♪

① 空車をひろう

タクシー乗り場以外の場所では流しのタクシーを探す。韓国の人は、手を垂直に出してタクシーを停める。繁華街以外ではなかなかつかまえられない場合もあるので、近くのホテルなどから乗るのもおすすめ。日本同様、フロントガラスの「빈차」と書かれたランプが点灯しているのが空車の目印。

② 行き先を伝える

韓国のタクシーのドアは手動。自分で開閉をする。日本語も英語も伝わらない運転手も多いので、ハングルで書かれた行き先や地図を示して伝えるのが確実で便利な方法。あらかじめ宿泊先のホテル名が書かれたカードなどをホテルのフロントでもらい、携帯しておこう。

お役立ち会話

ここへ行ってください
ヨギロ　カ　ジュセヨ
여기로 가 주세요

停めてください
セウォ　ジュセヨ
세워　주세요

ここで降ろしてください
ヨギソ　ネリョ　ジュセヨ
여기서 내려　주세요

おつりをください
ゴスルムドン　ジュセヨ
거스름돈　주세요

③ 支払い

目的地に着いたら料金を支払う。最近はぼったくり被害もかなり少なくなったけど、念のため乗車時にメーターの作動を確認し、降車時もメーターを確認してから料金を支払おう。ドアを開けるときは、後ろからバイクなどが来ていないかよく確認して開けよう。ドアを閉めるのを忘れずに。

▽ 東大門でタクシー(？)に乗ったらメーターがなかった! 明洞まで4万Wもぼったくられました……(涙)。(茨城県・えみ)

バス

ソウル市内を走る路線バスは、循環、幹線、支線、広域に分けられ、それぞれ車体も色分けされている。初心者にはちょっと乗りこなしが難しいけど、ソウルに慣れたら利用してみよう。

グリーン循環バス

ソウル市中心部を走る循環バス。明洞、南大門、東大門、Nソウルタワーなどを循環する4路線がある。運賃は1400W。

市民に愛され

幹線(ブルー)バス

長めの距離を走る幹線バス。幹線道路を走り、ソウル市中心部と郊外を結ぶ。運賃は1500W。

支線(グリーン)バス

幹線バスのバス停と地下鉄の駅間を結ぶ。運賃は1500W。補助的役割のマウルバスもある。運賃は1200W。

広域(レッド)バス

ソウルと首都圏の都市を急行で結ぶ広域バス。運賃は3000W。

人気の深夜(オルペミ)バスが路線を拡大

23時30分から6時までの深夜運行バス、通称オルペミ(フクロウ)バスは2013年に運行をスタート。タクシー以外の夜間の移動手段として市民から絶大な支持を得て、2022年4月、9路線から14路線に拡大された。旅行者に便利な路線は、N30(東大門駅→乙支路入口駅→ソウル駅)や、N51(東大門駅→弘大入口駅)などがある。料金は2250W。

バスの乗り方

バスは前乗り後ろ降りが基本。小銭の用意を忘れずに。T-moneyならピッとかざす。

降りるときはブザーで知らせる。日本より運転は荒め。しっかりつり革につかまって。

観光に最適なソウルシティツアーバス

人気の観光スポットを一気に観光しちゃおう！　というときにおすすめなのが、ソウルシティツアーバス。1日券を買って上手に乗り降りすれば、観光はもちろん、ショッピングも楽しめる！　下記表以外にもコースがあり、ソウルからDMZ(非武装地帯)を訪れるなど、スペシャルツアーも用意されている。T-moneyで支払うと料金が5％割引に。

下記2コースのバスの出発は光化門の東和免税店(Map 別冊P.12-A2)前の停留所。

コース名	おもな停留所	運行時間	所要時間	料金
都心・古宮コース	光化門(始発)、明洞、南山韓屋村、ソウル新羅ホテル、Nソウルタワー、東大門市場、昌慶宮、昌徳宮、仁寺洞、青瓦台、光化門(終点)など	9時30分〜16時30分の間、約30分間隔で出発	約1時間30分	2万4000W
夜間コース	光化門(始発)、麻浦橋、聖水橋、漢南大橋、Nソウルタワー、南大門市場、清渓広場(終点)など	19時30分出発(7〜8月は20時)	約1時間30分	2万W

URL www.seoulcitybus.com

2022年11月より市内中心部を約20分で循環する自動運転バスの運行もスタート。

ソウル旅の便利帳

ソウルの旅に必要なノウハウを集めてまとめました。
ちょっと疑問に思ったことはここで解決！
旅行中、いざというときに慌てないよう予習してね。

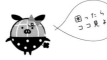

困ったら
ココ見よ

お金

韓国の通貨単位はW（ウォン）。紙幣は1000W、5000W、1万W、5万Wの4種類、硬貨は10W、50W、100W、500Wのほか、1Wや5Wもあるがあまり流通していない。ウォンへの両替は、日本より韓国でしたほうがレートがいい。ソウルでは空港、ホテル、銀行、街なかに両替所があり、明洞にはいくつもの両替所が点在。目印は「Exchange」の看板。

1000W

5000W / 10000W

50000W

500W

100W

50W / 10W

クレジットカード ATM

ホテルやレストラン、スーパー、コンビニ、タクシーなどでは、VISAやMasterなど国際ブランドのカードならばたいてい使える。大金を持ち歩くのはリスクが高いので、両替はできるだけ最小限にとどめて、カードで支払うのが賢い方法。利用時に暗証番号（PIN）が必要な場合があるので、事前にカード発行金融機関に確認を。
ATMは空港や街なかなどいたるところにあり、VISAやMasterなど国際ブランドのカードでウォンをキャッシングできる。出発前に海外利用限度額と暗証番号をカード発行金融機関に確認しておこう。金利には留意を。

話題のWOWPASSとは？

専用カードに日本円をチャージ（初回登録5000W）し韓国のクレジットカードと同じように利用できるWOWPASS。換金レートがよく、アプリと連動し残高確認も簡単。T-money機能（要チャージ）付き。詳細はP.21。
URL www.wowpass.io/

電話

電話は、ホテルの客室か公衆電話、またはレンタルの携帯電話でかけられる。公衆電話はコイン式、テレホンカード式、両方が使えるものがあり、使えるコインは10W、50W、100W。ホテルの客室の電話を使う場合は、最初に外線番号（ホテルにより異なる）を押そう。ソウルから日本にかける場合、国際電話識別番号「001」または「002」のあと日本の国番号「81」、相手の市外局番の頭の「0」を除いた番号を押す。

公衆電話のテレホンカードはコンビニなどで買える

日本から韓国へ

| 国際電話識別番号 ※010 | + | 韓国の国番号 82 | + | 相手の市外局番の最初の0を除いた番号 |

※携帯電話の場合は010のかわりに「0」を長押しして「＋」を表示させると、国番号からかけられる
※NTTドコモ（携帯電話）は事前にWORLD CALLの登録が必要

韓国から日本へ　東京03-1234-5678にかける場合

001または002 ＋ 81 ＋ 3-1234-5678

現地での電話のかけ方

● 市内通話　ソウル市内では**市外局番02を**除いた番号をかける　例）02-123-4567 →123-4567

● 市外通話　ソウル市外へかけるときは**0で始まる市外局番を含めてかける**　例）仁川032、京畿道031、釜山051など

旅行中、LINEやSkypeを使えば日本の家族とも無料で長話ができるので安心。無料Wi-Fiのみに接続してさらに節約！（東京都・えいか）

電源・電圧

電圧は220Vが主流。220Vのコンセントは丸型で、SEまたはCタイプがある。一部ホテルなどで日本と同じ形状のAタイプ(110V)を備えているところもあるが、変換器などを持参しよう。

左が220Vのコンセント、右が110V

ホテルによっては変圧器やプラグを貸し出しているところもある

水

ソウルの水道水は、飲むことができるとされているけど、できれば洗面、歯磨きなどの利用にとどめ、飲むのは避けるのが無難。水を飲むなら、コンビニなどでミネラルウオーターを買おう。値段は500㎖のペットボトルで500〜800Wくらい。また、飲食店では日本同様無料の水が提供される。韓国の人はたくさん水を飲むのでボトルなどに入ってくる場合がほとんど。

トイレ

ほとんどが日本と同じ洋式の水洗だが、利用法で大きく違うのは、使用済みのトイレットペーパーを便器に流さず、備え付けのゴミ箱に捨てるところもあるということ。最近は流せるところが多いが、トイレットペーパーを誤って流してしまいトイレを詰まらせた!という旅行者もいるので要注意。

Wi-Fi

韓国は「スマートソウル2015」を掲げ、2015年までにすべての公共施設でフリーWiFiが使えるよう整備が進められた。空港、ファストフード、コンビニ、銀行など(一部を除く)フリースポットが多く、とても便利。また、WiFiのレンタルは現地空港で可能だが、在庫切れになる場合もあるので、事前に予約をしよう。

郵便

日本へ荷物を送りたいときは、EMS(国際スピード郵便)が便利。料金の目安は5kg 4万3000W、10kg 6万W(別途特別運送手数料100g=100Wあり)。日本までの所要日数は2〜3日。梱包材(段ボールなど)も郵便局で購入可能。

服のサイズ

約10年ほど前から韓国では、より体形に合った洋服選びができるよう、「胸囲−ウエスト−身長」「胸囲−身長」など、サイズの詳細を表示するようになった。でも、日本でもおなじみのS(スモール)、M(ミディアム)、L(ラージ)表示も多い。また、靴のサイズは日本のセンチ表示と違いミリ単位で表示。日本で24cmの靴は、240と表記されている。

同じサイズでも、メーカーによって大きさが異なるので、必ず試着しよう

レディスのサイズ

基本表示 胸囲 (cm)	サイズ	韓国の 号数	日本の 号数
75	S	44	7
80			
85	M	55	9
90	L	66	11
95			
100	XL	77	13
105			

マナー

①食器を手に持ってはいけない。置いたまま食べるのが礼儀②ご飯、汁物はスプーンで食べる③酒が残っているグラスに注ぎ足してはダメ④目上の人の前では顔を横に向けグラスを隠してお酒を飲む⑤電車やバスでお年寄りに席を譲るのは当たり前。

韓国で使える便利アプリ

Subway Korea 韓国地下鉄路線図

地下鉄の乗り換えや所要時間を日本語で検索OK。駅案内や出口案内、時刻表も検索できる。

カカオタクシー

手軽にタクシーが呼べる人気アプリ。目的地の住所も同時に入力するので会話の心配がない。

NAVER

韓国最大ポータルサイトで、表示言語を日本語に設定することもできる。会員登録して使うと便利。

LINE

LINEの翻訳機能が便利!LINE韓国語通訳と友だちになりトークに打った言葉が翻訳される。

Papago

韓国語をはじめ13カ国語を翻訳。とくに韓国語→日本語は評判がいい。テキスト、画像、音声などに対応。

カカオトーク

韓国で圧倒的シェアを誇るメッセンジャーアプリ。飲食店の予約などはカカオを指定される。

旅の安全情報

世界のなかでは、比較的治安がよいとされている韓国だけど、
そこはやっぱり外国。言葉や習慣のわからない旅行者を狙ったトラブルも……。
では、どんなことに気をつけたらいいの？ 知っておいてほしいことを紹介。

注意してね～

治安

韓国の治安はそれほど悪くはないといわれているけど、日本人は警戒心が薄いので、置き引き、スリなどの軽犯罪に巻き込まれるケースが少なくない。繁華街や人の多いところでは、バッグをしっかり持ち、深夜のひとり歩きなどは絶対にしないように。下記サイトで渡航の安全情報を確認できる。
外務省　海外安全ホームページ
URL www.anzen.mofa.go.jp

病気、健康管理

旅行中、もしも具合が悪くなったらまずはホテルのフロントやタサンコール（右ページ参照）に、緊急性を感じたら119に電話して「ジャパニーズプリーズ」といい相談しよう。また、滞在中にコロナ陽性になり困ったら、日本国大使館☎02-2170-5200で相談を。自己隔離が必要な場合、wehome URL www.wehome.me/では自己隔離可能な滞在先を紹介している。

海外旅行保険

旅行中は、どんなトラブルが起きるかまったく予想がつかないもの。だから、海外旅行保険にはぜひ加入しておきたい。特に新型コロナウイルス感染を補償する海外旅行保険には加入したい。保険はウェブで簡単に加入でき、自分が必要とする保障だけをチョイスできたり、保険料も割安なものがいろいろある。また、海外旅行保険が付帯しているクレジットカードもある。

ソウルは右側通行
街歩きのコツと注意

車は右側通行で左ハンドルの韓国。日本とは左右が逆なので、道を渡るときなどは安全確認に注意して。また、ソウル中心の繁華街は横断歩道が少なく道幅も広いので、地下道を使って道を横断するほうが早い場合も。

ソウルでのPCR検査はどこで？

仁川国際空港（第1ターミナルに2ヵ所、第2ターミナルに1ヵ所）URL www.airport.kr/ap_cnt/ja/svc/covid19/medical/medical.doと、金浦国際空港（1階に1ヵ所）URL gimpo.smlab.co.kr/covidair/に検査センターがある。ソウル中心部では踏十里駅近くのシジェン医療財団 URL direct.seegenemedical.comなど。検査結果まで時間がかかる場合もあるので注意。

金浦国際空港内のPCR検査センター

こんなことにも気をつけて！

実例！　ソウルで起きた日本人の犯罪被害

エピソード **1** ぼったくりタクシー

違法タクシーに乗り、法外な料金を請求される事例は多い。車両は真正なのに偽運転手が営業していたり、本物そっくりに外装した車を使っていたりと手口はいろいろ。ダッシュボード上にある運転手の身分証明の写真が実際と合っているか確かめ、客引きするタクシーには乗らないのが無難。

エピソード **2** ガイド詐欺

空港などで、寄ってきた無資格のガイドに観光案内を依頼し、法外な料金を請求されたり、むりやりショッピングに連れていかれ、高額な商品を買わされてしまう、というケースや、親しくなった現地の人に投資などをもちかけられ、詐欺に遭うという事件が発生している。

エピソード **3** 置き引き、スリ

ホテルや空港でのチェックインの際、旅行者が一瞬荷物から目を離したすきに置き引きに遭ったり、観光中に見知らぬ人から声をかけられ、ちょっと油断したすきに荷物を持ち去られるという被害が発生。日本語で話しかけられ、何となく油断してしまうという場合が多い。

（外務省「海外安全ホームページ」より）

トラブル が　困ったときの
イエローページ

トラブル1　パスポートを紛失したら

**まずは現地警察とともに
現地日本国大使館に届け出て手続きを……**

もしもパスポートを紛失してしまったら、すぐにソウルにある在韓国日本国大使館領事部へ連絡。どうしたらいいのか、どんな手続きをしたらいいのかを教えてもらえる。パスポートの再発行、または帰国のための渡航書を発行してもらえる。その際、必要になる書類や手続きなど、詳しくは外務省のウェブで確認を。URL www.mofa.go.jp/mofaj/toko/passport

 **パスポート新規発給、
帰国のための渡航書発給の申請に必要なもの**

☐ **現地警察署などが発行する紛失届出証明書**
☐ **写真2枚**（45mm×35mm）
☐ **戸籍謄本または抄本**（運転免許証など）
☐ **旅程が確認できる書類**（eチケットやツアー日程表など）
☐ **パスポートの「顔写真が貼られたページ」のコピー**
※申請の手数料は、申請内容により異なります

トラブル2　事件や事故に遭ったら

警察と日本国大使館

置き引きや盗難、事件に遭ってしまったら、すぐに警察☎112へ電話を。7〜22時の間なら、通訳に入ってもらうことも可能。また、けがなどの場合は救急/消防☎119へ電話しよう。

緊急連絡先

警察	救急/消防
112	**119**

日本国大使館領事部
02-739-7400

Map 別冊P.12-B1

トラブル3　クレジットカードを紛失したら

**盗難でも紛失でも、
至急利用停止手続きを**

もし、クレジットカードを紛失してしまった場合は、すぐにカード発行金融機関に連絡して、カードの利用を止めてもらう。出発前にカード裏面の「発行金融機関名」、緊急連絡先をメモしておこう。盗難による紛失なら、警察にもすぐ連絡を。

緊急連絡先 ●日本語可

カード会社	
アメリカン・エキスプレス	(Free)00798-651-7032
JCB	(Free)001-800-00090009
セゾン	(Free)00798-81-1-6467
UC	(Free)001-800-80058005

トラブル4　病気になったら

ソウルには日本語の通じる病院も。
緊急なら救急車を！

旅先での急な病気、体調不良はとっても不安なもの。だから、日本語の通じる病院を把握しておくと安心。ホテルのフロントでも病院を紹介してもらえるし、緊急の場合には救急車も呼んでくれる。

緊急連絡先

救急・消防/病院	
救急・消防	**119**
建国大学病院国際診療センター	**02-2030-7225**
ソウル聖母病院	**02-2258-5747**
セブランス病院	**02-2228-5801**

トラブル5　荷物を忘れたら

各遺失物センターに連絡を

それぞれの遺失物センターへ連絡してみよう。地下鉄は路線別になっている。

緊急連絡先

遺失物相談	
ソウル地方警察庁遺失物センター	**02-2299-1282**
仁川空港	**032-741-3114**
金浦空港	**02-2660-4097**
地下鉄1・2号線	**02-6110-1122**
地下鉄3・4号線	**02-6110-3344**
地下鉄5・8号線	**02-6311-6765**
地下鉄6・7号線	**02-6311-6766**
地下鉄9号線	**02-2656-0009**

その他連絡先

おもな航空会社	
大韓航空	**1588-2001**（韓国内フリー通話）🕐24時間 休無休
アシアナ航空	**1588-8000** 🕐7：00〜22：00（土・日・祝8：00〜19：00）
全日空	**02-2096-5500** 🕐月〜金9：00〜18：00
日本航空	**02-757-1711** 🕐9：00〜17：30 休無休

困った時は…

120タサンコールセンター ……… **120**
※日本語対応は 120＋9＋3
日本語受付時間　月〜金9：00〜18：00（祝日を除く）
韓国語は24時間、年中無休
URL www.120dasan.or.kr/static/lang/lang3.html

index ▶ ：プチぼうけんプランで紹介した物件

✕ 食べる ✕

名称	エリア	ページ	別冊MAP
ア ▶ アーバンビーチ	延南洞	37・43	6-A1
▶ イチャドル江南本店 イチャドルガンナムボンジョン	宣陵	27	21-C3
ウェゴチッソルロンタン	三成洞	49	21-D2
元祖麻麻キムパッ（2号店） ウォンジョマファキムパッ	鍾路	93	16-A2
ウォンハルモニ・ボッサムチョパル本家	新堂洞	81	7-C1
乙密台 ウルミルデ	大興	76	6-A2
又来屋 ウレオク	乙支路	49	16-A3
エウォル食堂 エウォルシッタン	狎鴎亭洞	166	22-A2
オージーヒル	漢南洞	136	17-D2
オールドフェリードーナツ	漢南洞	136	17-D2
五壮洞フンナムチブ オジャンドンフンナムチブ	東大門	77	16-A3
▶ 押忍!! セイロ蒸し オスセイロムシ	蚕室	27	7-D3
オソルロッティーハウス	漢南洞	18	17-D2
▶ オトンヨン	清潭洞	48	22-B2
オリオ	解放村	158	8-B3
オングンダル	聖水洞	45・69・159	17-C1
カ ▶ カフェアルムア	建大	167	17-D1
カフェオニオン	聖水洞	45	17-D1
カフェオニオン	三清洞	140	15-D3
▶ カフェ・ケンプトン	狎鴎亭洞	28	22-A2
カフェスイッソル	明洞	18	11-C2
カフェスコン	延南洞	43	6-A1
カフェ・ヒュガ	鶴洞	28	20-B2
カフェ・ブレノ	江南区庁	167	22-B3
▶ カフェレイヤード	延南洞	42	6-A1
カメゴル・イェンナル・ソンクマンドゥ&ソンカルグクス	南大門	138	10-A3
江南レンギョブ	江南区庁	17	20-B3
キムドックエコプチャンジョ	弘大	71	18-B3
▶ クァベ	延南洞	68	6-A1
広蔵市場 クァンジャンシジャン	鍾路	93	16-A2
光化門クッパ クァンファムンクッパ	光化門	74	12-A3
クムガンバーベキューチキン	梨泰院	84	20-B3
クムテジ食堂 クムテジシッタン	薬水	78・165	9-D2
▶ クリムカフェ	延南洞	42	6-A1
クルバム	梨泰院	158	17-C2
クルマウルナッチョン	梨泰院	75	17-C2
宮 クン	仁寺洞	73	13-C1
▶ ケバンシッタン	江南区庁	49	21-C2
開花 ケファ	明洞	77	10-B3
ゴセン	清潭洞	164	22-B2
コッチ	三成洞	86	21-D2
高飯食堂 コバンシッタン	新沙洞	79	24-A2
コリン	弘大	94	18-B3
コンテドゥトゥロアー	狎鴎亭洞	144	22-A2
サ ▶ ザ・セイム	合井	162	6-A2
ザ・ファイネスト	経理団	158	17-C2
サミュッカ	新論峴	166	20-B3
三清洞スジェビ サムチョンドンスジェビ	三清洞	76	15-C1
三百家 サムペクチ	新村	74	24-B3
ザ・ロイヤル・フード＆ドリンク	解放村	137	8-B3
C27	新沙洞	147	24-A2
ジェイムスチーズトゥンカルビ	明洞	135	11-C2
シェマッ	新論峴	91	20-B3
シゴルパップサン	漢南洞	99	17-D2
シナモロールスイートカフェ	弘大	16	19-C1
ジノスニューヨークピザ	狎鴎亭洞	166	22-A2

名称	エリア	ページ	別冊MAP
申李道家 シンイドガ	弘大	18	18-B2
シンジョン	新論峴	87	20-B3
▶ 植物 シンムル	益善洞	40	13-D1
スンミニヘンボッケジャン	東大門	71	16-B3
セマウルシッタン	弘大	81	19-C1
▶ ソウル・エンムセ	ソウルの森	37・44・68	17-C1
ソウルコーヒー	益善洞	38	13-D2
ソウルコーヒー	梨泰院	158	17-C2
ソギョンハヌ	市庁	75	10-A3
ソナ	新沙洞	147	24-A2
小夏鹽田 ソハヨムジョン	益善洞	18	13-D2
ソムンナン聖水カムジャタン ソムンナンソンスカムジャタン	聖水洞	88	17-C1
ソルビン	明洞	94	11-C1
聖水ノル ソンスノル	聖水洞	17	17-C1
ソンタンブデチゲ	論峴洞	89	24-B2
タ ▶ タッチンミ	南大門	73	10-A3
タモトリ	経理団	91	17-C2
▶ タン・プラネット	聖水洞	36・44	17-C1
済州黒豚 チェジュフットン	光化門	79	12-B3
彌郷 チャクヒャン	乙支路	75	9-C1
チャマシヌントゥル	三清洞	141	15-C2
チャンドッテキムチチゲ	清潭洞	89	23-D2
チャンピウオ	清潭洞	164	23-D2
チャンプァダン	益善洞	41	13-D2
春川家タッカルビマックッス チュンチョンチブタッカルビマックッス	新村	84	6-A1
チョゲワ	明洞	87	11-C1
チョソネユッケジャンカルグクス	新村	77	6-A1
チョルチョルポッチブ	乙支路	87	12-B3
チョンウォンスンドゥブ	市庁	73	8-B2
全州豊南会館 チョンジュプンナムフェグァン	光化門	74	12-A3
▶ 清水堂 チョンスダム	益善洞	41	13-D1
清潭コル チョンダムコル	清潭洞	145	22-B2
清潭スンドゥブ チョンダムスンドゥブ	清潭洞	72	22-A2
陳元祖補身タッカンマリ チンウォンジョポシンタッカンマリ	東大門	88	16-B2
晋州会館 チンジュフェグァン	市庁	77	8-B1
チンナムポミョノッ	薬水	85	9-D2
テチボンユッシッタン	宣陵	83	21-D3
テハンメクチュチブ	大学路	84	16-A1
テボチマタク	新村	85	6-A1
▶ 大林倉庫 テリムチャンゴ	聖水洞	45	17-D1
テンパ麻辣麻辣鍋新龍山2号店 テンパマーラーマーラーグォシンヨンサン2ホジョム	龍山	165	6-B2
東京ビンス トウキョウビンス	望遠洞	94	6-A2
トゥッキ	明洞	70	11-D2
ドゥトゥム	ソウル駅	79	8-A2
▶ トゥラン	益善洞	40	13-D2
トクシム韓牛 トクシムハヌ	乙支路	83	13-C3
▶ 徳厚先生 トクフソンセン	狎鴎亭洞	31	22-B2
トサンマンマ	狎鴎亭洞	69・144	22-A2
お弁当カフェ通 トシラックカフェトン	西村	93	14-B2
土俗村 トソッチョン	景福宮	72	14-B3
トマ	仁寺洞	143	13-C1
トルゴドン	乙支路	80	16-A3
トンクンカルビ	新村	70	6-A1
ナ ▶ 楽園駅 ナグォンニョッ	益善洞	39	13-D2
ナムサンケミストリー	経理団	137	17-C2
綾羅島 ヌンナド	三成洞	76	21-D2
ネコヒャン・フェンソンハヌ・ジョンユッチョムシッタン	蚕室	82	7-D3
ノッティ	漢南洞	68	17-D2
ハ ▶ バスキンロビンス	三清洞	21	15-C2
バダ食堂 バダシッタン	漢南洞	137	17-D2
▶ ハッピーベアデイ	弘大	69・133	18-B3

名称	エリア	ページ	別冊MAP
河東館 ハドングァン	明洞	73	**11-C1**
ハノッチブ	西大門	73	**8-A1**
▶ ハラボジ工場 ハラボジコンジャン	聖水洞	45・95・157	**17-C1**
ハル&ワンデイ	聖水洞	167	**17-D1**
バルク	漢南洞	99	**17-D2**
パンジョ	大学路	91	**16-A1**
ハン・スンジャハルモニ・ソンカルグクスチブ	南大門	138	**10-A3**
ハンソンシッタン	市庁	89	**8-B1**
BBQオリーブチキンカフェ	梨大	159	**6-A1**
ビョンチョリネチョッカルビ	狎鴎亭洞	80	**20-B1**
ビョンファ延南 ビョンファヨンナム	延南洞	17	**6-A1**
ビルマ	新沙洞	166	**24-B2**
黄金コンバス ファングムコンバス	エオゲ	72	**8-A2**
黄生家カルグクス ファンセンガカルグクス	三清洞	76	**15-C2**
ファンソチブ	忠武路	89	**9-C2**
プチョンユッケ	鍾路	93	**16-A2**
北海氷水 プッピンス	東大門	95	**16-B3**
プビン	三清洞	95	**15-D2**
ベーカリー&コーヒーバイクンダル	狎鴎亭洞	104	**22-B2**
ベッコドン	狎鴎亭洞	86・102	**22-A2**
ベッコムマッコリ&醸造場 ベッコムマッコリ&ヤンジョジャン	狎鴎亭洞	90	**22-A2**
▶ ボマーケット	ソウルの森	31・130	**17-C1**
鳳雛チムタク ボンチュチムタク	狎鴎亭洞	85	**22-A2**
マ ▶ マウスラビット	建大	167	**17-D1**
マダンフラワーカフェ	益善洞	40・159	**13-D1**
マッコリサロン	弘大	90	**19-C2**
魔女キムパ マニョキムパ	狎鴎亭洞	166	**23-C2**
麻浦チンチャ元祖崔大鮑 マポチンチャウォンジョチェデポ	孔徳	80	**6-B2**
ママンガトー	新沙洞	95	**24-A2**
マムハウス	明洞	167	**11-D3**
ミスチョッパル	弘大	81	**19-C1**
ミミオク	龍山	157	**6-B2**
明洞の屋台 ミョンドンノジョム	明洞	92	**11-C2・3**
明洞咸興麺屋 ミョンドンハムミョンオッ	明洞	76	**11-D2**
明洞焼肉専門店（韓牛房）ミョンドンヤキニクチョンムンジョン	明洞	83	**11-C1**
▶ ミルトースト	益善洞	40	**13-D2**
ミントハイム	弘大	69	**18-B2**
舞月食卓 ムウォルシッタク	新論峴	74	**20-B3**
武橋洞プゴクッチブ ムギョドンプゴクッチブ	市庁	72	**12-B3**
▶ メリツリー	延南洞	43・69	**6-A1**
▶ メロワー	聖水洞	45	**17-C1**
モトゥヌイ	延南洞	68	**6-A1**
モルト	明洞	135	**11-D2**
ヤ 油井食堂 ユジョンシッタン	鶴洞	28	**24-B3**
ユッチャン食堂 ユッチャンシッタン	新設洞	79	**7-C1**
▶ 駅前会館 ヨッチョンフェグァン	孔徳	49	**6-A2**
ヨンチョンヨンファ	清潭洞	164	**23-C2**
永東ソルロンタン ヨンドンソルロンタン	新沙洞	72	**24-A3**
ラ ラフレフルーツ	ソウルの森	94	**17-C1**
ラム肉屋 ラムニクヤ	逎村洞	165	**4-B2**
羅宴 ラヨン	東大入口	99	**9-D2**
リーキムパ	狎鴎亭洞	75	**24-B1**
玲玲	清潭洞	166	**23-C2**
ル・モンブラン	解放村	69	**8-B3**
▶ ロイヤルメルティングクラブ	漢南洞	37・69	**17-D2**
ワ ワンインアミリオン	漢南洞	136	**17-D2**

✦ キレイになる ✦

名称	エリア	ページ	別冊MAP
ア アミューズ漢南ショールーム アミューズハンナムショールーム	漢南洞	105・106	**17-D2**
アモーレ聖水 アモーレソンス	聖水洞	107	**17-D1**
▶ アルー清潭店 アルーチョンダムジョン	清潭洞	53	**22-B3**
▶ アルー本店 アルーボンジョン	清潭洞	53	**22-B3**
121ミルマルドゥベイ	弘大	46	**18-B3**
ウィビューティ	清潭洞	110	**23-D2**
▶ ウサン	清潭洞	53	**23-C2**
オフィノンヒョンスパ	明洞	113	**11-D3**
オリーブヤング	明洞	108	**11-C2**
カ グランスパ	南山	113	**9-D2**
サ シコール	江南	109	**20-B3**
ジョンセンムルプロップス	新沙洞	107	**24-A2**
スパ1899	三成洞	113	**21-D3**
▶ スパレイ	新沙洞	54	**24-A2**
3CEシネマ スリーシーイー	新沙洞	105・147	**24-A2**
▶ スンス	清潭洞	53	**22-B2**
洗身ショップスパ・ヘウム セシンショップ スパ・ヘウム	ハンティ	57	**7-C3**
ソルファススパ	明洞	112	**10-B1**
雪花秀フラッグシップストア ソルファスフラッグシップストア	狎鴎亭洞	145	**22-A2**
タ ディアドラセナ	聖水洞	104	**17-C1**
ティルティルカフェ&ショールーム	弘大	105・106	**18-B2**
テワソン	論峴洞	111	**20-B2**
ナ ネイチャーリパブリック	明洞	134	**11-C3**
ノウンヒボアンジュ	鶴洞	111	**21-C2**
ノンフィクション	漢南洞	104	**17-D2**
ハ ▶ ビット&ブート	清潭洞	53・105	**23-C1**
▶ ビューティプレイ	明洞	52	**11-D2**
北村雪花秀の家 プッチョンソルファスエチブ	三清洞	107	**15-D2**
プリマスパ	清潭洞	57	**23-D2**
ボリュームファーム&テラピー	清潭洞	111	**24-A3**
ヤ 薬手名家 ヤクソンミョンガ	狎鴎亭洞	111	**24-B2**
▶ ルル	清潭洞	53	**22-B2**
ラ ▶ ローマジック	ソウルの森	47	**17-C1**

🛍 買う 🛍

名称	エリア	ページ	別冊MAP
ア ▶ アーダー潜水スペース	聖水洞	36・116	**17-D1**
▶ アートボックス	新沙洞	120・130	**24-A3**
▶ アッシパンアッカン	益善洞	39	**13-D2**
アラウンドザコーナー	新沙洞	147	**24-A2**
イレブンエーエム	新沙洞	147	**24-A2**
▶ WITH MUU	弘大	19・30	**19-C1**
ウンナム	三清洞	140	**15-C3**
▶ エイトセカンズ	明洞	119	**11-C2**
エービーエムブレイス	東大門	122	**16-B3**
エービーエムリュクス	東大門	124	**16-B3**
イーランド	明洞	118	**11-C3**
エスエスジーフードマーケット	清潭洞	145	**22-B3**
エムエスエムアール	漢南洞	136	**17-D2**
オーアイオーアイ	弘大	132	**19-C2**
▶ オブジェクト	弘大	120	**19-D1**
オブジェクト	ソウルの森	120	**17-C1**
カ ▶ カカオフレンズ（江南）	江南	59・130	**20-B3**
▶ カカオフレンズ（弘大）	弘大	58	**19-C1**
カロコルモッ	新沙洞	146	**24-A2**
ギャラリア百貨店名品館WEST ギャラリアペックァジョム ミョンプンガンウエスト	狎鴎亭洞	100	**22-B1**
闇房都監 キュバンドガム	三清洞	141	**15-C2**
クァンソンビルパン	仁寺洞	143	**13-C2**
クァンヒ・ファッションモール	東大門	123	**16-B3**
国際刺繍院 クッチェジャスウォン	仁寺洞	142	**13-C1**
グランハンド	三清洞	141	**15-C3**
グローブ	狎鴎亭洞	116	**22-A2**
▶ KWANGYA@SEOUL	ソウルの森	31・163	**17-C1**

	名称	エリア	ページ	別冊MAP
	国立古宮博物館文化商品館	景福宮	129	14-B3
	KCDFギャラリー	仁寺洞	142	13-C1
	KT&Gサンサンマダン	弘大	121・133	18-B2
	GOTOモール	高速ターミナル	126	20-A3
	ココ・アクセサリーモール	南大門	138	10-A3
サ	サップン	弘大	119	19-C1
	ザ・現代ソウル ザヒョンデソウル	汝矣島	21	6-A2
	サムジキル	仁寺洞	143	13-C1
	サンジン商会 サンジンサンフェ	東大門	128	16-B2
	サンリオラバーズクラブ	弘大	16	18-B2
	ジェントルモンスター	新沙洞	146	24-A2
	新世界百貨店 シンセゲベックジョン	明洞	101・159	10-B3
	スーピー	聖水洞	118	17-C1
	スターフィールドコエックスモール	三成洞	127	21-D2
	スタイルナンダ	弘大	105・107	19-C2
	スタイルナンダピンクホテル	明洞	134	11-C3
	スパオ	明洞	119	11-C3
	ソグノリングス	三清洞	141	15-C2
	ソロシ	君子	129	7-D2
	聖水連邦 ソンスヨンバン	聖水洞	21	17-D1
タ	ダイソー	明洞	121・130	11-C2
	チーム204	東大門	124	16-B3
	第一平和市場 チェイルピョンファシジャン	東大門	124	16-B3
	チェリーココ	新沙洞	146	24-A2
	チョンウォンピョグ	仁寺洞	142	13-C1
	ディエチコルソコモソウル	清潭洞	145	22-B1
	ディバウンド	漢南洞	117	17-D2
▶	テテロットサロン	益善洞	39	13-D2
	テドジュエリー	南大門	138	10-A3
	大都総合商街 テドチョンハプサンガ	南大門	139	10-A3
	ドゥータモール	東大門	125	16-B3
	ドケビ	南大門	139	10-A3
	トップディスプレイ	南大門	139	10-A3
	トップテン	明洞	119	11-C2
	トンインカゲ	仁寺洞	142	13-C1
	東大門総合市場 トンデムンチョハプシジャン	東大門	128	16-B2
	東大門デザインプラザ (DDP) トンデムンデザインプラザ	東大門	125	16-B3
ナ	ナイキ・ソウル	明洞	16	11-C2
	南大門コーヒー	南大門	139	10-A3
	ニューニュー	東大門	123	16-B3
	ネイルモール	東大門	124	16-B3
▶	ネオンムーン	聖水洞	36	17-C1
	ノーブランド	明洞	98	16-B3
	ノッダム	江南区庁	129	22-B3
	ノルディ	弘大	132	18-B2
ハ	バター	弘大	121	18-B1
	ハローエーピーエム	東大門	125	16-B3
▶	ハンナ543.	漢南洞	27	17-D2
	ピアシングマインド	狎鴎亭洞	144	22-A2
	ピーカー	漢南洞	118	17-D2
▶	ピーチズ・ダイン	聖水洞	37	17-C1
	ファミールストリート	高速ターミナル	127	20-A3
	フェララ	梨泰院	137	17-C2
	プラスビュー	狎鴎亭洞	144	22-A2
	ホームプラス	合井	98	18-A2
	ポンウォンビルバン	仁寺洞	143	13-C1
マ	ミオリ	三清洞	140	15-C3
	ミッソ	江南	119	20-B3
	明洞地下ショッピングセンター ミョンドンジハショッピングセンター	明洞	134	11-D3
	ミリオレ	東大門	125	16-B3
	ミリメーター・ミリグラム	漢南洞	120	17-D2
	メイドパイ	ソウルの森	121	17-C1
	モナミ	聖水洞	19	17-C1
ラ	ライズアンドミルクココア	弘大	132	18-B2
▶	LINE FRIENDS	江南	59	20-B3
	ロウクラシック	新沙洞	117	24-B2
	ロッテ百貨店 ロッテペッカジョン	明洞	100	10-B1
	ロッテマート	ソウル駅	98	8-B2
	ロッテヤングプラザ	明洞	135	10-B2
ワ	YGプレイス	明洞	162	10-B2

エンターテインメント

	名称	エリア	ページ	別冊MAP
ア ▶	SMエンターテインメント	ソウルの森	31・163	17-C1
カ	K-STAR ROAD	清潭洞	163	22-B1
サ	JYPエンターテインメント	蚕室村	163	7-D2
	スターアベニュー	明洞	19	10-B1
ナ	ナンタ	明洞	135	11-C2
ハ	HYBE	龍山	162	6-B2
	HYBE INSIGHT		26	
ワ	YGエンターテインメント	合井	162	6-A2

見る・遊ぶ

	名称	エリア	ページ	別冊MAP
ア ▶	アルムダウン茶博物館 アルムダウンチャバンムルグァン	仁寺洞	143	13-C2
▶	益善ウィサンシル イクソンウィサンシル	益善洞	41	13-D2
▶	梨花洞壁画村 イファドンビョッカマウル	梨花洞	64	16-B1
▶	インコリア	景福宮	51	14-B3
▶	Nソウルタワー	南山	60	9-C2
▶	オヌルハル韓服 オヌルハルハンボッ	景福宮	51	14-B3
カ	景福宮 キョンボックン	景福宮	148・159	15-C2
▶	光化門広場 クァンファムンクァンジャン	光化門	20・63	12-A2
	国立気象博物館 クンニプキサンパンムルグァン	西大門	157	8-A1
▶	国立古宮博物館 クンニプコグンパンムルグァン	景福宮	129・148	14-B3
▶	国立中央博物館 クンニプチュンアンパンムルグァン	龍山	29	6-B2
	国立民俗博物館 クンニプミンソクパンムルグァン	景福宮	148	15-C2
▶	コリアハウス	忠武路	29	9-C2
サ ▶	シグニフィキャント	合井	47	6-A2
▶	シルバーキットハウス	龍山	34	8-B3
	世宗文化会館 セジョンムナフェグァン	光化門	20	12-A2
▶	ソウルスカイ	蚕室	61	7-D2
▶	ソウルの森 ソウルスッ	ソウルの森	29	17-C1
▶	ソウルメトロ美術館 ソウルメトロミスルグァン	景福宮	20	14-B3
▶	ソウル路7017	ソウル駅	63	8-B2
タ ▶	昌慶宮 チャンギョングン	鍾路	150	6-B1
▶	昌徳宮 チャンドックン	鍾路	151	6-B1
▶	清渓川 チョンゲチョン	鍾路	62	12-B3
	宗廟 チョンミョ	鍾路	150	13-D1
	青瓦台 チョンワデ	三清洞	20	12-B1
	大韓民国歴史博物館 テハンミングッヨクサパンムルグァン	光化門	20	12-B1
	徳寿宮 トクスグン	市庁	149・156	12-A3
ナ	ネマウムデロフォンケース	弘大	132	18-B2
ハ	ハイカグラウンド	清渓川	20	12-B2
▶	漢江遊覧船 ハンガンユラムソン	汝矣島	63	6-A2
▶	盤浦大橋 バンポデギョ	漢江	63	6-B2
▶	ピョルマダン図書館 ピョルマダントソグァン	三成洞	31・37	21-D2
▶	北村韓屋村 プッチョンハノクマウル	三清洞	141	15-D2
▶	明洞聖堂 ミョンドンソンダン	明洞	134	11-D2
ラ ▶	ラグジュアリー秀ノレバン ラグジュアリースノレバン	弘大	133	18-B2
▶	レタリングジュエリーラボ	乙支路	35	10-A1